Sobre María Zambrano

En cubierta: fotografía de María Zambrano
Diseño gráfico: Gloria Gauger
© Antonio Colinas, 2019
© Ediciones Siruela, S. A., 2019
c/ Almagro 25, ppal. dcha.
28010 Madrid. Tel.: + 34 91 355 57 20
Fax: + 34 91 355 22 01
www.siruela.com
ISBN: 978-84-17624-34-7
Depósito legal: M-11-2019
Impreso en Cofás
Printed and made in Spain

Papel 100% procedente de bosques gestionados
de acuerdo con criterios de sostenibilidad

ANTONIO COLINAS

SOBRE MARÍA ZAMBRANO

Misterios encendidos

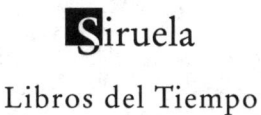

Libros del Tiempo

Índice

Vale más condescender ante la imposibilidad
que andar errante, perdido, en los infiernos de la luz.

María Zambrano,
prólogo a *Filosofía y poesía*, 1939

La piedad ha cumplido su oficio, por el momento.
Se ha apurado el conflicto trágico; ha nacido la conciencia,
y con ella, una inédita soledad. Entonces comienza la verdadera
historia de la libertad y del pensamiento.

María Zambrano,
El hombre y lo divino, 1955

Inútil decirte que sin lo divino para mí no hay hombre.

María Zambrano,
de una carta a Agustín Andreu, 1973

El viaje hacia dentro

En Ginebra, a orillas del lago Léman, muy cerca de la casa en donde habitaba María Zambrano en la avenida Sécheron, hay un pequeño parque. En una de sus plazoletas podemos ver un busto de Miguel de Cervantes que el Ayuntamiento de Madrid regaló hace años a la ciudad suiza. En realidad se trataba de un intercambio: Ginebra había regalado, a su vez, a Madrid la figura de un escritor suizo no menos notable: J. J. Rousseau. El busto de un Cervantes joven, lleno de sueños —aquel que, por decirlo con las palabras de María Zambrano, «creó nuestro más claro mito, lo más cercano a la imagen sagrada»—, miraba en el parque hacia un edificio, el de la Fondation Europa Cultural.

Esta fundación, institución privada independiente, había creado, hacía ya años, un premio internacional del que debían ser candidatos grandes personalidades literarias y humanistas. María Zambrano, desde su habitual desposesión y con su hermana Araceli enferma, necesitaba la dotación de este y escribió un texto exclusivamente para presentarlo a dicho concurso. El jurado, en el que no faltaba algún hispanista, como el gran Marcel Bataillon, se mostró unánime en su decisión de premiar la obra de Zambrano, pero había un pequeño inconveniente formal: el jurado lo presidía un español, Salvador de Madariaga. Así que se creyó que había que guardar las apariencias, la objetividad, y el premio fue para un alemán y un polaco. María Zambrano recibió una mención especial y el apoyo de otro grande del jurado, Gabriel Marcel. Ella guardó la obra en el cajón de sus numerosos inéditos y olvidó el asunto, aunque todavía años después, en una carta al teólogo Alfons Roig, ella conservaría el recuerdo de esa actitud generosa de Marcel:

> Padre: si Ud. quiere ir a saludar a Gabriel Marcel de mi parte, puede llamarle por teléfono a su casa y decirle que tiene una visita mía para él. Yo no le conozco personalmente, pero fue el juez de un jurado que discernió el Premio de Literatura Europea hace tres años en Ginebra. Dieron el premio a dos autores, alemán y polaco. Pero él se levantó para decir —lo que todos los periódicos reprodujeron— que mi libro era el merecedor, añadiendo cosas extraordinarias. A partir de entonces, tengo una cierta relación con él y mi hermana lo visitó, en mi nombre, cuando fue a París.

La anécdota en torno a este premio es significativa porque pone en evidencia la lucha por la vida de esta intelectual española que siempre dejó a salvo su dignidad personal y creadora. En realidad, ella siempre había sabido que escribía por razones más profundas y poderosas que las de prestar ayuda a un familiar o para salir hacia delante ella misma. Escribir para María Zambrano era «defender la soledad en la que se está», así como «descubrir el secreto y comunicarlo». Así que al crear aquel nuevo libro no había hecho otra cosa que salir de sí misma para comunicar *lo secreto*, aunque el mensaje de esa obra nueva corriera el riesgo de ser doblemente secreto si esta era mal difundida o, lo que era más grave, si se mantenía inédita.

¿De dónde nace en el creador auténtico esa necesidad de soledad de la que brota la necesidad de escribir, la palabra que es *revelación*, la *palabra nueva*? Probablemente nazca del padecimiento de los humanos, obligado o consciente, del malestar de los enfrentamientos sociales, de la experiencia histórica que en ella fue especialmente perturbadora. Padecimiento revelado sobre todo por su partida obligada hacia el exilio. Porque María Zambrano dejará España al finalizar la Guerra Civil para emprender un peregrinaje por varios países de América y de Europa. Partida, sin rencor en el fondo, también tras su retorno, porque «solo en la soledad se siente la verdad». Y esa verdad primera y última es por la que siempre ha apostado su creación, su pensamiento. Búsqueda, pues, de lo oculto, de cuanto está *más allá* de lo que los ojos ven, pero en la medida en que esa soledad nos entrega y refleja lo verdadero, la realidad que metamorfosea lo provisional, incluso las más duras heridas del existir.

Estamos, por tanto, ante dos tipos de *viajes* —el obligado y el consciente— hacia el *centro* de sí misma. Dos viajes desesperados, un doble viaje, el interior y el físico, este último en distintas etapas: Cuba, México, Puerto Rico, París, Roma, La Pièce (Jura), Ferney-Voltaire, Ginebra. María Zambrano parece encontrarse concretamente en Roma con una soledad poblada y sonora, la que solo comunican las ciudades abiertas y con una rica tradición cultural universalizada, la de Europa; concepto este, como el de España, al que ella siempre fue fiel en vida y obra. Es obvio que, para el que sabe mirar hacia su interior y a la vez contemplar (*templarse-con*, decía fray Luis de León), también en una gran ciudad se puede encontrar una soledad fértil.

Y si las personas y amigos no ayudaran lo suficiente —que no fue su caso— para despertar esa soledad enriquecedora, siempre estaban para ella en Roma los animales. Los gatos, como más tarde en La Pièce los perros, van a ser intermediarios, parte de ese diálogo de Zambrano con la ciudad. Estos también le crearán problemas con el vecindario romano de los alrededores de la Piazza del Popolo, pero esta es otra historia, unida a otros desencuentros, sobre los que escribiremos más tarde.

Lo significativo de esta estancia italiana (1953-1964) es que no se consolidó la que podía haber sido una curiosa interrelación y permanencia literaria: la invitación de Elena Croce para que María y su hermana habitaran La Ginestra, la villa de las laderas del volcán Vesubio, entre Torre del Greco y Torre Annunziata, donde el poeta romántico Giacomo Leopardi fue acogido por un familiar de su amigo Antonio Ranieri; la casa donde pasó una parte de sus últimos días, sumido en la contemplación de las ruinas de Pompeya y de Herculano, que daría lugar a poemas centrales en su obra, como *La ginestra o il fiore del deserto* (La retama o la flor del desierto). El desierto: poderoso símbolo que no es sino el del cenizal volcánico en el que amarillea y crece esa planta, la vida. Al parecer, Araceli Zambrano había visitado hasta en tres ocasiones la casa, aunque se encontraba no poco abandonada, sin restaurar aún.

Hoy la villa de La Ginestra pertenece al Estado italiano y, tras su restauración, ya nada tiene que ver con el propietario que tuvo en tiempos de Leopardi, Ferdinando Ferrigni, cuñado de un amigo del poeta, Antonio Ranieri. Ferrigni parece que no se encontró muy satisfecho de haber dejado su casa a Leopardi, como nos recuerda Enrichetta Carafa en una semblanza que hizo del lugar: «Ferrigni no se sintió contento de ver en aquella casa a Leopardi, del cual conocía sus opiniones poco ortodoxas. Cuando el poeta fue obligado a abandonarla con la excusa que le pusieron de no sé qué festividad religiosa, Ferrigni mandó bendecir toda la casa». Leopardi se había refugiado en ella al estallar en Nápoles la epidemia del cólera, pero parece ser que pudo no haberse librado de esta. Aquí nos enfrentamos al que reconocemos como *il giallo* de la muerte, la tumba y los restos del poeta.

Esta preocupación de Leopardi se muestra muy clara en dos cartas que le escribe a su padre, el conde Monaldo, muy pocos días antes de morir: «Yo, gracias a Dios, me he librado del cólera, pero a qué precio […]. Si me libro del cólera, y en cuanto mi salud me lo permita, haré lo posible para volver a verle». A pesar de las *incredibili agonie* que pasó allí, *in campagna*, la estancia de Leopardi en ese lugar, su poesía, dio excelentes frutos, como los de sus dos grandes poemas *La ginestra* e *Il tramonto de la luna*. Quién sabe qué frutos habría dado la obra de María Zambrano de haber aceptado ella la invitación de Elena Croce para habitar aquella villa acom-

Pintura de la Villa de La Ginestra, Nápoles,
donde residió Giacomo Leopardi en el otoño de 1836

Villa de La Ginestra, en las laderas del Vesubio, Nápoles

pañada de cipreses, de las retamas amarillas, del cenizal, con la humareda del Vesubio al fondo.

Al parecer, todavía un tiempo después (1969), cuando las dos hermanas ya vivían en La Pièce, Elena Croce insistió en que regresaran a Italia para habitar la casa de las laderas del Vesubio, que al parecer no poseía todavía las condiciones de habitabilidad, según escribe la misma Zambrano: «… me ha sido ofrecida para que en ella viva con mi hermana la Villa delle Ginestre, en Torre del Greco, en la misma falda del Vesubio, donde el poeta Leopardi pasó los últimos tiempos de su tristísima vida, donde supo extraer de tanto dolor y abandono para escribir *La Ginestra* […]. No sé cuándo nos podremos ir a Italia, pues que las obras de reparación de la maravillosa morada que me han ofrecido no han empezado siquiera».

Siempre perdurará en Zambrano el recuerdo de este ofrecimiento, y también algo mucho más importante, su afecto hacia la persona y la obra de Giacomo Leopardi, que venía de muy atrás, de cuando el nombre del poeta romántico aparece, en los días de Segovia, entre las lecturas con las que Blas Zambrano inicia a sus hijas, y aún más vívidamente en días posteriores: «Mi hermana, durante su larga y dolorosa enfermedad en Roma, tenía a la cabecera *I Canti*, y yo de muy jovencita aprendí de memoria *La Ginestra*. Leopardi ha sido, pues, muy amado por nosotras y lo fue muchísimo por mi padre». Mantenía, por tanto, ya en su nuevo refugio montañoso y solitario su nostalgia hacia Italia, a lo que contribuía la angustia de sus primeros días: «Aquí es ya muy pero que muy dura nuestra vida. Resistiremos con ayuda y paciencia».

Ya vemos que en La Pièce todavía se mantenía en ellas la idea de regresar a Roma, pero a los alrededores de la gran ciudad. Hablan, por eso, a veces del «proyectado viaje a Roma para ver si, con la ayuda de la Providencia, encontramos una casa adecuada a nosotras fuera de la ciudad; quizá bastante lejos tenga que ser, pues que además están los animales que comparten la vida con nosotros». Sabe que Araceli «no puede ya habitar en una ciudad…

Dios dirá». Pero el paso hacia la soledad y el retiro radical de un bosque ya estaba dado.

María Zambrano, para huir de las presiones de persecutores y maledicentes, pero sobre todo por una nueva necesidad de soledad y de búsqueda de la verdad en lo secreto, abandonó Roma. Historias como la de los gatos y el incidente del pequeño incendio-ofrenda provocado en la Via Appia debieron de suponer incidencias formales, pero seguramente tuvo que haber una animadversión más profunda por parte de las autoridades, seguramente de carácter político, debida a su condición de exiliadas y/o a la relación de Araceli con su compañero Manuel Muñoz Martínez, de la que tanta información tenía la policía francesa, recibida a su vez de la española. Por razones como estas, por ser consideradas personas «peligrosas», la policía italiana les abrió un «expediente de expulsión», si bien luego fue retirado, seguramente gracias a la mediación de personas como Elena Croce.

Así que abandonaron Roma y buscaron el apartamiento de un bosque en el macizo montañoso del Jura francés, en un lugar muy aislado y en una casita, La Pièce, con corredor y contraventanas rojas. A la casa que alquilaron se llegaba por una especie de túnel de árboles que entrelazaban sus copas. Allí ya no hubo problemas con los animales, a los que se habían unido los perros, pues estos no eran sino una prolongación natural del bosque, aunque tal como me dijera en una de nuestras conversaciones, ello fuera motivo de una preocupación más y, de nuevo, por motivos de subsistencia económica: «Hubo días en que me entraban ganas de cortarme un brazo para darle de comer a mis perros, pues para ellos nada tenía».

Pero lo cierto es que a su existencia doméstica y a sus paseos se unían sus perros y sus gatos. Y hablando de estos, en Roma incluso los de los vecinos. También la presencia de un gran número de pájaros. Por el túnel de verdor ella penetraba en la ladera y el bosque buscando un claro donde descansar rodeada por los animales. De ese claro nacería el que habría de ser uno de sus libros más creativos, por poemático, *Claros del bosque* (libro con «carácter poético-filosófico», diría ella).

Si había nieve en el monte, zorros e incluso algún lobo bajaban a comer de su mano, en una estampa franciscana. Y sabía mirarlos de frente e incluso acariciarlos. Entre ella y la lechuza nocturna, protegían de los cazadores a los animales más débiles. La lechuza con su canto los avisaba. Ella ahuyentaba a los cazadores señalándoles el camino contrario al que había seguido el jabalí. A esta sintonía con los animales se unía la comunicación con las plantas y las flores, especialmente con los «botones de oro» y las violetas.

Aquella soledad plena —solo interumpida por un viaje a Grecia, ya muerta su hermana Araceli (Ara), en compañía de su amigo Timothy Osborne y su esposa— fue rica para su creatividad literaria. En aquel retiro reúne los ensayos de *España, sueño y verdad* y fecha el prólogo de la nueva edición de *Los intelectuales en el drama de España* para la editorial Hispamerca. Según un epistolario que comentaremos más adelante, fue muy crítica hacia este libro que ella valoró, poco antes de regresar a España, como «librito sin ningún valor», fruto de los días de la tensión bélica. Y ve cómo va esbozándose otra de sus obras más poemáticas, *La tumba de Antígona* y sus *Obras reunidas*, a la vez que desarrolla uno de sus libros más puros, *Claros del bosque*.

Mide sus frases porque, como nos ha dicho, «el pensamiento, cuanto más puro, tiene su número, su medida, su música». Pero para ella aquel refugio estaba destinado a ser límite entre lo «civilizado» y lo virgen. Hasta que un día llegó a aquel apartado lugar del Jura una legión de técnicos para trabajar en la construcción del CERN, el anillo subterráneo y kilométrico, el «anillo atómico», se dijo, de la Organización Europea para la Investigación Nuclear. («El camino encantado, el camino increíble y naturalmente destruido, aquel camino de belleza que tenían que herirlo con sus camiones, unos camiones de no se sabe qué y, además, ¿para servir a quién? El caso es destruir»).

Se talaron encinares y hayedos, parte de los árboles del camino cerrado, huyeron los animales, llenaron de túneles subterráneos de hormigón el campo, y el paisaje quedó con ese aire algo triste y de abandono que tenía cuando yo lo visité llegando en el coche de Rafael Tomero Alarcón, el primo de María, y por sugerencia de ella. Aire de despoblación, ese aspecto que el campo algo mustio y alterado ofrecía, como cuando se retira la nieve y ha pasado la cellisca alpina congelando praderas y piedras.

Así que María Zambrano dejó su bosque. En el pequeño cementerio de Crozet, junto a la iglesia, quedaba el cuerpo de su hermana Araceli. Atrás permanecía el paisaje como una obsesión hollada, y el silencio de su hermana, sus desequilibrios psíquicos, los padecimientos físicos últimos; silencio eterno, desprovisto ya de los temores nocturnos a los que los persecutores de la Gestapo la sometieron en años de angustia y ocultación en Francia. Araceli, compañera de Manuel Muñoz Martínez, director general de Seguridad durante la Segunda República, fue buscada por ello más allá de la frontera. Esta circunstancia política —que por sus consecuencias directas o tangenciales no siempre se valora— marcaría profundamente la salud de su hermana y la situación de inestabilidad de toda la familia en aquellos días en París.

El nombre de Manuel Muñoz, compañero de Araceli en los años de la guerra, aparece en los estudios de Zambrano siempre de pasada o en leves notas a pie de página. Fernando Sígler ha escrito con claridad y detenimiento sobre esa relación y la estancia en Francia de ambos en su artículo «La II Guerra Mundial y Araceli Zambrano» (2015). Araceli se había casado antes de la guerra con el médico e intelectual Carlos Díez Fernández, muy cercano a los círculos literarios y republicanos y buen lector. Su hermana María lo hizo, ya en plena Guerra Civil, en septiembre de 1936, con el diplomático e historiador vasco Alfonso Rodríguez Aldave.

María y su esposo parten de inmediato para Chile, donde él se ocupará de la Secretaría de la Embajada de España en este país. La ruta placentera que siguen les sacará de la ebullición política y del estallido de la guerra: Cartagena-Gibraltar-Lisboa-las Azores (Madeira)-La Habana-Panamá-Ecuador-Perú-Chile. (En la escala que hicieron en La Habana, conocerán al que habrá de ser gran amigo suyo y de una sensibilidad espiritual afín, el escritor José Lezama Lima).

La llegada a Chile fue en Valparaíso, en el vapor Santa Rita, el 18 de noviembre de 1936. Pero la situación que habían dejado en España les impedía mantenerse alejados y, al año siguiente, regresaron. Alfonso se alistará voluntario en el Quinto Regimiento con el cargo de Comisario. Para ella, la idea del retorno era extremadamente firme. Así, cuando al partir de Chile, y ya de regreso en España, le preguntan por el porqué de su retorno, «si saben muy bien que su causa está perdida», ella responde: «Pues por esto, por eso mismo». Antes ya de la derrota y el exilio, María Zambrano parecía haber asumido su Destino: el de metamorfosear cualquier prueba y ser la que debía ser tanto por medio del compromiso social como de una progresiva metamorfosis espiritual.

Así que en Chile solamente vivirán seis meses, entre noviembre de 1936 y mayo de 1937, pero serán de una gran intensidad política y de dedicación plena al compromiso de la propagación de la lengua y la cultura españolas. Lo que Ana Burgård ha reconocido como «etapa de compromiso apasionado» se extenderá en realidad, como veremos, desde 1928 hasta estos meses pasados en Chile. Al tiempo, mostrará una gran solidaridad con los pueblos de la América Hispánica, que se manifestará sobre todo en una de las tres antologías que preparará y publicará. Una de ellas será la dedicada a los poetas chilenos *Madre España* (1937). En la misma editorial (Panorama) publicará otras dos antologías: *Federico García Lorca. Antología* (financiada por el matrimonio Aldave-Zambrano) y el *Romancero de la guerra española*, ambas de 1937. La primera va precedida de poemas de Alberti y de Antonio Machado y de un ensayo de Zambrano, y se cierra con la «Oda a Federico García Lorca» de Pablo Neruda. La segunda recoge, por medio de la forma del romance, poemas de veinticinco poetas, de Machado a Neruda.

Había estallado la Guerra Civil en España y fue frecuente este tema en las colaboraciones de María Zambrano con algunos periódicos chilenos, como *Frente Popular* u *Onda Corta*, pero también llegan a Chile ejemplares del periódico español *El Mono Azul*. Igualmente, mantiene una gran actividad como conferenciante y organizadora de conciertos y de otros actos culturales en pro de la causa republicana. Hay en esta actividad suya dos sentidos predominantes: uno es el de su afán solidario, y otro el de ese concepto matriarcal de España y de lo español respecto a los países de América, y en concreto de Chile. Pero el fruto literario más notorio de esta etapa será la publicación, siempre en la editorial Panorama, de su libro *Los intelectuales en el drama de España* (1937). De este libro (y en concreto de las muchas reservas que algunos de sus textos le suscitan a ella misma muchos años después, cuando Hispamerca desea reeditarlo en España) trataremos como he dicho, detenidamente, más adelante.

Tanto el matrimonio de María Zambrano como el de su hermana Araceli no tuvieron continuidad, acabaron en separación. Araceli había iniciado una segunda relación con Manuel Muñoz Martínez. María no acepta la separación, pero su marido solicita el divorcio en México, en 1957, tras sucesivos desencuentros, en buena medida propiciados, según ella, por los «negocios mexicanos» del marido. Para otros, por los reparos morales de ella al divorcio. Así se lo confirma en una carta de 1953 a Rosa Chacel. Más tarde, Chacel emitiría algunas opiniones contrarias a María Zambrano, y en concreto llega hasta a dudar de su bondad. Desconozco de dónde parte esta enemistad. Chacel también dijo entonces que María tenía «celos» de la belleza de su hermana Araceli, lo que me parece algo con muy poco fundamento, pues es la belleza una de las cualidades que María siempre admiró y alabó en su hermana en vida de ella, incluso en el mismo mismo momento de su muerte.

En un pasaje de otra carta que Zambrano le escribe al filósofo y teólogo Agustín Andreu (n.º 201), alude a esta mala fortuna de sus matrimonios. «Mujer sí lo fue, mas sin hombre adecuado», dice María refiriéndose a su hermana, pero sin revelarnos a qué «hombre» de los dos con los que convivió se refería; aunque en nota a pie de página escribe Andreu: «Dijo y escribió María que "Araceli estuvo enamorada solo de su primer marido"». Y añade en dicha carta: «Nunca nos hemos arrastrado a los pies de un hombre […], lo dejamos sin saberlo quizá conscientemente para hacerlo a los pies del Único […]. Nunca hemos querido —Araceli y yo; nuestro secreto es que somos la misma— al hombre para nosotras, sino como mi Madre quiso a mi Padre: para Dios y para todos, para su logro y gloria, en universal».

Pero Zambrano, en los años en que viviría en La Pièce, había encontrado provisionalmente un espacio para su soledad y aislamiento, para la búsqueda de la verdad por medio de las palabras de nuevos libros con otros contenidos. Mas ya vimos que al fin tuvo que dejar la ladera y el bosque perturbado por el «progreso». Se detuvo un par de años para habitar, incómoda, un piso en el pueblo de Ferney-Voltaire y luego, en 1981, cruzó otra frontera más y llegó a Suiza, a Ginebra. Hubo mucho «dolor indecible» en dejar la montaña, en desarraigarse de ella, para habitar un apartamento en el que, dijo, «me siento prisionera».

Pero el *viaje* hacia la soledad no es, en el fondo, sino un viaje hacia uno mismo, hacía una interioridad muy profunda. La realidad, a medida que ese viaje avanza, se desdibuja o borra y, además, si fallan los ojos, si la vista se enturbia con los años, esa realidad circundante y engañosa de cada día también se difumina. Acaso sea por ello por lo que María Zambrano, sin dejar de hablar del cercano lago Léman y de su belleza, cada vez lo hiciera con menos entusiasmo: «El lago es muy hermoso, pero yo ya no salgo a verlo», me dijo durante aquella primera visita mía a su casa en Ginebra.

La soledad, la verdad hallada de la palabra de María Zambrano, ha dado frutos lentos pero seguros; obras irrepetibles, de iniciada, y por tanto resistentes al paso del tiempo. Desde aquella nueva huida a Ginebra hasta hoy, su obra se propaga y traduce con un interés creciente, con la justicia debida. Ahora ya poco importan las circunstancias que suelen rodear a la creación de una obra: sus primeros libros mal distribuidos o minoritarios, aquellos primeros libros suyos que ella jamás releerá y de los que no lograba encontrar no ya los originales de los textos, sino ni siquiera los ejemplares, las «montañas de papeles», los manuscritos adormecidos, esos que ella no acababa de ordenar y de publicar.

En el fondo, como un sueño, siempre se hallaba la obsesión del regreso a España, en la que se entrecruzaban la ansiedad con las reservas, las dudas y el temor con el deseo ardiente de ver de nuevo los campos de su tierra natal, pero también siempre con el miedo a las dificultades que le plantea de continuo la misma subsistencia. Esta última era la verdadera razón por la que la reconocían como «la última exiliada» y por la que ella no regresaba. Ahora lo que importaba era la huella de su trayectoria vital e intelectual, la autenticidad que asomaba en su comportamiento tras «apurar el conflicto trágico»; es decir, su generosidad y antidogmatismo, la abstracción cristalina de su pensamiento. Lo que verdaderamente importaba era ese *viaje* de dignidad intachable, el que en sus últimos años nunca cesó de ahondarse y simpre guiada por el impulso de su Destino

Cuando tenemos que resumir la esencia del mensaje de la obra de María Zambrano, recordamos, una vez más, esa sorprendente fusión entre pensamiento filosófico y pensamiento poético —que ella reconoció como *razón poética*—, entre filosofía y poesía. Su sensibilidad es sutilísima y muy precisa a la hora de tratar otros temas, pero, a la larga, el tema clave y osado para abordarlo es el de esa fusión de pensamientos y sentimientos, de cuanto el creador dice y de cuanto el creador deja entrever. Afán de ir siempre *más allá* con la palabra.

El hecho es sorprendente porque de esa obra es autora una mujer española; una mujer española, además, de nuestro tiempo. Y es sorprendente también porque filosofía y poesía han caminado, para los dogmáticos, separadas; es más, como María Zambrano ha señalado, la separación se produjo hace ya muchísimo tiempo y con rapidez vertiginosa. ¡Cuánto tiempo ha pasado en verdad desde el venerable poema de Parménides, desde las luminosas palabras de los presocráticos, que tendían a un conocimiento global, que hacían uso de la razón elevando el vuelo sobre un pensar seco para entrar en el terreno de la poesía! Heráclito fue de ello el gran ejemplo.

Sin embargo, el hallazgo de esta fértil fusión zambraniana se había alcanzado ya en otros momentos: en el pensamiento primitivo oriental, en Platón, en Plotino, en algunos pensadores italianos del Renacimiento y entre los místicos de todas las culturas —no lo olvidemos, pues todas las místicas han tenido sus grandes poetas—, así como, de manera muy intensa y especial, en el primer Romanticismo europeo.

Pero en los tiempos críticos, con el siglo XX en evolución acelerada, tras las sacudidas de dos guerras mundiales y la influencia de las ideologías totalitarias, el pensar ha estado condicionado en ocasiones por la política, y el diálogo filosofía-poesía no ha sido fácil; es más, una y otra han ahondado sus diferencias. Muchos de los filósofos del siglo XX colocaron la Razón en el centro de su vida, hasta desembocar en la desesperación angustiosa entre las dos grandes guerras; hubo una obsesión por las vanguardias y la escritura automática, se deseaba olvidar los contenidos y se perdió el sentido primero y universal que debe ser consustancial al fenómeno poético. Un poeta de la sensibilidad y de la hondura de Salvatore Quasimodo abrió con ironía su discurso tras la concesión del Premio Nobel de Literatura: «Los filósofos, enemigos naturales de los poetas...».

De esa coyuntura entre dos siglos proviene la sorpresa de encontrar una voz natural, equilibrada, órfica, en María Zambrano: la voz de una *iniciada*. Entre nosotros hay que pensar en místicos y en quietistas para hablar de una voz tan profunda, tan singular por inspirada. Unión de pensar y de sentir, de palabra y música, antes de la «unidad última», que según ella no puede ser otra que la que, al final, se preocupa y obsesiona «por la Divinidad».

Ella nos había situado en los límites del conocimiento, en ese punto del que el pensamiento socrático no quiso pasar: el de ignorar (u olvidar) los temas sagrados. María Zambrano sabe que el fin último de los seres humanos —lúcida y doloridamente conscientes de serlo— es rastrear la huella de «una forma perdida de existencia». Cree en una «resurrección» que libre al espíritu de su nostalgia y de su vacío. Y piensa también que si hay un hombre «devorado» por esa nostalgia y ansioso de esa existencia en libertad absoluta, de este tiempo presentido, es el poeta, que trabaja con un lenguaje tan condensado como exigente; o, como ella dice con lucidez, «el lenguaje propio de un periodo sagrado anterior a la Historia, a la verdadera prehistoria».

Espacio o tiempo reparador más allá de las fechas y de los nombres propios, y de las ideologías extremas, y de las guerras inciviles, y de la sangre; espacio en donde comienza —o acaso termina— el silencio, la «música callada». Y pensar que ideas como estas se hallan expresadas no en verso, sino en una prosa transparente y decantada al mismo tiempo. O, como ella diría, por medio de un pensamiento expresado «con su número, su medida, su música». La palabra de María Zambrano quiebra, pues, el dogmatismo de los géneros literarios —como lo quiebran los comentarios de Juan de la Cruz a su *Cántico*, Ibn Arabí o Moisés de León, el autor del *Zohar,* a los suyos— y se mantiene en unos límites de libertad extrema.

Una libertad que nos hace libres de verdad, no retóricamente, que nace de dentro afuera, y que nos torna libres no solo por la luz y el silencio y la música que hay en esa palabra de los osados pensamientos, no solo por su carga poética. La palabra de María Zambrano nos hace libres porque posee además el don de estar amansada por la razón. Es la palabra iniciática, que ella siguió durante la entrevista que los dos grabamos y que recojo al final de este libro, sin que dejara por ello de tener muy bien asentados sus pies en la tierra, sobre todo a la hora de tomar algunas decisiones con rigor; palabra de filósofo que nos conduce a la sabiduría, es decir, a la libertad, palabra que arde sin agotarse entre el alba y la noche del *ser* al que le ha tocado vivir el humanismo trascendente con todas las consecuencias.

La carta que no envié a María Zambrano
(1981)

Mi estimada amiga:

«Usted y yo hace ya mucho tiempo que nos conocemos...». ¿Recuerdas esta frase? Se trataba de una tan sintética como abstracta fórmula de justificar un conocimiento distante, antiguo, secreto. ¿Se trataba simplemente de una *identificación*? La pronunciaste durante nuestra primera conversación telefónica. Antes, te había enviado a Ginebra algún libro y unas líneas de admiración fervorosa y apresurada. Sin embargo, nunca me había planteado escribir públicamente sobre tu obra. Es más, sobre lo que yo considero una experiencia de conocimiento en la distancia, sobre esa *identificación* que, naciendo precisamente de la palabra, no conoce la palabra. O la niega.

Sensación de expresarse y de reconocerse más bien en los signos, en cuanto rodeándola se le revelaban por medio de algunos muy concretos: el agua, las nubes, la luz, las lejanías montañosas, los rumores del pinar. Identificación también por medio de determinadas lecturas, que luego he sabido que conservas en tu biblioteca: los presocráticos, Plotino, ciertos escritos del pensamiento oriental, los místicos, Leopardi y algunos otros románticos centroeuropeos.

Y es ese no haber pensado jamás en escribir sobre tu obra, sobre una experiencia interior, lo que ahora me hace dudar, lo que ahora me vacía la mente; lo que, en definitiva, me va a conducir a hacer público un texto sumamente subjetivo y, en consecuencia —dirán algunos—, de dudosa categoría intelectual. También debo decirte enseguida que siento que el reconocimiento público que te ha llegado de Asturias en estos días con un Premio de gran sentido simbólico y reconciliador ha supuesto una grata sorpresa.

La secreta experiencia del lector —el silencio frente al texto— se ve repentinamente alterada con la que acaso —¿acaso?— sea *otra* María Zambrano, una figura pública de incuestionable talla intelectual ante la que está justificado plenamente el honor avanzado y certero de ese Premio Príncipe de Asturias de Comunicación y Humanidades. Pensemos, sin embargo, que solo hay una María Zambrano y que el reconocimiento, y el rumor público de ahora, es un reflejo lógico, natural, de una vida dedicada plenamente a la creación pura, que, como tú bien sabes, no es sino un dejarse fluir hacia la soledad, hacia el silencio de lo escrito sin publicarse aún, hacia el gozo interior de la aventura del espíritu, hacia la experiencia total de *ser*.

En consecuencia, esta carta —estando ya escrita en mi mente, grabada en la cotidianidad— nunca llegaré a enviarla. Es una parte más del secreto silencioso de la *identificación*, de ese «Usted y yo hace ya mucho tiempo que nos conocemos» con el que abriste nuestra conversación. Una carta que es y será, sin duda, una carta inacabada. También debo decir enseguida que, como la mayoría, vivía en el desconocimiento total de tu obra. (Y en el que seguiremos viviendo mientras todo cuanto has escrito no vea la luz, y de la manera adecuada: exenta, en su pureza).

Vivía y me alimentaba de la inolvidable experiencia que supuso encontrarme un día con tu libro *El hombre y lo divino*; también del siempre grato recuerdo de algún artículo perdido en revistas, como aquel, tan sorprendente, que dedicaste a Antonio Machado, publicado en la revista *Cuadernos para el Diálogo*. Tampoco sabía que la dilatada experiencia de mis subterráneas lecturas de Antonio Machado, de ese Machado que hay que leer entre líneas y que tan mal se conoce, iba a solidarizarse con ese conocimiento tuyo del autor de *Campos de Castilla*: tu encuentro con él en tu infancia y adolescencia en Segovia, la amistad de tu padre con Machado, aquella carta que el poeta te escribió desde Rocafort, en 1939, ya camino del exilio; ese exilio compartido, intuido ya antes de la frontera francesa, en la que se volvieron a cruzar vuestras vidas. Él, que iba acompañado de su familia, no quiso subir al coche que le ofrecías. Pero dicen que tuviste la dignidad de descender de él y acompañar al poeta andando para cruzar la frontera. Volveremos para comentar ese momento tan vivo de tu vida.

Pero enseguida he llegado adonde debía y quería llegar. Ha brotado ya en esta inusual carta ese título, *El hombre y lo divino*. En el principio fue la revelación del primer libro tuyo que leí, experiencia que en parte no ha podido verse superada. Luego, sí, han ido viniendo los otros libros. Ya sabes: los libros de María Zambrano mal distribuidos, los libros de María Zambrano que dormían no sé qué misterioso sueño en los almacenes de las editoriales.

También un día en Ibiza bajé de casa de Antoni Marí Muñoz trayendo tus dos escritos autobiográficos, e incluso las fotocopias de algunos de tus textos inéditos. En fin, una noche las ondas radiofónicas me trajeron, por encima de la mar y de la isla, inesperadamente, tu voz. Era, sin más, la confirmación de algo que me habían dicho y que yo igualmente pensaba: «María Zambrano habla como escribe». Y escribe como habla, comprobaría yo después.

El hombre y lo divino supuso para mí una experiencia muy viva. Me limitaré a resumir algunas de las conclusiones más evidentes que yo había extraído de su lectura. En primer lugar, se trataba de una obra de un contenido iluminador, si tenemos en cuenta que, de una u otra forma —no entro todavía en el significado último de tus muchos años de exilio—, había brotado de la cultura española, de nuestra cultura, que en lo español tenía sus raíces. Y, sin embargo, quiero decir con ello que no se trataba de una obra habitual entre nosotros.

En ella se conjuntaban, de una forma perfecta, razón y corazón, cuando generalmente una y otro tienen por norma encender, cegar, inyectar controversias o sangre en los españoles. Era una obra sabia y, por tanto, diría que no solo constituía un hito en el panorama de la creación literaria española de este siglo, sino también de todos los siglos que han sido y, esperemos, serán. En *El hombre y lo divino* hay luminosidad, flexibilidad, pureza, monólogo sin soberbia, innumerables preguntas, preciadísimas y no menos innumerables respuestas.

En segundo lugar, quisiera subrayar que, en lo esencial —con matizaciones podría extender esta opinión al conjunto de tu obra—, ese libro tuyo supera lo dicho y escrito por algunos de tus maestros. Escribo a título personal, pero ya he oído en alguna ocasión que —en esencia, repito— tu obra va mucho más de allá de la de los que te enseñaron a ser, de quienes pudieron haberte iniciado, mediante la formación, en la vida y en el conocimiento a través de los libros. Y te diré por qué. A ti no te han enredado, como a tantos otros pensadores, las palabras; no te han perdido los sistemas preconcebidos. No te has perdido en la noche sin sonido de los tan metódicos como inflexibles sistemas de pensamiento.

Has creído —como Sócrates al responder al oráculo de Delfos— en la duda, y la has respetado; porque sabes en qué espacio razonas, sientes y vives. También has superado a algunos de tus maestros porque tú eres más «griega» que ellos. Quiero decir que has sabido atender a la llamada de los griegos, de los que Leopardi llamaba *gli antichi*, con una intuición y una sensibilidad muy especiales. Y atendiendo y sintiendo, has sabido enriquecerte con ellos. Y luego nos lo has revelado por medio de la metamorfosis que ha supuesto tu experiencia vital.

No quiero detenerme aquí en lo que esta labor tuya supone, o puede suponer, para el pensamiento «tradicional» español, para un modo de ser que ha estado, habitualmente, del lado de lo inflexible, y no de lo flexible, de lo sombrío y no de la *luz*. El espíritu y el pensamiento griegos —que, por distantes y sutiles caminos, no son sino reflejo del espíritu y del pensamiento primitivo de Extremo Oriente— son cuestión palpitante, digna de tenerse cada vez más presente entre nosotros por su carga enriquecedora, por ser simiente que no muere, aunque hoy no cesen de arder los bosques de Grecia.

Pero la razón por la que has superado a tus maestros, y a tantos autores que consideramos como tales, es que tu obra no es común y puede compararse, sin falsas adulaciones, con obras de gran altura del pensamiento español; porque, en definitiva, en tu persona y tu obra cabe hablar de sabiduría, gracias a la cual se funden poesía y razón. Enseguida, ante esa confluencia de dos formas de conocimiento aparentemente contrarias, enfrentadas, surgen como hogueras dos nombres en la noche de las ideas humanas: Hölderlin y Leopardi.

Conocíamos esa fusión del pensamiento con la poesía en determinados poetas, pero tal logro me parece más raro en una persona que, como tú, pudiéramos considerar en principio como una filósofa. Y aquí deseo detenerme para subrayar otra cuestión: habrá quienes nieguen a tu obra entidad filosófica, rigor discursivo, exposición sistemática. Son los que no conocen los caminos de la poesía, los que solo han reconocido una de las dos caras que siempre nos muestra la existencia, los descreídos. Se trataría de esas personas que no pueden o no desean aceptar el mundo en su totalidad, pues tienen nublada su mirada por las ideologías extremadas, y que son incapaces de *interpretar* sin aplicarle al conocimiento el filtro de la exclusión y de la soberbia intelectual. «Allá donde no alcanza la filosofía aparece la poesía», hemos oído en alguna ocasión. (Los comentarios de Heidegger a la poesía de Hölderlin parecen buscar ese camino, después de los engañosos «fulgores» de la Historia que a ambos les ofuscaron; en Hölderlin en su juventud, en el pensador alemán en una etapa ya madura de su profesión de enseñante).

Delicada fusión la existente entre poesía y razón en tu obra, como delicado es llegar a ella evitando los peligros de una y de otra, de ambas orillas del saber: la hueca tendencia a la palabra vacía del que razona sin espíritu, el brillo sentimental o evasivo del que poetiza. Esa fusión sin fallas, sin fisuras, me parece uno de los logros más hermosos de *El hombre y lo divino*. Es más, diría que, ya dentro de lo estrictamente poético —¿es que se te puede valorar con arreglo a los codificados géneros literarios?—, tu obra alcanza los *límites*. Esto lo logras especialmente cuando hablas de los significados últimos de todo cuanto a los humanos nos ha sido revelado a través de los símbolos.

«Los símbolos son el lenguaje de los misterios», has escrito. Y, entre los símbolos, ninguno mejor esclarecido y expresado por ti que el de la *luz*, signo por excelencia y presencia viva en nuestras miradas, en nuestros labios. ¿La luz física o la luz del conocimiento? La *luz*: la realidad suma y última. En el fondo, en tu obra se funden poesía y razón porque no desconoces lo que es la primera. Has llegado incluso a definirla —esa comúnmente gratuita tendencia a definir la poesía— y lo has hecho con una certeza absoluta: «Convertir el delirio en razón sin abolirlo, ese es el logro de la poesía».

Al mismo tiempo que entreabres los caminos de la luz y del misterio para turbarnos o para hacernos caminar por la vida con más seguridad, que te mueves en el terreno de los más lúcidos mitos y sueños, también dejas establecido un sistema de pensamiento, y lo haces con el rigor y con la originalidad del que tiene una concepción abarcadora de las ideas eternas. Veamos, por ello, algunas de las cuestiones para mí definitivas en tu obra. Sabes perfectamente en qué espacio respira, vive, nace y muere el hombre. Eres, pues, consciente, desde la transparencia, de la verdad primera, de ese espacio lleno de pruebas en el que se existe en el más alto grado de consciencia y que otorga paradójicamente al espíritu humano una dimensión a la vez sublime y trágica.

Aquí cabría reconocer otro de tus hallazgos, que no es sino el de una nueva *fusión*: la existente entre ciencia y poesía, entre ciencia y arte, como expresiones del ser que confluyen en un mismo final. Fruto de ello es la luminosidad de ese ensayo tuyo que lleva por título «La condenación de los pitagóricos», tu fe en la práctica primera del hombre-poeta, del hombre-científico, el ser que combinaba «las matemáticas celestes» con «la adoración a la luz, al firmamento, a los astros». Y tu diálogo con la pintura.

Experiencia primera del ser en el espacio-vacío, la interrogación a los cielos mucho antes de «la madurez de los tiempos históricos». Espacio-vacío del que brota «el errar y el padecer», la leyenda de Orfeo. Y, a su vez —también lo sabes—, la música se funde con la aritmética, «con la aritmética inconsciente de los números del alma», puntualizas. De tal manera se transforma, y transformas, ese espacio-vacío, aterrador, originario, en equilibrada *armonía*. Por tanto, es lógico que para ti el Universo sea «un tejido de ritmos, una armonía incorpórea».

De la idea de armonía plena a la Divinidad ya hay solo un paso. Es la vieja y sabia máxima del *Tao*: la divinidad gratifica o destruye en función de la mayor o menor armonía provocada por la sociedad de los humanos. Conoces el corazón del hombre, su capacidad para sentir, para interpretar. De ahí que entreabras el misterio, una vez más, para dar forma y sentido a los dioses que han sido y serán, lo que no es sino una forma más de creer en lo Divino.

Y con la Divinidad —si no presente, intuida— ya son factibles la piedad virgiliana, tu cristianismo, la esperanza humanista, la creación, las respuestas humanas para las preguntas *primeras*. Las preguntas en el espacio-vacío ya tienen en ti su razón de ser. De esta forma, el hombre encauza su alma, su rabia, su desesperación. El hombre puede llegar así incluso a deshacer lo que tú llamas «el nudo del trágico existir».

Afortunados los que lo logran, pues estos son los que viven en la sabiduría. Y crees en el sentido divino del mundo sin el mal rigor futuro de las religiones «decantadas», ya que estas son solo un pálido reflejo de la comunicación con el Misterio. Y lo divino refleja, sobre todo, el instante en su tenso realismo. El instante: «Un tiempo en el que el tiempo ha sido anulado». Lo Divino: el espejo que refleja la realidad sagrada. O que es necesario sacralizar para vivir en equidad y lucidez, alejados de la lucha de «contrarios contra contrarios» sanjuanistas.

También nos has enseñado (revelado) que antes de lo divino está lo *sagrado*. ¿Lo que da vida, o lo arcano inaccesible? Así penetras en el mundo del paganismo sin prejuicios, como lo hizo Leopardi —cuando precisamente él no lo pretendía— en su *Saggio sopra gli errori popolari degli antichi*. Alejas al paganismo del cliché literario bajo el que normalmente se nos ha enseñado a reconocerlo. Como lejos del cliché queda la imagen, el significado profundo —otro símbolo total— que nos das de las *ruinas*. Y con tu exposición reconocemos, una vez más, que no pocas veces el hombre no sabe *contemplar*, al alterar el instante con la rigidez de sus criterios. De las ruinas haces acaso el más trágico y el más expresivo de los símbolos. Ellas son para ti, creo yo, como un espejo de piedra muerta que refleja tanto la plenitud como la sima abismal de lo que está *más allá*.

La infinitud que la ruina revela la comprendemos en la naturaleza, que en ella vuelve a sembrar vida. El abismo, la sima, los sospechamos en el muro derruido; es decir, en la obra sin fruto, deshecha, quemada por el paso del tiempo. O por las guerras que los hombres encienden. Dejas, pues, limpia la imagen de la ruina de su carga literaria, teatral, ficticia, y la llevas a su dimensión real. En la ruina hay como una «comunidad» —como una comunión con la palabra fácil y oscura del poeta— entre la naturaleza y la sangre inocente que han derramado algunos seres durante siglos.

Abismo, dioses, caos, espacio-vacío, ruinas, luz, muerte… El enigma lo resuelves con un nuevo símbolo: el templo. «El templo y sus caminos» es otro de tus ensayos más alquitarados, más clarificadores. Sin duda el templo es para ti algo más que una ruina, algo más que aquel primer espacio-vacío en el que el hombre desprendió de sus labios las primeras palabras, las primeras y desesperadas preguntas a lo Ignoto.

En tu opinión, la ruina «revela el paisaje», y el templo, «lo sagrado irreductible». Y junto al término-símbolo (*templo*) colocas un adjetivo lleno de resonancias (*griego*), que cierra perfectamente, herméticamente, el ciclo de tu pensamiento, tu incursión en el mundo de los humanos y de sus sueños. En el templo encontramos precisamente la *palabra viva*, pues es donde nos hacemos las graves preguntas para las que a veces encontramos alguna respuesta: la *poesía*; es decir, un tipo de ¿religión? que aún no se ha visto privada de su naturaleza primera, de su inocencia originaria.

Tenía escrita esta carta, primero en mi mente, luego en el papel; esta carta que nunca pensé enviarte y que, como he dicho, definitivamente quedará inconclusa —así debe quedar por aquello de nuestra fidelidad a la flexibilidad, a la relatividad del todo—. Como he comenzado diciendo, comprendía muy bien lo inexpresable de cualquier tipo de identificación nacida de la admiración. Me hubiera gustado dejar a un lado el posible tono de homenaje, volver a la anécdota de enviarte una postal o un libro. Acaso hubiera sido hermoso tocar un tema común, pero no excesivamente turbador, como es el de Giacomo Leopardi y su obra, y los últimos días que el autor de los *Canti* pasó entre Torre del Greco y Torre Annunziata, en las laderas del Vesubio, sembradas de cenizas y de oro (del oro de las retamas). Pero ¿qué estoy diciendo? ¿Es que acaso Leopardi no es un tema turbador? ¿Y aquellas laderas con viñas que miran hacia las ruinas del tiempo, al mar latino?

Esta carta no se la envié a María Zambrano, pero llegó a sus manos por otros medios y ella sí le dio una respuesta que me envió con otra carta del 9 de octubre de 1981. Su texto —escrito con dificultad, teniendo que cambiar de pluma por el estado de sus ojos a la espera de una operación quirúrgica— es el siguiente:

Ginebra, 9 de octubre de 1981

Amigo Antonio Colinas:
Ni puedo escribirte ni tengo con qué.

Mas no es posible que deje de enviarte este instante al borde de caer en la duración. Quiero, haciendo un hueco con las dos palmas juntas, enviártelo como una palomilla, según decíamos. Al instante hay que salvarlo-nos «de las apariencias». El frío que me entró al leer tu carta no ha de ser solamente por el que padecí en La Habana, en aquel verano tórrido, cuando escribí el texto, o lo que sea que salvé. Nadie me ha atendido cuando tímidamente lo he señalado como lo más —¿más?, no sé cómo decirlo— que yo he escrito. Y así señala a la par la cortedad de mi inteligencia.

Sí, me ha pasado muchas veces, pero en ninguna, creo, he conservado la ingravidez para sostenerme en tanta luz de pensamiento, y ya tan torpe. Lo inteligible mostrándose adecuadamente, ni evanescente, ni inefable; logos con la necesaria opacidad, con mesura, como el de Heráclito. Y ante mí, o ya en mí, mi inteligencia incapaz, insuficiente. A veces he ido a consultarlo y lo entiendo con dificultad. ¿Ves? Pero qué error sería el yo declararlo así. Lo soltaría de ser pensamiento, razón. ¡Tantas invitaciones que he recibido para escribir frente al Infinito, sin saber, renunciando en lo fácil o en la imposibilidad...! Todo lo has entendido. Y qué bien que muestres el que te haya sido arrancada tu carta, que la escribas a tu pesar, y que el único texto que te ha podido salir es una carta, esa bellísima, límpida, con un poco de lo que en otro poeta —pienso en Luis Cernuda— podría ir a dar en un cierto resentimiento. No en ti. Te salva, y no solo aquí, ese de Grecia, que en ti vive, y se alberga, y que el mismísimo Luis Cernuda no quiso o no pudo albergar. El saber, como tú haces, mantener la puerta, que no es confín, abierta siempre, y aun el descuido.

Ha estado bien en ti dar esa carta a la luz, a la luz. Y todo lo que a la luz se da no pierde su secreto, su *intus*. Atraviesa las aguas, se sumerge, vuelve a reaparecer. Aparte te envío «Diótima de Mantinea», que por tres veces he retirado de una revista, las tres que rehíce, deshice, una después de su publicación inconclusa en Roma (*Botteghe Oscure*). Léelo según quieras, préstalo a Marí [Antoni] o a quien quieras. Nada me tienes que decir. Ella es de lo sumergido, y esa arena densa, y esa agua aceitosa, y ese negror, a nada te obligan.

Te iré hablando sin necesidad de respuesta.

Con cariño

MARÍA

Una llamada

Todo había comenzado con una *llamada*, con la llamada de su voz. Estaba yo entonces viviendo en una isla y rodeado de esa mar que luego ella me recordaría siempre, obsesivamente, en nuestras llamadas telefónicas: la mar como frontera y distancia entre los seres, la mar de la vida que separa, pero que también, como las olas, transmite la comunicación, los mensajes, el riesgo. Igual sucede con la isla, o las islas, que a lo largo de su obra podemos rastrear como uno de sus símbolos favoritos.

Por encima de la mar y de la isla, me llegó una noche su voz, su *llamada*. Hasta entonces, María Zambrano había sido para mí solo esa ilustre escritora del exilio que había descubierto como pensadora algunos años antes, a través de algún libro raro, en los artículos de la revista *Ínsula*, o en el tomo de sus *Obras reunidas*, editadas por Aguilar en 1971, así como por medio de la admiración que le mostraba, en mis años en Madrid, en nuestras conversaciones en las tertulias de *Ínsula*, otro escritor y amigo, José Luis Cano.

A aquella llamada había, sin duda, que responder. Lo hice de dos maneras. Una, formal, enviándole a Suiza alguno de mis libros con unas palabras; otra, por medio de la carta que acabo de recoger y que nunca eché al correo, pero que hice pública en la revista *Cuadernos del Norte*: «La carta que no envié a María Zambrano». Me parecía que para dar respuesta a aquella *llamada* suya nocturna que, por encima de la mar, me había llegado a mí, al solitario de una isla mediterránea, era necesario otro tono y otros recursos. En realidad, esta carta que no envié era la respuesta a otra carta realísima que sí recibí yo de María y a nuestra primera conversación telefónica y a otra anunciadora de mi viaje a Ginebra: «Usted y yo hace mucho tiempo que nos conocemos…», me había dicho. ¿Que «nos conocemos»… sin habernos conocido? ¿De qué *conocimiento* me estaba hablando ella?

A mi entender, esta frase me sugería una necesidad de respeto y de distancia, pues veía que la comunicación *interior* era posible más allá del conocimiento personal, del mutuo conocimiento físico. Y sin embargo… crecía la necesidad del encuentro real. Pero antes de ese encuentro en Suiza hubo un intercambio de llamadas que lo preparaban. En una de mis cartas, cuya copia he rescatado, le digo: «Me han dicho que vas a regresar. Yo creo que es una buena decisión. El sol y la luz del sur —de tu sur— te harán mucho bien. A ver si es verdad que regresas, pero que no sea a costa de perder tu paz interior, tu ejemplar libertad. Ojalá vivas muchos años con tu libertad en la tierra en la que viste la luz por vez primera».

Algunas de estas cartas, no todas, las he podido recuperar gracias al archivo de la escritora en su Fundación de Vélez-Málaga. En ellas sobre todo le comento, por ejemplo, el proceso de creación de mi libro *Noche más allá de la noche* y le anunciaba el envío de un poema («Partenón»), que luego le dedicaría en el homenaje de la revista malagueña *Litoral* y a la aparición del mismo. También le hacía llegar los símbolos que aparecían en algunas postales que le envié —la mar, el islote ibicenco de Es Vedrà, las cúpulas y arcadas de algunas de las iglesias campesinas ibicencas— y que yo intuía que iban a ser de su interés.

Le comenté también en algunas cartas las impresiones que me había producido la aparición en *Litoral* de sus textos sobre Juan de la Cruz y Diótima de Mantinea, que ahora sí pude conocer. También comentamos el artículo que sobre su maestro Ortega ella había publicado en *Ínsula* e intercambiamos pesares sobre nuestras respectivas operaciones quirúrgicas en aquel otoño de 1983, aunque la operación en sus ojos todavía esperaría unos meses. En aquella comunicación por medio del teléfono, aparecen también las conversaciones que, sobre ella como tema, yo tenía con Antoni Marí Muñoz. Un día, paseando, la interrumpimos para tomar un teléfono y hablar directamente los dos con ella.

Al fin llegó aquel día de nuestro encuentro, el 28 de abril de 1984. Desde la objetividad de ir a dar una conferencia en la Casa de España, llegué hasta Ginebra para quebrar el encanto de aquella noche en la que me había llegado su voz desde muy lejos, cuanto en la distancia había de ensoñación, y así conocer a la que ya era para todos en España «la última exiliada».

Aquella tarde en que tenía cita con ella en Ginebra me retrasé. Por la mañana había ido con los organizadores de mi conferencia a comer al otro lado de la frontera, a Francia, y mi regreso a Suiza se retrasó. La llamé por teléfono para disculparme, para decirle que llegaría con un pequeño retraso. Noté también en ella, en sus palabras, su malestar por mi demora, la necesidad de la urgencia del encuentro; simplemente como si ella intuyera que yo no iba a llegar, que seguía en España, que no se creía que ya estaba allí, a unos pocos kilómetros de Ginebra, pero siempre al otro lado de la «frontera».

Tras aquel encuentro en Ginebra, a mi regreso a España, poco después, el 24 de junio, publiqué en *El País* un nuevo artículo sobre ella, y el 20 de noviembre María Zambrano regresó a España. En torno a estas fechas, en junio-julio de 1984, se celebró un seminario sobre la escritora en la Antigua Universidad de Almagro, al que me invitaron, pero no pude asistir. Aun así, me propusieron que alguien leyera en mi nombre ese artículo («La esencia de un mensaje») que yo había publicado días antes. Luego las ponencias serían recogidas el mismo año en *Papeles de Almagro. El pensamiento de María Zambrano*.

Pero volvamos a nuestro primer encuentro, a aquella larga tarde de conversación y de identificación en la que, sobre todo, descubriría algo que luego vería confirmado en cada uno de nuestros encuentros. María Zambrano, en efecto, hablaba como escribía y escribía como hablaba. Había una identificación profunda entre ambas actividades que provenía de su autenticidad, de su verdad, de su *ser*. Testigo de aquella conversación (y de tantas otras posteriores en Madrid) sería su primo y ángel guardián —Mariano Tomero Alarcón—, que, como siempre, se iba y tornaba al salón, o se sentaba embelesado para escuchar, o se adormecía, o le preguntaba a María si quería más té o si le traía un encendedor, porque el otro no encendía, o porque ella lo había extraviado. Mariano, ser puro como pocos, y ángel, que aquella tarde —como si el gesto dependiera de él, solo de él— llegó de repente para traerme un mensaje y depositarlo silenciosamente en mis manos. («Trae eso, Mariano», le dijo ella).

Se trataba de una litografía en color, firmada en la piedra, de Joan Miró y acompañada de un texto de María, editada el año anterior en Ginebra por el galerista Orlando Blanco. El texto, titulado «Tal como un péndulo», con dedicatoria manuscrita, dice así:

> Así, el ser que ha despertado, como un péndulo viviente, ha de sostenerse en un movimiento incesante, sostenido por un punto remoto, transformando el desfallecimiento en pausa, y la pausa en lugar de más honda y obediente oscilación, revelando así su secreto de ser un diapasón del imperceptible fluir musical del interior del tiempo vivo. *Para Antonio Colinas. Siempre. Ahora. María. Ginebra, 28 de abril.*

Este fragmento formaría después parte de su libro *De la aurora* (libro que, como sucede con *Los bienaventurados*, posee una doble y engañosa lectura, cuando en realidad, como ha afirmado Javier Sánchez Menéndez, en ambas obras «encontramos muchas de las claves de su concepción tan mística y sin duda gnóstica, y aún esotérica de la poesía»).

María Zambrano había colaborado, durante su estancia en Ginebra, con la Galería Editart, de Orlando Blanco, en no menos de diez proyectos artísticos, entre los que se encontraban tres con Amadeo Gabino («El vacío y la belleza»), con Thierry Bourquin («Méduse»), Eduardo Chillida («Zubia»), José Lezama Lima («Homenaje a María Zambrano») o Antoni Tàpies («Signes»). Tàpies sentirá un interés especial por un texto de Zambrano, «El árbol de la vida. La sierpe», y lo interpretaría por medio de sus imágenes.

La vida, como la sierpe, tiene para ella la «condición de espejo», portadoras ambas «del estigma de la luz y la sombra, luz impresa como mancha». Amalia Iglesias, que ha seguido de cerca el tema de la pintura en Zambrano, recuerda un pasaje de esta en la que se aprecia la concepción esencial que ella tenía de esa forma del Arte: «El poeta pide al pintor que le aprese las apariencias amadas que desdeña el filósofo». Dice Anacreonte: «Pintor hábil, pintor famoso, rey de este arte que florece en Rodas, pinta según voy a trazarte la imagen de mi amado ausente...». En esta expresión final el eco del *Cántico* sanjuanista es evidente, e Iglesias lo refuerza en un artículo, ahora con ecos jungianos, con estas palabras:

A través del texto de María Zambrano y con la contemplación de los aguafuertes de Antoni Tàpies que lo ilustran, asistimos a la condición de testigos asombrados ante ese espejo. Movimiento sinuoso de la sierpe vital trepando al árbol de la vida, aspirando hacia la luz de su abismo circular. María Zambrano desarrolló en este texto la razón poética de la vida, la atracción de la muerte, el retorno al origen, la luz que guía esa otra luz interior que alumbra.

Otras de sus colaboraciones muy señaladas con artistas fueron las tres que tuvo con el pintor cubano-judío Baruj Salinas (La Habana, 1938). Pintor, escultor, grabador y ceramista, Baruj emigró a los Estados Unidos y posteriormente ha vivido en Europa. De él también conservo una rosada litografía de otra de las ediciones zambranianas, *Antes de la ocultación de los mares*. Este fue otro de los frutos de esa colaboración del artista con la pensadora. Salinas fue igualmente el autor de las ilustraciones de *Tres lecciones de tinieblas* (1981), de José Ángel Valente. Recientemente, en mayo de 2017,

Baruj Salinas ha dedicado una exposición-homenaje a María Zambrano en el Centro Cultural Provincial de Málaga.

Empecé a no tener palabras para la conversación de aquella tarde en Ginebra, con la lámina de «El péndulo» en mis manos temblorosas, pero lo cierto es que el diálogo no cesaba, yendo de lo más real a lo más sublime. Anochecía tras las cortinas más allá del lago. Junto a lo más real, yo intuía la preocupación de María por su regreso a España, viaje sobre el que ella parecía no estar aún completamente decidida. Seguramente, por encima de todo, en aquella decisión le preocupaba su desposesión; esa que siempre estuvo con ella y que asumió hasta su muerte; ese rigor que la llevaba a no solicitar ayuda alguna, ni incluso cuando más necesitada estaba de ella, como en algunos de sus días más difíciles; aquellos, según me dijo, en los que incluso le había pasado por la cabeza la idea que tuvo en La Pièce, y que ya he recordado: «cortarme un brazo para dárselo de comer a mis tres perros, pues ni para darles de comer a estos tenía».

De esta María del rigor y de la desposesión recuerdo también, ya en Madrid, otra anécdota. Una de las mañanas en que la visité, ella había quedado después con «una personalidad» que habría de llevarla a «una institución» que le proporcionaría una ayuda económica. La encontré muy introvertida, ausente, inquieta. A lo largo de la mañana, durante nuestro encuentro, María estuvo dándole vueltas a aquella cita que tenía por la tarde, y se veía que padecía con ella; pero, de golpe, llamó a su primo Mariano y le dijo que telefoneara a la «personalidad» para decirle *que no*, que no iba a ir a aquella cita ni iba a solicitar ayuda alguna. (Sin embargo, en momentos extremos esa ayuda la aceptaría como lógica y necesaria, como la prestada por el Ministerio de Cultura español o por la Fundación March durante dos años).

Se trataba de aquel rigor que, en realidad, tenía la forma de aceptación plena de *su* realidad, de una piedad, tan suya, que la llevaba a pasar por las mayores necesidades antes de pedir ayuda. Se comentaba también, ya en España, el rechazo que mostró

Tal como un péndulo

Así, el ser que ha despertado, como un péndulo viviente,

ha de sostenerse en movimiento incesante, sostenido por un

punto remoto, transformando el desfallecimiento en pausa, y la

pausa, en lugar de más honda y obediente oscilación, revelando

así su secreto de ser un diapasón del imperceptible fluir musical

del interior del tiempo vivo.

Para Antonio Colinas.

Siempre,

Ahora

María,

gifnebra

28 abril

Litografía de Miró con el texto de «El péndulo» de María Zambrano (1984)

hacia una empresa que le ofrecía por sus artículos el triple de lo que le pagaba un medio con el que ella estaba colaborando asiduamente.

Sin embargo, durante aquellos días en que nos encontramos en Ginebra, se sentía contenta con el galardón que —al fin, esta vez sí— el Institut Européen Universitaire de la Culture le había concedido por su libro *Delirio y destino*; premio al que ella se había presentado anónimamente, por segunda vez. Sobre la primera vez que se presentó y las circunstancias de este libro, me escribió en una de sus cartas su primo Rafael Tomero el 9 de mayo de 1984:

El título que María dio a su única novela, escrita para comprar penicilina para su hermana Araceli, hacia el año cincuenta y cinco más o menos, con el posible premio, era *Delirio y destino*, novela autobiográfica hasta los años treinta. Gracias al voto contrario del presidente del jurado (nuestro «querido y admirado» Salvador de Madariaga), en oposición a hispanistas como Marcel Bataillon, no se le concedió el premio. Si no sirvió para ayudar a salvar a su hermana y compañera, tal vez por ello haya dicho María que «es una novela para no ser publicada». Pero algún capítulo ya lo ha sido.

Delirio y destino no es propiamente ni novela ni biografía, sino «delirio», como nos ha dicho ella misma; o lo contrario a un «falso ensoñamiento». En el jurado de la segunda oportunidad de aquel galardón había dos personas de excepción que defendieron el libro: Gabriel Marcel y Salvador de Madariaga (ahora sí). En aquella obra, su destino era algo «soñado», y «la historia es sueño: el sueño del hombre». Estas ideas de resonancias calderonianas se hallaban resumidas precisamente en una cita del propio Calderón, que ella puso al frente de esta obra y que tanto nos dice de su propia vida: «Obrar bien, que ni aun en sueños se pierde». Otra forma de decir, a mi entender y por otros caminos, lo que ya Juan de la Cruz había dicho antes: «Obrar y callar».

Se prolongó mucho nuestra conversación aquel día en Ginebra y se acrecentaba el interés, la admiración, en los ojos de Mariano Tomero, que volvía a sentarse para mirar fijamente, con admiración profunda, a su prima. Pero pronto volvía a salir de la habitación y, sin recibir ahora en apariencia orden alguna, volvía a depositar en mis manos un segundo e inesperado mensaje: ahora era aquella mancha rosada, aquel mar de Baruj Salinas, otro de los pintores con los que acababa de colaborar María. Se trataba de una pintura informal que representaba una especie de mar violáceo, acaso el «vinoso ponto» de que había hablado Homero en la *Odisea,* o «la ocultación de los mares», según me dijo María. Una expresión, la de Homero, que yo no logré comprender hasta que vi aquel preciado color en algunas calas bajo los acantilados del norte de la isla de Ibiza.

Ella —ante esta nueva aparición de Mariano— sonreía pícara, solo sonreía, para al final decir como un susurro: «Sí, también es para que lo lleves contigo a España». Abrumado, tratando de comprender o justificar aquellos dones, no pensaba en la carta pública y en los dos artículos que yo había publicado sobre María Zambrano, antes de mi visita en Ginebra, reclamando su retorno, en lo poco que yo había hecho por ella, sino solamente en las primeras palabras de la carta manuscrita que me había enviado unos meses antes. ¿O tenía que pensar solo en aquel *conocimiento* mutuo de la llamada telefónica —previo, irreal, ¿en dónde?, ¿cuándo?— para comprender aquellos gestos?

En junio de 1983 había aparecido en *El País* mi artículo «La esencia de un mensaje». Un año después, como ya he dicho, el 26 de junio de 1984, apareció un segundo artículo en el mismo medio y solo cuatro meses más tarde, el 20 de noviembre de 1984, tras cuarenta y cinco años de exilio, María Zambrano regresaba a España. Jaime Salinas, el hijo de aquel poeta, Pedro Salinas, que ella había tenido como profesor en la Universidad Complutense, había sido el «motor» del retorno. Por Jaime supe de aquel proceso del viaje y también que de algo habían servido aquellos dos artículos míos, ante la opinión pública, en unos días en los que todavía se callaba

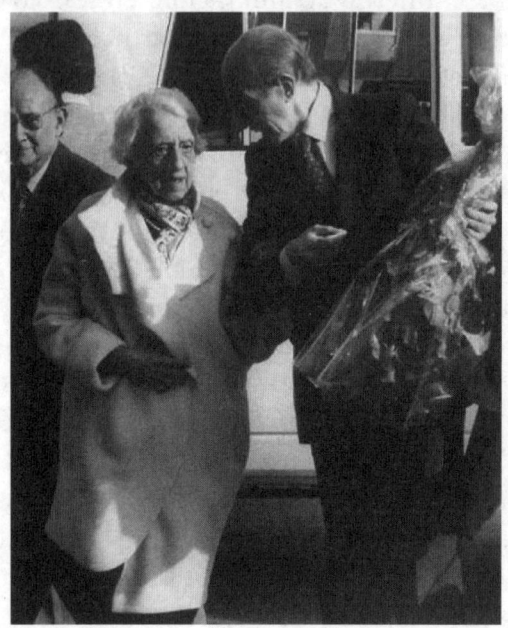

Con Jaime Salinas, director general del Libro,
a su llegada al aeropuerto de Barajas

mucho entre algunos intelectuales. Estas afirmaciones que hago son sencillamente la constatación de hechos ciertos.

A Jaime Salinas, director general del Libro en el Ministerio de Cultura, en la etapa de Javier Solana, lo conocía no solo de los días en que recibí el Premio Nacional de Literatura, en 1982. El acto de entrega se celebró en la sede de la Real Academia Española el 29 de mayo de 1983, con un discurso de Fernando Savater, el ganador ese mismo año del Premio Nacional de Ensayo, en nombre de los que fuimos galardonados aquel año. El acto se celebró en tan señalada sede por iniciativa de su director, Pedro Laín Entralgo, pero la intervención de Savater parece que no fue del agrado de algún académico y el acto no se volvería a repetir en la Real Academia Española. Con Savater, y a petición de María Zambrano, coincidiría no mucho después en el homenaje que se le tributó en el instituto de Leganés que lleva su nombre.

A Jaime Salinas lo conocía en realidad desde mucho antes, desde los años setenta, cuando él había dirigido brillantemente la nueva etapa de la editorial Alfaguara y había sido mentor, junto a Claudio Guillén, de mis traducciones leopardianas (*Poesía y prosa*, 1979) para la colección de clásicos de dicha editorial, así como de algunas otras obras, como la gran novela de Carlo Levi *Cristo se detuvo en Éboli*. Jaime había puesto mucha ilusión en este libro —un clásico de la narrativa italiana del siglo XX—, pues se editó en los mismos días en que en España se estrenó, sin gran eco, la película basada en ella.

Pero la gran prueba de aquella amistad fueron mis ediciones leopardianas, aunque su terminación estuvo condicionada por varios factores: mi partida para Ibiza, gracias a la beca de creación que me había concedido la Fundación Juan March y también a un cambio de propietarios sufrido por la editorial que mantuvo en pruebas de imprenta mi traducción casi dos años. Mi partida para Ibiza también alarmó mucho a Claudio Guillén, pues daba con ello como doblemente retrasada la entrega de mi edición. Pero ya en la isla lo apacigüé: «Gracias precisamente a haber venido a Ibiza terminaré muy pronto mi trabajo». Y así fue. Pasé enseguida a trabajar en *Astrolabio*, mi libro de poemas para el que había recibido la beca, aunque la dura tarea de seguir traduciendo, renunciando incluso a los viajes, no me abandonaría durante años.

Tuvo también María Zambrano, aquel día en Ginebra, otro gesto que no olvidaré: deseaba que, al día siguiente, yo cruzara de nuevo la frontera; quería que fuera hasta La Pièce para que conociera los espacios del Jura en los que ella había vivido años decisivos y creativamente muy fecundos. Para este viaje a su pasado, me había preparado a otro «ángel» protector que ella tenía por aquellos días: su otro primo, Rafael Tomero, el hermano de Mariano, como este en posesión de la transparencia y bondad humanas. No me extenderé en los detalles de este viaje en el coche de Rafael a La Pièce y a sus alrededores porque de ellos hablan las fotografías que este me hizo delante de la casa, en el cementerio y ante la tumba de Araceli Zambrano.

Antes y después de aquel recorrido que hice con Rafael Tomero, nos detuvimos en algunos otros lugares literarios y zambranianos, como el del pequeño *château* de Ferney-Voltaire, pero los que perduraron en mi memoria fueron otros símbolos de aquella visita: la casa, que ahora permanecía cerrada, con sus contraventanas rojas, como si todo cuanto había acaecido en ella estuviese sellado y no se pudiera violar; los espacios en que había nacido *La tumba de Antígona*; el bosque que había al lado, inspirador de uno de sus textos más poemáticos, *Claros del bosque*; la iglesia del lugar y su cementerio, o la tumba de su hermana Araceli Zambrano. Sobre la cruz de hierro de la misma podía leerse la significativa frase que María le puso: *O crux ave spes unica*.

Ella buscaría más tarde otra frase bíblica, del Cantar de los Cantares, para la cruz de su propia tumba en Vélez-Málaga, su pueblo natal: *Surge amica mea et veni*. (Tras su muerte, también serían traídos a su misma tumba los restos de su madre y de su hermana). ¿Esa frase no había sido la misma que había utilizado su amiga de los años romanos Vittoria-Cristina Campo en el recordatorio de la muerte de su padre en 1965? La coincidencia, premeditada o no, poco importa, aunque la palabra *amica* adquiere un particular

Antonio Colinas en La Pièce (Francia). Mayo de 1984

Tumba de Araceli Zambrano en la cercanía de La Pièce

sentido si tenemos en cuenta la gran amistad que hubo, como veremos, entre ambas mujeres. Una tumba final que velan un naranjo y un limonero, y los gatos que acuden misteriosamente a ese lugar. María nos contaría años después de vivir en el retiro del Jura, en el cierre de un artículo —«Una prosa sacra»—, que antes de enterrar a Araceli en el cementerio de La Pièce llevó a cabo un gesto revelador de la cercanía entre las hermanas y el poeta Giacomo Leopardi:

> Cuando murió mi hermana, yo le puse en la cara un bordado de mi madre, bizantino, tan perfecto como la prosa leopardiana. Todo era entonces sacro. Todo perfecto.

Unos días después de aquel viaje con Rafael Tomero a La Pièce y a sus alrededores, recibí una carta con la que Rafael me enviaba las fotografías que había hecho con su cámara. Como María en otra carta, se lamentaba de la brevedad de mi viaje. «Aunque tarde, te mando las fotos y los datos, testimonios de tu precipitada visita, cazador furtivo del tiempo que huye. Y, después de todo, ¡bendita precipitación!». Pero merece la pena que recoja con más detenimiento cuanto en aquella larga carta me dijo Rafael Tomero; testimonio que recojo por cuanto en ella hay de objetividad, por el alto carácter humano y moral de él, y no por lo que en la carta pueda haber de subjetividad (las opiniones tan cálidas y generosas que de él y de María me transmitía):

Chavannes-de-Bogis, 9 de junio de 1954

Querido Antonio:

> He estado queriéndote escribir, creo que nada más marcharte, pero casi me ha sido imposible y ahora lo hago a la una de la madrugada. Tendría que ser así, que La Noche, tu diosa protectora, haya de interceder en nuestra comunicación y me rescate, aunque no sea más que un instante, para concederme un momento de

libertad, un momento de gracia; pues como diría Savater, uno termina siendo eso, un esclavo de la utilidad; útil para el trabajo, la sociedad y la familia, un poco aniquilado entre «la angustia y la esperanza» de reencontrar el propio ser enajenado.

Mariano y María van mejor, poco a poco recobrándose, después de un año de casi desintegración familiar. Contra la opinión de los médicos, que durante tantos meses estancados me han reprochado mi «afectiva subjetividad» respecto a mi prima María; ahora sí, ya le pueden operar las cataratas, pueden restituir la luz a esos sus ojos que, casi ciegos, nunca perdieron la mirada y el mirar vivificante y expresivo. Ha sido una lucha titánica ante el escepticismo, en la que me he encontrado solo. Pero el anhelo de todo lo que es noble nos sostiene.

El día 13, poco después de tu partida, ingresa María en la clínica; el 14 la operan de un ojo y el 16 del otro. El cirujano, el mejor de Suiza, dicen, está contento y optimista, cuando hace dos meses me dijo que ya no era cuestión de operarla, sino de mantenerla viva las pocas semanas o meses que le quedaban, que aceptara la realidad objetivamente. ¡Como si la objetividad sirviera para algo sin la subjetividad!

Si María no se hubiese sentido sustentada moral y espiritualmente por quienes la queréis más allá del conocimiento, si le hubiera bastado vuestra poesía, esa fuerza vuestra de comunicación vital y trascendente, dudo que hubiera subsistido [...].

Leo y releo tu poesía en los pocos momentos en que me es dado hacerlo, entre el trabajo («todo el santo día», desde las 7 de la mañana hasta las 7 de la noche, en que vuelvo a casa), las compras, la casa de María, mi hermano Mariano, mi casa, la niña, mi mujer... Hay días en que en idas y venidas hago además cien kilómetros en coche. A todas partes corriendo.

Leer tus versos es leer el entrañable libro de la naturaleza y de la vida, sentirlas en lo más hondo de nuestros orígenes. Son como un manantial cristalino donde se oye y se respira a borbotones, la fina arena del desierto, los crepúsculos del firmamento. Son como oraciones que amansan y nos restituyen al tiempo, como un canto litúrgico de nuestros sentimientos zaheridos y sublimados. En ellos, la vida se despoja de su peso muerto, de la gravitación inerme de los cuerpos, para elevarse, alada, a las regiones de nuestra identidad en la libertad, sin poseer ni ser poseído; la ligereza dolida por la necesidad. En ellos, la terrible circunstancia se convierte en nuestra compañera, confidente de nuestros últimos secretos.

Bueno, Antonio, ya se me va terminando el «recreo», el derecho a jugar unos momentos en el jardín de las maravillas, en tus libros, que me llevan a la infancia, a la naturaleza, a la memoria, a tantas cosas semiinconscientes, semiperdidas, a punto de rescatar.

Cuenta conmigo para todo lo que pueda servirte.

Un fuerte y cariñoso abrazo

RAFAEL

Posdata:

He leído a María tus cartas. Te agradece emocionada tus palabras. Hoy me ha dicho que ha empezado a garabatear a tientas unas líneas que quiere enviarte. En estos momentos forzosamente casi duros para ella. «Rafael, yo no soy para operaciones», me dice. Pero ha seguido con disciplina las instrucciones médicas y todo lo lleva con paciencia y esperanza. Tú eres la última persona que le haya visitado como amigo antes de la operación. Es un buen augurio, un privilegio único y bienhechor que nadie puede arrancar a la poesía. Gracias.

Fue bueno también que la llamaras por teléfono.

María te tiene en mucho.

RAFAEL

Esta carta, y la que sigue de tres meses después, revela con gran detalle cuál era la atmósfera familiar de María Zambrano en los meses previos a su regreso a España, y sobre todo ese comportamiento generoso y humano de Rafael Tomero Alarcón. La segunda carta también es significativa, porque en ella ya se ponen de relieve las gestiones que desde España se estaban haciendo para su regreso, aunque Rafael me lo comunica «en secreto», pues ella no desea que ese regreso «sea noticia»:

Chavannes-de-Bogis, 16 de septiembre de 1984

Querido Antonio:

Mucho me ha alegrado saber de ti por tu carta y que hayas pasado estos dos meses en compañía de tus padres y familia en vacaciones por los «reinos de Castilla». Creo que de vez en cuando es bueno también para la naturaleza humana dejar en «barbecho» el espíritu, el espíritu y el cuerpo, y que la falta de concentración puede hasta ser saludable, sobre todo cuando se ha sufrido una operación y sus secuelas, como es tu caso. Ojalá que a pesar de los calores y viajes, con todas sus fatigas, te vayas recuperando y fortaleciendo; aunque te encuentres bien, tienes que cuidarte.

Celebro que te hayan gustado las fotos y que tu precipitado viaje a Ginebra te haya sido grato y permanente en la memoria. Mi encuentro contigo fue para mí algo muy hondo y enriquecedor, muy acorde con la lectura de tus poemas.

Mi prima María no puede leer ni escribir todavía, pero esperamos que pueda hacerlo a no tardar mucho. Por ello, no ha podido todavía contestarte. Me ruega que te diga que ha recibido tus cartas y tu afectivo consuelo. Han sido para ella meses de enorme dolor e invalidez física. Ahora que ya está fuera de peligro, pero en fase aún posoperatoria, me parece que todo ha sido una pesadilla dantesca.

Hace más de un año que los médicos que la tratan me han estado diciendo reiteradamente que no contara con mi prima, porque solo tenía, «irreversiblemente», unas semanas de vida. La verdad es que nunca les creí, tal vez en un acto de fe, aunque la angustia y la zozobra corroían todo mi ser. María me rogó siempre, «por todos los clavos del cielo», que no trascendiera, porque no quería «ser noticia» la fuerza inmanente de su ser. Luego, la fe me dio la razón, contradiciendo a la ciencia.

Sufrió dos operaciones con dos anestesias completas cuyas secuelas todavía «colean». Los doctores le dieron de alta la semana pasada y los últimos análisis se los harán estos días. Ella ya ve, y anda, y se vale por sí misma en todo, cosa que no le ha sido posible en los últimos años. Me encarga que te diga que «su visión le ha sido devuelta al orden de la naturaleza, lo que —como sabrás— es lento y requiere su ritmo y pulso propios». Que «tu poesía es su tierra natal, isla entre mar, cielo y tierra. Templo, pues, incesantemente nacido...», y que tu artículo «la conmovió hondamente».

En secreto te diré, pues, que de momento tampoco quiere que «ello sea noticia», que María está a punto de ir a España, Madrid, donde se está haciendo todo lo necesario en privado. Creo y espero de veras que eso supondrá para ella un nuevo «elán», después de tantos años de tierras y circunstancias atroces en un mundo de desamparo y extraña lejanía.

También María quiere saber si vas a publicar algún poema.

Sin más por hoy, me despido de ti con un hasta pronto y un apretado abrazo.

RAFAEL

Ya de regreso

María Zambrano tuvo de inmediato lo que más le angustiaba tras su posible retorno y durante aquella conversación que tuvimos en Ginebra: una casa, un hogar. («Es terrible volver al cabo de tanto tiempo. Yo siento la llamada. Yo quiero ir. Pero lo que no quiero es tirarme por la ventana… Que sea lo que Dios quiera», había declarado también antes de su regreso). Al fin, ya estaba en un Madrid que le era tan familiar, en la calle Antonio Maura, 14, junto al parque del Retiro, sobre el que ella podía ver aquel cielo que tanto amaba. Y sobre este, o fundida con este, aquella luz de la ciudad que, sobre todo al atardecer, le hacía callar en las conversaciones, olvidarse del té servido, dejar extinguirse el humo del cigarrillo. Era el momento en que se quedaba callada contemplando la última luz y musitaba: «Esa luz, esa luz…». «Esa es una luz que duele», repetiría en más de una ocasión.

Antes de la generosa determinación ministerial, había pensado en aceptar un retiro en un monasterio, concretamente en el de las monjas agustinas de Valdepeñas, pero también había barajado otros lugares para retirarse, como la ermita que había heredado Alfons Roig, su amigo de los tiempos de Roma, o la residencia del teólogo Agustín Andreu, también en Valencia. Aunque estas tres solo fueran posibilidades, son muy significativas por su claro sentido de retiro, «de recogerme». Pero ella seguía considerando que todavía «no había llegado la hora» de ese regreso lleno de dudas, pues también respondió a los ofrecimientos de Andreu con un «grave temor», el de «que no pueda soportar el ambiente español sin morirme».

A veces habla de instalarse en ciudades como Granada, Almería o Córdoba, e incluso ensueña vivir en estancias como los lugares extremeños de su padre: Segura de León, Fuente del Maestre. O en «un pueblecito de la Alcarria *felice*», dirá ya desde sus días en Roma. O, por supuesto, en Madrid , cuando le escribía a Ramón Gaya: «Quiero ir a Madrid de mi alma; te lo digo a ti, sí: me ha nacido como una flor alta desde el fondo del corazón. No es deseo ni nostalgia, sino amor, amor, amor».

Deseos de algún lugar en los campos de España, en alguna pequeña casa, con sus gatos y la ayuda de su primo Mariano. (La obsesión por el cuidado de su primo le acompañaría hasta sus últimos días, e incluso mientras iban tomando forma los compromisos con ella de la creación de la Fundación que llevaría su nombre). Pero siempre es la razón económica, la preocupación por su subsistencia en España, y no la ideológica, la que la lleva a demorar una y otra vez su retorno ya desde mediados de los años sesenta. Así lo expresa con claridad en una carta que le dirige a José Bergamín y que al parecer no tuvo respuesta: en ella le dice que «sí quería ir a España, pero que tenía que ver arreglados los problemas económicos primero, antes de todas estas últimas denegaciones».

A la vez, la posibilidad de ir a alojarse con naturalidad a algunos de estos lugares, claramente religiosos, nos remiten de nuevo no solo a su incuestionable cristianismo, sino a la absoluta ausencia en ella de cualquier anticlericalismo decimonónico, ese que tan grave daño causaría a la Segunda República y que llevó a que de ella pronto se apartasen algunos de sus fundadores e intelectuales de primera hora.

Frente a iniciativas culturales y educativas tan laudables y eficaces, como las de las Misiones Pedagógicas —sobre las que algo escribiremos más adelante—, esta confrontación con los sentimientos espirituales del pueblo —no saber distinguir entre lo sagrado y ciertos comportamientos clericales— sería muy nociva para las nacientes ilusiones republicanas. («La República ha caído en las luchas por la religión», se precisa ya en uno de los puntos del fugaz manifiesto del partido nacionalista orteguiano Frente Español de 1932, el que pretendía ser fiel a un «esencialismo hispano» y que, como veremos, se disolvió enseguida).

La duda de retornar a España parece que se mantuvo hasta ultimísima hora, si tenemos en cuenta lo que los medios de comunicación señalaban la misma mañana prevista. No sabemos si por verdadero deseo de no querer regresar o, como ella había señalado en varias ocasiones, porque deseaba hacerlo de la manera más reservada posible y con el menor eco social: [A primerísima hora de la noche anterior a su regreso] «declaró desde su domicilio en Suiza que no era seguro su regreso hoy a Madrid, toda vez que ayer sufrió algunos mareos. Indicó que no descartaba la posibilidad de bajarse del avión en el último momento» (*El País*, 20-XI-1984). Pero María Zambrano regresó ese mismo día.

Desde su regreso a España nuestra relación se intensificó. Y fue así, paradójicamente, gracias, sobre todo, a la distancia, a aquella mar, a aquella isla y a aquel bosque que seguían separándonos y que ella recordaba siempre de manera obsesiva a través de nuestras conversaciones telefónicas y también, como hemos visto, en cartas como la que acabo de transcribir. Ella fundaba en mi poesía la fusión de «esa isla entre mar, cielo y tierra». Yo alcanzaba a comprender su obsesión por dos de estos símbolos. La mar era su mar latina y el bosque había sido el de su refugio en el Jura, pero la isla…, ¿acaso hablando de islas pensara en la Cuba de los años cuarenta («Sustancia poética visible ya. Cuba: mi secreto», la «isla de la luz»), o quizá en la de Puerto Rico, «islita maravillosa»?

Muy recientemente Rogelio Blanco ha prologado la edición de un texto clave de María Zambrano, *Isla de Puerto Rico*. En él no solo se nos explica la relación de la pensadora con esta isla, sino también ese sentido profundo que la isla en sí, como territorio geográfico, tuvo espiritualmente para ella. En el primer caso sabemos que María, partiendo desde Cuba, visita la nueva isla como conferenciante al menos en cinco momentos, durante los años 1940, 1941-1942, 1943 y 1945. En su universidad cuenta con el gran apoyo del rector, Jaime Benítez, pero al parecer no fructifica allí su deseo de conseguir un visado para instalarse en los Estados Unidos. Su pasado republicano se lo impide y tiene precisamente que responder a falsedades diciendo que ella nunca fue «comunista». En este sentido recuerda «no haberse doblegado al grupo de Negrín en México», que no favoreció su estancia en este país.

Pero lo que nos importa es la valoración que ella hace de la isla como símbolo poderoso. Espacio superador del que habita en el exilio, como ya nos había recordado en otro momento («Las islas, lugar propio del exiliado»). Y así escribe en su ensayo sobre Puerto Rico, y con tal sentido —superador de la Historia— ella la recordaba en nuestras llamadas telefónicas:

> Una isla es para la imaginación de siempre una promesa. Una promesa que se cumple y que es un premio a una larga fatiga. Los continentes parecen haber desempeñado el papel de ser la tierra del trabajo, la morada habitual del hombre tras de su condenación. Las islas en cambio aparecen como aquello que responde al ensueño que ha mantenido en pie un esfuerzo duro y prolongado; compensación verdadera, más allá de la justicia, donde la gracia juega su papel. Las islas son el regalo hecho al mundo en días de paz para su gozo.

El caso es que siempre, al otro lado del teléfono, estaba dispuesta a la hora que fuera, pues las voces mediadoras de Mariano o de Iovanna, sus educados y fidelísimos cuidadores, pasaban enseguida mi llamada. Ella siempre abría nuestra conversación en abstracto, con ese recuerdo para los símbolos inescrutables, misteriosos: «Esa mar…, la isla…, ese bosque, ese cielo y tierra…». Ella pensaba en sus símbolos a la vez que reparaba, en la distancia, en los que yo ahora vivía en Ibiza, en otra isla y en otro bosque.

Además de las frecuentes llamadas y de mis viajes a Madrid, cruzamos algunas cartas entre finales de 1984 y 1990. Recuerdo, por ejemplo, los comentarios que suscitó en ella el soneto de Miguel de Unamuno «La lengua», que le envié con ocasión de un viaje mío a Salamanca. Desconocía yo entonces cuánto había supuesto para ella la figura del escritor vasco y también, claro, el curso que sobre este autor había dado en La Habana, materia para un futuro libro.

Yo avanzaba por entonces en la creación de mi libro *Jardín de Orfeo*, que rematé en el Parador de la Alhambra, durante cuatro días de retiro, y de donde regresé con, entre otros, el poema en prosa titulado «La voz»; *voz* que no era otra que la de Zambrano. A ella se lo envié de inmediato, y mandé también una copia a la revista *Claros del Bosque*, para que lo publicaran en Sevilla los jóvenes universitarios zambranianos. Tampoco había perdido ella la comunicación con Ginebra. Por eso me pidió este poema, y un currículum para otro de sus proyectos con la Galería Editart.

También fue motivo de comunicación epistolar la aparición de su libro *Delirio y destino* y el comentario que hice de él en el periódico *La Prensa de Ibiza*, así como la aparición de mi biografía de Leopardi, *Hacia el infinito naufragio*, que le envié sabiendo que ella había sido leopardiana, como su hermana, desde su adolescencia. Miguel de Molinos, mi lectura de *Algunos lugares de la pintura* en la primera edición de Amalia Iglesias, el 400 aniversario en 1991 de la muerte de Juan de la Cruz y de fray Luis de León, mi traducción lenta de la *Poesía completa* de Quasimodo, la escritura de los primeros aforismos de mi *Tratado de Armonía* o el generoso envío que me hizo de un texto suyo para el número que me dedicó la revista *Anthropos*, fueron otros temas de comentario en la distancia por medio epistolar.

Todavía no había llegado el tiempo final del aislamiento, el que duró un año, de marzo de 1990 (nuestra última carta) a febrero de 1991, cuando aquella comunicación a través de la mar se interrumpió un día de golpe, a causa de su muerte. Aquella incomunicación fue por poco tiempo, pues no mucho después, a causa de la enfermedad y de la muerte, la incomunicación acabaría siendo ya completa. Sus amigos más íntimos perdieron progresivamente el contacto con ella, avanzó su deterioro físico y fue sembrada cierta confusión o reservas hacia aquellos jóvenes andaluces que, desde la mayor naturalidad, apostaron tempranamente por su obra. (Sentí entonces una impresión muy parecida a la que luego sentiría cuando escribí mi libro *Rafael Alberti en Ibiza*: pareciera que los grandes autores, sobre todo tras su muerte, no pertenecen ya a toda la sociedad y a sus lectores, sino que siempre hay personas que tienden a apropiárselos. Afortunadamente, con María Zambrano esto ya no sucede y su obra se abre hoy a muchos, y por caminos insospechados).

Sobre esta últimísima etapa y sus reparos nos ha hablado Enrique de Rivas en la doble entrevista que le concedió a la escritora mexicana Mariana Bernárdez («Entrevista con Enrique de Rivas», Ciudad de México, 1994 y 2005). En ella destaca la mala salud de Zambrano, la que quizá le obligaba a darle citas en Madrid que luego María no podía cumplir; o a aquel día en el que ella le pidió que se marchase debido a su mal estado físico y no por lo que él creyó que eran razones «filosóficas»: «No puedo más, no puedo más», le dijo a Enrique.

Enrique de Rivas abandonó la casa, aunque precisándonos que María se encontraba «muy lúcida, pero muy mal. De la cabeza estaba divinamente». Y añade: «Hubo dos o tres personas que se apropiaron de María Zambrano», aunque «luego estaba la gente que le hacía caso», los amigos de primera hora, los que debido a la enfermedad y el aislamiento tuvieron también que apartarse progresivamente. (Enrique de Rivas, uno de sus más entrañables amigos de los días de Roma y que la visitaba en Madrid de vez en cuando, se dolía de esta atmósfera de aislamiento que apreció en el último año de la escritora).

Hoy vuelvo unos años atrás para releer las páginas de mi *Diario*, donde se recogen puntualmente algunos de los primeros encuentros nuestros en Madrid. Solo un mes después de su regreso a España, el 28 de diciembre de 1984, me recibió en su casa, en donde «mantuvimos una conversación de cuatro horas». Esta entrevista la había acelerado un telegrama de la poeta Julia Castillo, una de esas personas entrañables en la amistad desinteresada, que, junto a su marido, Javier Ruiz, estuvo muy cerca en aquellos primeros meses. Julia, «con gran reserva, por indicación de María», me envió un telegrama con la nueva dirección en Madrid y el teléfono de esta.

Esa misma noche, tras recibir el telegrama de Julia, llamé a María, por teléfono, que me comenzó reprochando que no la hubiera llamado y visitado cuando unos días antes yo estuve en Madrid. (Al parecer alguien le había informado de ese viaje mío). Yo en modo alguno hubiese querido alterar sus primeros días en España, ser merecedor de ellos, pero lo cierto es que ella estuvo pensando en mí, y, sobre todo, de manera expresa cuando concedió una entrevista por aquellos días a un periódico nacional. Pero a este respecto me mostró en aquella misma llamada su malestar, porque en dicha entrevista ella había citado mi nombre, ¡pero el periodista lo había suprimido!

Sí recordó mi nombre, sin ser censurado, en la entrevista que Rosa María Pereda le había hecho a María Zambrano para la revista *Cambio 16,* en septiembre de 1983 («La España que yo amo. María Zambrano, la última figura del exilio»). Así consta también en la copia de la carta que yo le envié a Ginebra el 8 de noviembre de ese mismo año: «Hace ya mucho tiempo que deseaba ponerte estas letras, sobre todo para agradecerte el amable recuerdo que has tenido para mí en la entrevista que concediste a *Cambio 16*». (Sé bien que estos son detalles extremadamente subjetivos, pero que es necesario recogerlos como indicativos de algunos comportamientos sectarios, de ciertas apropiaciones censoras de la figura de la escritora, que comenzaron a darse en aquellos días tras su regreso).

Una nueva llamada y la dirección que me había dado Julia Castillo me permitieron ya fijar nuestra primera entrevista personal en

España, que fue, como he dicho, el 28 de diciembre. De aquellas cuatro horas yo recogí en mi *Diario* los cuatro «consejos» —volvía a ejercer de prodigiosa maestra— que ella me dio antes de partir: 1) «Vete sereno, porque estoy atendida y feliz. Olvida los remordimientos de que no puedas estar a mi lado». 2) «Piensa en la *Vita Nuova* de Dante». Al respecto, ella me habló de «un proyecto secreto» por el que me animaba a escribir un nuevo poemario en la órbita de ese libro. «Tú puedes hacerlo; tú debes hacerlo». Me lo decía al hilo del que ya había escrito, *Noche más allá de la noche*, pero sobre todo del que habría de escribir a continuación por su consejo: *Jardín de Orfeo*. 3) «No tengas miedo, sigue adelante». 4) Me hizo al fin, antes de que yo saliera de la casa, una misteriosa recomendación: «la necesidad de descreer». Fue un consejo que, con otras palabras, poco después, me repetiría en la entrevista que grabamos: «Descree orando, pero como oran los poetas: en la soledad del campo y en las soledades de la ciudad».

También debo considerarlo como un quinto consejo cuando me dijo «que dejara la isla para estar cerca de ella». Acaso —sigo citando cuanto está escrito en mi *Diario* aquel 28 de diciembre— «porque ella sabe del pozo en el que está metido mi ánimo, del vacío vital y creativo en el que me hallo sumido». Me refiero a los restos de aquella doble operación quirúrgica por la que yo había pasado y por la que Rafael Tomero se interesaba en su carta de un mes antes.

Continúo reparando, en mis sucesivos y frecuentes viajes a Madrid, en los que siempre pasaba a verla, para llevarle libros o para leerle algunos de los poemas que estaba escribiendo. Aquella primera conversación en Ginebra se prolongó fértilmente en los encuentros sucesivos, en los que yo simplemente me ceñía a escuchar y a *aprender*. Coincido con todos cuantos la conocieron en que era una delicia escucharla, que su voz fluía, y que en ese fluir sentimiento y pensamiento iban fundidos como un agua clara y cálida. Intensifiqué la lectura de sus obras o releí las que ya conocía. Desde estos días madrileños la tuve por uno de mis dos maestros.

María Zambrano y Antonio Colinas
en la casa de Madrid de la filósofa (1985)

El otro había sido Vicente Aleixandre, maestro desde que yo había llegado a Madrid a los dieciocho años. Amistad hasta su muerte. Y siempre con aquella sincronicidad junguiana que se dio. Uno de aquellos días en que me encontraba en Madrid, en noviembre de 1984, supe de la grave enfermedad del poeta de *Sombra del paraíso*, otro ausente de la mediterránea mar común. Acudí a la clínica, cercana a su casa, donde estaba internado. En la puerta me encontré con Dámaso Alonso y nos dejaron pasar a la UCI para ver al enfermo, ya inconsciente y agonizante. Al día siguiente, Aleixandre falleció. Pero el magisterio de Zambrano no sería, como el del autor de *La destrucción o el amor*, puramente literario, sino más de contenidos. Mis libros de esa etapa —*Noche más allá de la noche* o *Jardín de Orfeo*— saben mucho de estas sintonías, de aquel conocimiento nuestro que ella reconocía como «de antes de conocernos». También la visión que yo tengo de la poesía como fenómeno anímico y de la vida en su dimensión trascendente, universalizada, libérrima.

Para recordar aquellos encuentros sucesivos nuestros en Madrid, sigo recurriendo a las páginas de mi *Diario*. Así, al día aquel en el que me habló largo y tendido de su cumpleaños y de las circunstancias de su nacimiento y de su infancia andaluzas, antes de que la familia partiera para Segovia; o de aquellas alusiones, siempre tan suyas, a la distancia física que nos separaba («Esta distancia anímica nuestra, que con unión y claridad adquiere fuerza»). O el día de la entrevista que grabamos el 21 de febrero de 1985. Al final de la misma, me regaló una foto suya con su firma. Ese día salí de la casa con otro consejo, aparentemente oscuro por luminoso: «Sabiendo perder, ganamos».

Recuerdo también, de manera muy especial, dos ocasiones en las que —estando yo en Madrid— María me pidió colaboración. Una fue para «representarla» —este término utilizó ella— en un acto que se iba a celebrar en la Fundación Ortega y Gasset y que presidía la hija del filósofo, Soledad Ortega. Durante todo el acto me sentí interiormente muy incómodo, pues no sabía lo que debía hacer o decir; no veía la forma de sustituir en el mismo a María Zambrano, la persona que tenía que ocupar mi lugar aquella noche. Pero creo que salí del paso y las palabras previas que pronunció Soledad me ayudaron a ello, a que yo pudiera decir algunas mías.

Muy emotivo y mucho más relajado fue el día en el que el instituto de Leganés que lleva su nombre la homenajeó por su ochenta cumpleaños. Era el 2 de marzo de 1985. Su profesorado y alumnos estuvieron muy cerca de aquel homenaje. María me pidió que la acompañara a la clausura del mismo y que interviniera en aquel acto al que también invitó a Fernando Savater y a Héctor Subirats. En la mente se me ha quedado una frase suya que les dijo a los alumnos presentes: «Quiero ser estudiante y venir aquí a aprender junto a vosotros». De dicho acto conservo unas hermosas fotografías que me regalaron, en especial una del rostro de María abstraído y difuminado por el humo de su sempiterno cigarrillo emboquillado, rodeada por el afecto de profesores y alumnos.

Volví a la isla. Pocos días después se presentaron en la Biblioteca Nacional dos libros editados por Dardo en Málaga: *Dos fragmentos sobre el amor* de María Zambrano y *El ocio y sus mitos* de Juan Gil-Albert. El editor, Salvador López Becerra, me dijo que ambos autores habían expresado su deseo de que viniera a Madrid para presentar ambos libros, pero no pude y las presentaciones corrieron a cargo de Fernando Savater y Luis Antonio de Villena. Sí pude venir a la inauguración de la exposición que la Biblioteca Nacional le dedicó a María Zambrano. De ese día de la inauguración conservo una fotografía de la cena posterior que celebramos y en la que me encuentro sentado, entre otros, con Rafael Tomero Alarcón, primo de María, el pintor Rafael Canogar, el escultor Martín Chirino, el pintor Baruj Salinas, el galerista Orlando Blanco, Antoni Marí Muñoz y Salvador López Becerra.

Como ya he recordado eran tiempos posteriores a la publicación de mi libro de poemas *Noche más allá de la noche,* pero aquel libro seguía aleteando en nuestros encuentros. Yo siempre recordaba que, en los días en que había cerrado su escritura con el «Canto

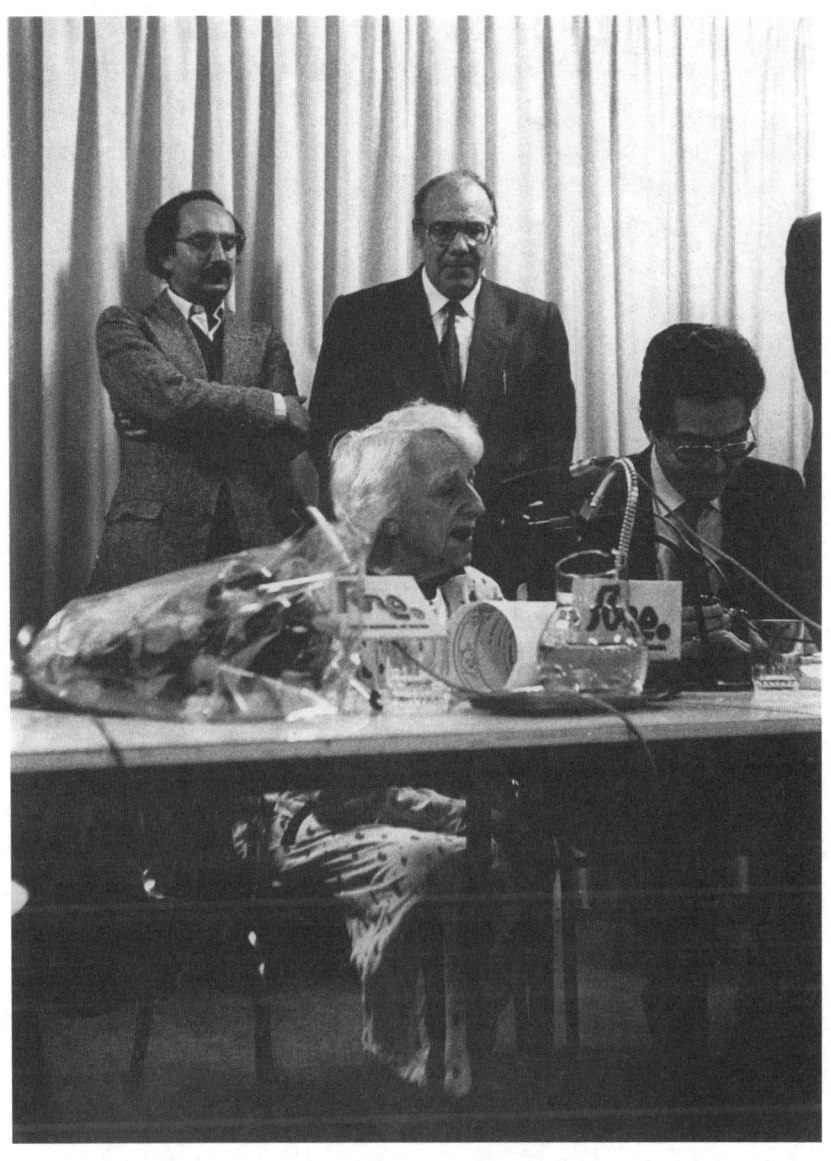

Con María Zambrano, en el homenaje celebrado por sus 80 años en el I. E. S. de Leganés que lleva su nombre (2 de marzo de 1985)

Antonio Colinas en dicho homenaje con Fernando Savater
y Héctor Subirats (2-III-1985)

XXXV» y el «Postcriptum», estaba releyendo el ensayo que María dedicó a san Juan de la Cruz. También en aquel libro mío había mucha «noche oscura». Con cada nuevo viaje, a ella le gustaba que le leyera dos o tres cantos del mismo. Nunca me hacía comentarios formales sobre los mismos, sino de contenido, y hubo un día en que, de manera especial, mostró su interés por uno de ellos, el Canto IX, mi visión del Partenón ateniense, que comienza así:

> *Confirmación de que algo divino hay en nosotros*
> *fue el verte y contemplar que no eras el osario*
> *de la Historia, como una lección de arquitectura,*
> *sino la arquitectura del alma, un soberbio*
> *torbellino de mármol en el centro del mundo.*

Había viajado yo a Grecia y aquel encuentro en un mediodía de julio con la luz del templo griego —con la «cristalización de los dioses», que hubiera dicho ella— sintonizaba muy bien con algunos de los capítulos de *El hombre y lo divino*, sobre todo con aquel en el que ella reflexionaba sobre las ruinas y el templo clásico. De ahí quizá su predilección por este canto concreto, que yo le dediqué cuando el libro apareció. Recuerdo también su predilección por otro de los cantos, el XXI (*Ya me va despertando una sombra de pájaros...*), que trataba del *soñar* o del ensoñar —¿su «sueño creador»?— el doble sueño del que *duerme* y *despierta* al conocimiento, pero sobre todo a la conciencia y a la consciencia de *ser*.

Este canto se lo dedicaría a otro poeta de la *luz* mediterránea, Juan Gil-Albert, con el que yo mantenía también periódicamente conversaciones cuando viajaba con mi coche e iba a embarcar a medianoche, o a desembarcar al atardecer, en el puerto de Valencia. Todavía entonces el viaje entre Valencia e Ibiza duraba toda la noche y sentía como una angustia en la oscuridad marina de la que solo el alba me liberaba al ver el sol de miel sobre los muros de la acrópolis ibicenca.

También en aquellos encuentros con Gil-Albert sobrevolaba el espíritu leopardiano, pues recuerdo que Juan tenía sobre la mesa de su salón un tomito de las poesías del poeta de Recanati. Eran años en los que yo me había ocupado de algunos de sus libros de ensayo en el diario *Informaciones* (*Drama patrio, Breviarium vitae*), subrayando el sentido didáctico de los mismos, lo que a él tanto le alegraba. En su libro de poemas *A los presocráticos* yo encontraba no solo la esencia de su poesía sino la de una tradición, lírica y de pensamiento, plenamente mediterránea.

Como en Ginebra, como la primera vez —atento siempre al cigarrillo que María encendía o al té que tomábamos, a cada gesto o palabra, sentándose, adormeciéndose, desapareciendo, volviendo a aparecer—, siempre se hallaba la figura de su primo Mariano; esta persona entrañable que yo recogería bajo el nombre de Oscuro, en 1990, en mi largo poema dialogado —el más zambraniano de los míos— *La muerte de armonía*, sobre el que el compositor inglés David Hoyland ha compuesto una ópera. También en aquellos encuentros madrileños Mariano salía de su mutismo contemplativo con alguna sorpresa excepcional.

Recuerdo así el día en que este buscó para mostrármela —pues no la encontraba, ante la irritación de María— el original de la carta que Antonio Machado le había escrito a ella el 22 de diciembre de 1937 desde Vinaroz. Al fin apareció Mariano con aquel tesoro metido dentro de un sencillo plástico plegado. En aquella carta, Machado le hablaba a María de un sueño que había tenido durante aquellas angustiosas jornadas de la guerra y en el que volvían a su memoria los días de Segovia con la figura de don Blas, su padre. Pude tener la carta en mis manos y leerla en silencio con un escalofrío. Luego, se la devolví a María al tiempo que ella le decía a su primo: «Ponla donde estaba con cuidado».

María Zambrano, como ha afirmado Rafael Tomero, nunca fue «persona de cerrar puertas». Por eso, aquella casa de la calle Antonio Maura, de sus primeros días madrileños, siempre estuvo abierta a los que llegaban de lejos y a los que ella tenía muy cerca, amigos simplemente por *sintonía* creadora, en varios casos poetas, como Julia Castillo, Clara Janés, Javier Ruiz, Paloma Palao, Amancio Prada,

Jesús de la Torre, César Antonio Molina o Amalia Iglesias. Como «sacra Constelación de Amistad», reconoció ella a este grupo de amigos de primera hora, tan cercanos a la poesía. A veces, llegaba de Barcelona Antoni Marí. O de la Universidad de Sevilla, algunos de los jóvenes que crearían en 1984 el Aula de Literatura María Zambrano (que la propia autora prefirió rebautizar como Aula de Poesía y Pensamiento María Zambrano), fundada por Juan Carlos Marset, Jesús Aguado, Francisco Pérez Fernández, Javier Sánchez Menéndez, Chantal Maillard, Lola Luna y José Manuel Rico. Más tarde, de 1986 a 1988 el Aula estuvo dirigida por Carmen Espejo.

Conservo varias fotografías con algunos de estos jóvenes. Estamos sentados en círculo, sobre la pradera y entre los pinos de la Universidad de La Rábida (Huelva), donde celebramos en 1986 el segundo de los Encuentros sobre María Zambrano. El tercero y último se celebraría en 1987. En una de estas fotos creo reconocer a Carmen Espejo, Francisco J. Lorenzo, Bergillos, Rivero Taravillo, J. Rodero, Menor de Gaspar, Pérez Cruces y Martín Merino. Considero importante recordar, además de a los fundadores del grupo, estos nombres y otros vinculados al Aula —F. José Cruz, Rosario Acal o Charo Prado— por esa primera iniciativa independiente en torno a María Zambrano y a su obra por parte de unos jóvenes universitarios provenientes de una ciudad alejada de la influyente Madrid. Para aquellas jornadas y para sus participantes, María envió un texto, en el que entre otras cosas nos decía:

Y así, desde dentro de este suceso bien llevado, el del amor, se realiza el Encuentro de La Rábida, precisamente en La Rábida, organizado por el Aula a la que han querido dar mi nombre. Pues que solo es amor el suceso en el que se unen en acto único pensar y sentir, y aun adivinar alimentándose más de la inspiración de las aves, y de señales que no suelen llegar al conocimiento de los que no participan en ellas, tal como el aletear de unas naves que arrastran consigo las promesas de un retorno al Paraíso, la certeza de ir a rescatar la Edad de Oro.

Con Javier Ruiz, Julia Castillo, César Antonio Molina,
Carlos Fuentes y familiares de María Zambrano

En la Universidad de La Rábida, con los miembros
del Aula María Zambrano y de la revista *Claros del bosque*
de la Universidad de Sevilla (1985)

Eran personas, las de aquel grupo sevillano, de las que ella me hablaba siempre con un afecto especial y que se aproximaban a Zambrano sin interés personal o político alguno, aunque padecieron algunas maledicencias capitalinas, como la propia Zambrano me dijo un día con preocupación. Nació aquel grupo de inquietos estudiantes en la distancia simplemente por razones no solo de amistad, sino, como he dicho, de *sintonía*; o de colaboración desinteresada, como la de Juan Carlos Marset, que luego ordenó la biblioteca zambraniana y la ayudó en la preparación de algunos textos, como *Notas de un método*. Marset sería y es el autor de un ambicioso proyecto biográfico sobre la autora, en varios volúmenes, al que más tarde nos referiremos. Fueron, sin duda, aquellos —aún con algo de salud en su cuerpo— los días más felices de María Zambrano en España.

Unida a la fervorosa e independiente Aula sevillana, nació la revista *Claros del bosque* (1985-1987), que nos conduce a ese mismo y temprano interés por la obra zambraniana de aquel grupo de universitarios de los que luego algunos llegarían a ser brillantes poetas, editores y profesores. En esta revista colaboré con mi poema «La voz». María los ayudó a matizar también el título de la revista: *Claros del bosque. Revista de Poesía y Pensamiento*. El número 1 apareció en la primavera de 1985. En ella figura como director Francisco Pérez Fernández, y como miembros de la redacción Jesús Aguado, Juan Carlos Marset, Emilio Rosales y Juan Lamillar. Los números 2 y 3, con la «Memoria del II Encuentro Universitario de La Rábida (Zambrano y Pessoa)», se publicaron en diciembre de 1986. Figuraba ahora como director Rivero Taravillo y como redactores Martín Merino, Carmen Espejo, Lorenzo Menor y J. Rodero.

A veces, los poetas le llevábamos a María Zambrano nuestros propios libros a modo de ofrenda, que luego ella recomendaba a otras personas. Así sucedió, por ejemplo, con el libro *Kampa*, de Clara Janés, o con los tempranos de nuestra querida y común amiga Paloma Palao, a quien María reconoce con ternura —¿intuía cuál iba a ser su duro final?— como «niña poeta». En ocasiones, Paloma venía a la isla de Ibiza, donde su padre tenía una casa muy cerca de la nuestra, en el mismo valle; pero la de ellos en la cima, desde la que se veía la mar; la nuestra, en la hondonada del pinar. Paloma traía de Madrid siempre novedades de sus encuentros con María —las dos vivían en el mismo barrio, entre el Prado y el Retiro— y gracias a ella intercambiábamos mensajes y recuerdos.

Fui la última persona que vio a Paloma Palao con vida. Fue un Jueves Santo, en la puerta de mi casa, bajo el gran algarrobo. Ella había venido completamente vestida de negro y con gafas oscuras. Nunca la había visto así. Después comprendí que ya estaba como del otro lado... de la «ladera». Era muy poco antes de las cinco de la tarde, hora en la que un accidente de tráfico se la llevó en un cruce de carreteras de la isla, en las puertas de la ciudad. «Tengo prisa, porque voy a los oficios de la catedral», me dijo. Yo sonreí y tomé esta frase con escepticismo. Por eso, ingenuo de mí, le dije: «Pues si vas a la catedral, reza por mí».

Un día, preguntándole a María Zambrano por aquella estela romana de la que ella habla en *El hombre y lo divino*, me contó la más sabrosa de las anécdotas que recuerdo, la de por qué dejó, o se vio obligada a dejar, definitivamente la ciudad de Roma. Aquella estela funeraria se encontraba en la Via Appia y representaba a un joven lleno de simbología. Salían las dos hermanas de la ciudad en un tranvía que las llevaba hasta el Coliseo. Allí tomaban otro que llegaba hasta Via San Sebastiano y, ya en las afueras, tras detenerse un rato en un cafetín, continuaban la marcha a pie hacia la estela.

Con frecuencia, María y su hermana iban allí, y repetían siempre la misma ceremonia: recogían los papeles y desperdicios que había tirados en el suelo por los alrededores y, a modo de ofrenda ante la estela, encendían con ellos una pequeña hoguera. Sin embargo, un día, aquel fuego de la hoguera se propagó por la hierba reseca de los alrededores y se produjo un incendio. «No tardó mucho en venir *la celere* (el coche de la policía), y nos tomaron declaración», me dijo. Sin embargo, ellas aún debieron de prodigarse en sus visitas al lugar:

... seguimos yendo durante mucho tiempo a contemplar a aquel adolescente. Hasta que un día, ¡Señor!, en la estatua del muchacho, en su cuello de cisne, hallamos suspendida una guirnalda de flores. Y el suelo estaba limpio. Entonces nos sentimos felices mi hermana y yo. Regresamos a casa casi rezando.

Mi enamorado de Via Appia sigue allí, es una estatua. La Via está llena de almas, de almas que te hablan, que te llaman la atención, y hay una estatua que yo siempre he recomendado. Se encuentra en la parte en que más apretados están los cipreses.

El incidente de su retención no hubiera tenido mayor importancia si la policía romana no tuviese ya noticia de aquellas dos extravagantes (luego «peligrosas») hermanas, que hacían ofrendas a los antiguos dioses, por un no menos extravagante asunto: las protestas de sus vecinos (y en concreto de uno muy fanático políticamente) ante la excesiva atención que María prestaba a los innumerables gatos de la vecindad. Una preocupación por los animales inexplicable para aquel hombre cuando, según él, «había tantos niños que no podían comer en Roma». A opiniones así María respondía diciendo que cómo podía comprenderse esa desatención hacia los animales cuando Roma era «la ciudad de la loba y de los gatos». La escritora y su hermana, al margen de su atención a todos los gatos callejeros que podían, convivían en su pequeño apartamento de la Piazza del Popolo con ocho de ellos.

Ambos incidentes envenenaron la situación, colmaron el malestar de María, hubo la amenaza de un «expediente», problemas con su permiso de residencia, y se colmó el vaso de su paciencia, que precipitaría su abandono de la ciudad. Bien es verdad que, antes y después de la partida de las dos hermanas, y a modo de desagravio, Elena Croce, la hija del filósofo —una de sus grandes amigas y valedoras en la ciudad, junto a Cristina Campo o Elsa

Morante—, le pidió a María Zambrano, como ya hemos dicho, que se mantuviera en Italia, o que tuvieran un regreso digno a ella; regreso que seguía pasando por ofrecerle, para que viviera en la casa de La Ginestra. (Elsa Morante se inspiraría en Araceli, la hermana de María, para la escritura de su relato *Araceli*).

El 7 de junio de 1990 se inauguró en la Biblioteca Nacional de Madrid una exposición dedicada a Giacomo Leopardi. Al acto asistió su descendiente, la condesa Anna Leopardi —ella nos había hecho de guía a María José y a mí durante nuestra primera visita al Palacio de los Leopardi en 1972— y hubo paralelamente en la Biblioteca un ciclo de conferencias en el que participé junto a Rafael Argullol, Carlo Ferrucci, Achille Tartaro, Mario Petrucciani y Cesare Galimberti. Al día siguiente, *Diario 16* dedicó una página al acontecimiento con dos artículos, uno de María Zambrano, que ella había dictado, «Una prosa sacra», y otro mío, «Giacomo Leopardi en España». Me detengo en estas jornadas leopardianas porque en el artículo de María se nos proporcionan, con cierto humor, noticias sobre el ofrecimiento de Elena Croce:

> Existe un episodio importante en mi vida relacionado con Giacomo Leopardi. Estando yo en Roma, había en aquella ciudad un comisionado estatal encargado de dar sentido a las obras artísticas, cuya alma era Elena Croce. Estábamos entonces mi hermana Araceli y yo —errantes en cierto sentido, porque era una errancia que a veces acababa en el lujo—. Se les ocurrió entonces asignarme La Ginestra, la Villa Leopardiana, para mí, para mis gatos, que nadie quería, y para mis perros, que entonces no los tenía, pero que se presentaban a pedir su parte.
>
> Después de adjudicarme esa villa para vivir, fue algo que siempre quedó sin realizarse, porque mi hermana enfermó y la noche en que ella estaba en el quirófano fue justo el día en que debíamos habernos hecho cargo de la villa. Entraba en aquel acuerdo, en su miseria y esplendor, la Universidad de Nápoles, pues la villa estaba deshecha…, y luego aquel comisionado la salvó para que yo fuera, con mi hermana y con mis gatos, a vivir en ella de por vida. El ar-

quitecto que la reconstruyó se llamaba Perusso, en honor del cual todavía tengo una gata que se llama Perussa.

Elena Croce había dicho de María Zambrano palabras excepcionales, como que «superaba cualquier valoración intelectual» y que era una «vidente» de «extraordinaria originalidad», pero María ya estaba en el Jura, en La Pièce, en otro ámbito, y no regresó a Roma. Una ofrenda a aquel joven dios o efebo desconocido de la Via Appia y su fervor por los gatos, animales tan de Roma, habían desencadenado aquella salida de Italia, país que, no obstante, ella siempre recordaría con afecto. La Italia, sobre todo, renacentista, florentina, como la de la escalinata del Palazzo Vecchio y sus pinturas y candelabros.

María Zambrano, amiga y maestra de excepción. Pero, regresando a los días de Madrid, estaba diciendo que el tiempo medido de su vida volaba, el aislamiento crecía y la enfermedad avanzaba. Vi por última vez a María Zambrano para grabar la segunda parte de nuestra entrevista «Sobre la iniciación». La primera, publicada en la revista *Cuadernos del Norte* en octubre de 1986, le había gustado tanto que había sido ella misma la que me había pedido que la continuáramos. Viajé por ello, una vez más, a Madrid, pero la encontré muy deteriorada físicamente. Recuerdo que, comenzando la entrevista, ella se fatigaba mucho al hablar; ya no podía ni hablar. O ya no quería hablar. Eran las últimas semanas de 1990. El 6 de febrero de 1991 fallecía. La noticia me llegó a la isla, como la primera vez que me llegó su voz a través de la radio y luego del teléfono. Pero ahora las voces mediadoras eran otras.

Aquel último día que nos vimos en Madrid iba yo con un deseo. Se celebrarían al año siguiente los centenarios de las muertes de san Juan de la Cruz y de fray Luis de León (1591-1991), y el profesor Gonzalo Santonja me pidió que dirigiera un curso sobre estos dos poetas en los cursos de verano de El Escorial. Le dije a María que escribiera unas palabras para leerlas en la apertura de dicho curso, pero ella me respondió con estas otras, anunciadoras de lo que se avecinaba en su interior: «Si vivo, escribiré el texto; si no vivo, ahí queda el que escribí para mi último libro. Te puede servir». No vivió María y no escribió su texto, pero sí leímos aquel otro, en la inauguración del curso, que ella había escrito sobre el universal poeta de Fontiveros.

En aquella última visita mía le llevé dedicado el último de los libros de poemas que yo había publicado, *Jardín de Orfeo*. Las órficas resonancias de los poemas finales estaban, en realidad, llenas de resonancias zambranianas. Como ya he dicho, los había escrito en el Generalife, durante cuatro días en que yo había residido, sin salir de él, en el Parador de la Alhambra, a un paso del monasterio de los Mártires, donde Juan de la Cruz había sido prior y había terminado su *Cántico espiritual*, el que había comenzado memorizando en la prisión de Toledo. Y cerca de allí y de él, sobrevolaba el espíritu de Ana de Jesús, la «capitana de mis prioras», según Teresa de Ávila. ¿La «desposada» a la que el Amado encuentra en su poema *debaxo del manzano/ aquel*?

Volví a Ibiza y luego un día, inesperadamente, ni Mariano ni Iovanna se pusieron ya al teléfono. Parecía precipitarse el aislamiento, la enfermedad, la muerte. Un día, un periodista me llamó de un periódico para decirme que María estaba hospitalizada y muy grave en el Hospital de la Princesa. Pocos después escuché la noticia en la radio y me llamaron del mismo periódico para decirme que había muerto y que escribiera algo. Fue así como escribí mi artículo «Todo un símbolo». No muchos días después moriría Mariano Tomero Alarcón, su ángel protector, con cuya seguridad y destino ella estaba obsesionada. No era, no es, posible comprender su vida sin la de María. Mariano, «mitad médium, mitad cancerbero, catalizador de los visitantes de la casa», según el pintor Jesús de la Torre.

Estoy escribiendo estas palabras contra el silencio, ese silencio que a veces nos hace creer que no fue verdad lo que vivimos, que no fueron verdad los encuentros, las fotografías, los libros, las dedicatorias —los signos y símbolos, hubiera dicho ella—, las palabras escritas en el *Diario* que nos recuerdan a María Zambrano. Ese silencio o vacío que me lleva a recordar otra anécdota que ella me había contado y que recogería en uno de sus libros: la de aquel hombre de la camisa blanca que, el día de la proclamación de la República, en vez de creer en la muerte, en vez de creer en las dos Españas, iba gritando por las calles de Madrid: «¡Que no muera nadie! ¡Que viva todo el mundo!».

No sé si todavía hoy es ya posible la idea de una sola España, superadora de la envidia y del cainismo, de la sinrazón. Afortunadamente, tenemos la obra de María Zambrano para recordarnos que la España del «bien obrar» calderoniano y la de la mirada «piadosa» —que ella fijó tan lúcidamente— aún es posible.

Todavía antes y después de su muerte

Supe de los últimos días, de las últimas horas, de María en el Hospital de la Princesa por amigos suyos de primera hora, esos en los que ella encontró tanto afecto tras su regreso a Madrid: poetas, músicos, pintores. Días antes había sido ingresado también su primo Mariano, y este hecho quizá la hizo empeorar a ella. La muerte de María Zambrano supuso para mí una noticia doblemente aguda. De un lado, por lo que suponía la muerte de una Maestra, de un ser ejemplar y, a la vez, por el final de ese fluir de la amistad desde nuestro primer encuentro en Ginebra hasta el último en su casa en Madrid, cuando yo llegaba, como acabo de recordar, para pedirle el texto que leeríamos durante la apertura del curso de El Escorial, inmediatamente antes de la conferencia inaugural que pronunció José María Valverde. Una vida que ahora ya solo es obra plena, libre de anécdotas y de circunstancias parciales: solo fruto decantado. Como hemos venido señalando, en su vida y en su obra, que no en su *mundo*, hay varias Marías Zambrano, varias tonalidades temáticas; pero en ese momento de su final sobresalía para mí y me bastaba ese sentido de amistad desde el magisterio.

Volviendo a las páginas de mi *Diario*, la tarde en que María Zambrano iba a morir yo había estado desvelando —en una sorprendente sincronicidad junguiana— algunos datos de la biografía

de Juan de la Cruz. Después, algo me llevó a releer en *Los bienaven-*
turados las páginas que ella había escrito sobre este poeta. Luego,
puse la radio y de ella surgieron los comentarios sobre la muerte
de la escritora. En los últimos días, una serie de leves señales se habían ido cruzando en mi mente. En las últimas horas, esa especie
de sintonía o sincronicidad silenciosa se había ido intensificando,
mientras la muerte iba tirando, cada vez con más fuerza, del hilo
—tan sutil ya, tan frágil— de su vida.

Aunque en ella predominó siempre un espíritu y una palabra
que imantaba, han sido especialmente los poetas los que hemos
contraído una deuda con Zambrano. Ella nos lo ha hecho creer en
tiempos en que se vuelven los ojos hacia otros géneros literarios,
o hacia la crónica y el apresurado decir de lo noticioso, o hacia la
política, que, ignorando la historia en lo negativo, tiende a repe-
tirla ciegamente. El suyo había sido un compromiso con el espíritu
radical, con su *mundo interior*, sin que a la vez faltara en su obra ese
otro compromiso con la realidad más heridora. Ella nos ha hecho
creer todavía más en la dimensión universal y trascendente de la
palabra poética. Para eso, su pensar y su sentir debieron huir de
los sectarismos, y hasta el último momento, optó por las raíces de
su infancia, porque su cuerpo fuera depositado en el cementerio
de su ciudad natal, Vélez-Málaga. Se reconoció de nuevo como
cristiana, a la vez que, como intelectual de su tiempo, había dejado
un llamativo testimonio político. Sí, acaso en el fondo solo existió
una única María Zambrano, pero su personalidad se irisaba de
continuo en la flexibilidad de su ser natural, no en el dogmatismo
de unas ideas o de un tiempo concretos y sí en la sabiduría de la
prueba que había supuesto su exilio y el proceso de transformación anímica e intelectual que este llevaría consigo.

Y es que para ella la poesía no solo fue un medio para recuperar «la inocencia originaria», para «reconquistar el ensueño primero», sino también para conducirnos a ese lugar y a «ese tiempo
fuera del tiempo en el que el hombre fuera otra cosa que hombre». De ahí que ella, que tanto padeció la Historia, supiera con
rotundidad que «la poesía deshace la Historia». No se puede ser

más lúcida a la hora de separar la creación y las creencias —el viaje hacia el *ser* que todos debemos llegar a ser— de lo temporal.

Así que su muerte —más notoria que cualquier otra muerte— ha servido para ir acrecentando los muchos valores de su obra, esa palabra clara y pura, llena a la vez de sabia tensión, inspiradísima, que yo luego leí en las páginas de *Los bienaventurados*, pero que también está presente en otros libros memorables, como *Filosofía y poesía, El hombre y lo divino* o *Claros del bosque*.

El haber conocido a María Zambrano personalmente fue una experiencia insustituible en mi vida. La suya supuso ese tipo de presencia que nos permite decir que nuestra vida fue diferente porque hubo un antes y un después de nuestro encuentro con ella; de ese primer encuentro en el que pudimos apreciar la angustia del que vive en los límites. Su preocupación y sus dudas no se hallaban entonces, antes del retorno, en el pasado, sino en ese presente de la desposesión en los límites y de la lucidez mental.

Volví a leer aquel texto suyo, «Tal como un péndulo», sentencia que acompañaba a la litografía de Joan Miró que me había regalado y que ahora contemplaba colgado en la pared de mi estudio. Lo importante es que en esa página del péndulo descansaba un mensaje: su pensar y su sentir en una imagen, símbolos muy suyos. En él, ese «punto remoto» que sostiene al ser me llevó también a pensar en el poema quizá más hondo, por órfico, de Antonio Machado, el que comienza: «Tal vez la mano en sueños/ del sembrador de estrellas…». En qué pocas palabras, cuánto mensaje se contiene sobre la esencia del ser.

En este poema de Machado, el «péndulo» es la «lira», y el «punto remoto», acaso el «sembrador de estrellas». La *música*, el sentido órfico, lo mismo en ambos textos; la *música* que suena aunque no la oigamos, la que se torna palabra en los labios del poeta que sabe rescatarla. Pero había aquella otra música esperanzada de los padecimientos, la que había fijado en la cruz de la tumba de su hermana: *O crux ave spes unica*. Palabras que se asemejan mucho en su sentido a las que ella le había enviado en una carta de 1975 a Agustín Andreu: «El amor hacia los enemigos, como la muerte en la cruz, no es más que el reflejo en el plano humano del movimiento de lo divino». El «movimiento de lo divino…». ¿El movimiento del péndulo de su texto? Y ella nos explica también en otra frase de esa carta por qué escogió ese texto concreto para la tumba de su hermana: «La religión de Araceli desde niña era la Cruz» (Carta n.º 9).

Volví a recordar que, en aquel viaje que hicimos a La Pièce, su primo Rafael se había extendido en comentarios preciosos sobre cuanto había sucedido de esencial en aquel lugar. Pero nada me dijo de los días angustiosos en la casa habitada por aquellas dos mujeres «enloquecidas» a las que aludió José Ángel Valente en un duro artículo publicado en el diario *ABC* («La doble muerte de María Zambrano», 9 de febrero de 1991), publicado solo tres días después de la muerte de la escritora. En ese artículo recordaba Valente los días, «en los campos sin fin de la locura», en la casa de las dos hermanas en La Pièce.

Aludía también a Manuel Muñoz Martínez, el compañero de Araceli, director general de Seguridad en la República en los primeros meses de la República, detenido en Francia el 14 de octubre de 1940, prisionero hasta 1942 y devuelto a España desde Francia por la Gestapo para ser ejecutado: «Araceli había hecho todo lo posible para impedirlo», añadía Valente. Sobre estas circunstancias y el paso de la frontera y las primeras horas en Francia de la familia Zambrano, nos detendremos más adelante.

Han dicho algunos allegados que, en el proceso de separación matrimonial del poeta, María Zambrano se había puesto del lado de la mujer de Valente, y esta pudo ser la razón de fondo del tono tremendo de aquel artículo: la consecuencia de una herida personal que sangraba en palabras, sorprendentemente, tras la amistad prolongada de quien había sido uno de los primeros seguidores y discípulos —también por su proximidad en Suiza— de María Zambrano. También hay que destacar que Valente fue una de las pocas personas que reparó en cuanto Manuel Muñoz condicionó la vida de las dos hermanas.

Nada tuvo que ver entonces, durante mi visita a La Pièce, en su atmósfera con la casa cerrada y el monte en paz, con aquella otra de «posos y cenizas», de «animales viscosos» a la que aludió Valente; aquella presencia de las dos hermanas que solo eran, en su opinión, «un mismo personaje». ¿Las dos hermanas, después de todo cuanto habían pasado haciendo de «personajes» en una escenografía siniestra? «Había en ellas —continúa el poeta— algo amargo, patético, terrible». Y aquel juicio emitido al oído, en boca de Araceli, sobre María: «Mi hermana ha perdido el juicio. Cuídala». Cuatro días después, sin que ninguno supiera del obituario del otro, en un contraste no buscado, yo publiqué en *El País* mi artículo titulado «Todo un símbolo». En él la recordaba sobre todo a través del símbolo de sus manos, rugosas y nudosas como los valles y montes de aquella Castilla de su adolescencia, o de aquella España campesina y remota que recorrió en los días de las Misiones Pedagógicas.

Algún tiempo después, durante un encuentro y comida que tuve con José Ángel Valente en Córdoba, aludimos equilibrada y respetuosamente a aquellos obituarios nuestros, pero enseguida un nombre que él sacó en nuestra conversación alejó cualquier discrepancia: Giacomo Leopardi. Un nombre que, por otros caminos, también nos llevaba al recuerdo de María Zambrano, y nos remitía a Europa y a su cultura, de la que Valente tan alejada seguía viendo a la nuestra y sobre la que él seguía manifestándome opiniones amargas. Leopardi, pues, y la cultura europea fueron los que trajeron armonía a aquel encuentro —último también— en Córdoba. Cuando poco después acudí a Almería para abrir un curso poético, José Ángel Valente había muerto.

Ya recordé que antes de ir y venir de La Pièce con Rafael Tomero, pasamos por el pueblo de Ferney-Voltaire, donde María residió dos años sin mucho entusiasmo, y nos detuvimos en la villa-castillo, donde, además del filósofo que le da nombre, habían residido personajes como Benjamin Constant, Madame de Staël, Byron o Shelley. Mas lo que pudiera aparecer extremadamente anecdótico o personal —mientras rememoraba tras la noticia de su muerte—

no debía ahogar lo que en verdad hubo en los espacios clave de su vida, del vivir al conocer, de las palabras de los diálogos a aquellas que ya iban más allá de la muerte. Por eso preferí cerrar de nuevo las horas finales con el recuerdo de aquellas otras palabras de una carta suya que ahora su muerte imponía como un mandato, o que revelaban en plenitud su ausencia; palabras misteriosas, pero a la vez claras para quien supiera interpretarlas: «Seguiremos hablando sin necesidad de respuesta».

Rememorando, también pensé en un hecho creador muy rico: María Zambrano, al morir, había dejado de dictarle a Amalia Iglesias los artículos para *Diario 16*, que esta había encauzado y que nos ofrecieron la lucidez de su pensamiento. ¡Inolvidables, copiosas páginas de la sección de Cultura! Y pensando en mi último encuentro con María, recordé que, como otro ángel-testigo, estuvo presente la que en aquellos días era su secretaria, Rosa Mascarell. María se mostraba ya como desorientada, no hablaba, pero volvía su rostro del de Rosa al mío y del mío al de Rosa como queriendo parafrasear, sin llegar a pronunciarla, aquella frase con la que ella había abierto nuestra primera conversación: «Ustedes ya hace tiempo que se conocen». O así me lo pareció a mí viendo aquellos ojos indagadores. Aquel día les dejé para cada una de ellas un ejemplar de mi libro *Jardín de Orfeo*.

Era una respuesta, también sin palabras, a ese espeso silencio que avanzaba. Afortunadamente, Rosa Mascarell alcanzó a colaborar con la autora en la preparación de dos nuevos libros, *Los bienaventurados* y *Los sueños y el tiempo*. Ella le leerá en voz alta a algunos clásicos, como Ausiàs March o Roís de Corella. A veces visitaba en su nombre a personas a las que la enfermedad ya no les permitía ver a Zambrano, como la pintora y gran amiga de los años treinta Maruja Mallo. También Rosa Mascarell ha sido una testigo de excepción de la amistad de Zambrano con el sacerdote valenciano Alfons Roig, a quien ella conocía y que por eso sería la autora de la edición del revelador *Epistolario* (2017) entre ambos. Este epistolario, como también el de María Zambrano con otro sacerdote valenciano, Agustín Andreu —había conocido a ambos durante su estancia en Roma—, serán de suma utilidad para el que desee conocer de una manera muy viva y directa la relación de la pensadora con lo espiritual, lo trascendente y su peculiar cristianismo. Sobre ambos valiosos testimonios volveremos más adelante.

Ahora, a la luz siempre de ese día final, pienso que la muerte de María Zambrano —precisamente en el año en que se celebraba el cuarto centenario de la muerte del autor del *Cántico*— suponía otra luminosa sincronicidad llena de significados fértiles. Ella amaba de manera muy especial a este místico —como a la tradición mística de todas las culturas— que también supo fundir en su escritura el pensar con el sentir de manera extrema. Los comentarios de san Juan de la Cruz a sus poemas fueron otra cosa que una respuesta en la órbita de la poesía lírica y no de lo teologal; fueron quizá una forma de poner freno a las copias de sus encendidos poemas, que habían comenzado a correr por los monasterios carmelitanos, como he intentado probar con más detenimiento en otros de mis ensayos, «Nuevos caminos en san Juan de la Cruz» y en «Contrarios contra contrarios: el sentido de la llama sanjuanista» (en *Del pensamiento inspirado*, vol. I, 2001).

Pero la figura del poeta-monje carmelitano va unida a María Zambrano, como vamos a ver enseguida, por razones más profundas, como fueron las de los años que esta autora vivió en Segovia, donde se halla la tumba del creador del *Cántico*, cerca de la orilla del río Eresma y de sus arboledas, en la gruta del jardín del monasterio (¿«las subidas cavernas de la roca» de su gran poema?). La muerte de María Zambrano —aunque anunciada y esperada por su familia— no fue cualquier muerte, pues era irreparable por la altura intelectual de la persona y por su obra, siempre por descubrir. Ella encarnaba el sentir y el pensar en profundidad de un pueblo, su respeto a la poesía y a los poetas, a la filosofía —cuando esta es sinónimo de sabiduría—, ese don que ella había poseído, y en sintonía con una Europa de la cultura esencial.

Luego vendría un interés creciente hacia su obra; también para contrarrestar los intentos de utilización de otras personas que, por simple interés, a veces por rigurosamente orteguianas —cuando no cabe el enfrentamiento ya entre maestros—, o por simple incomprensión de la obra zambraniana, le pusieron reparos y/o ironizaron sobre ella. (Me ha sorprendido ver últimamente en un medio de comunicación la alusión a un intelectual español que se nos presenta como «uno de los primeros descubridores y promotores de Zambrano». Este, sin embargo, había ironizado tras el regreso de ella sobre «los jóvenes seguidores» que habían surgido en España a raíz de la progresiva revelación pública y del rescate de la autora. Fui también testigo de estas celosas ironías contra los fervorosos «jóvenes zambranianos» cuando dicho intelectual, que había ido a dar una conferencia en un centro de enseñanza de Ibiza, fue entrevistado por una joven Concha García Campoy en Radio Popular. Insisto: hoy no cabe crear tensiones entre los que ya son dos maestros).

Así que ahí quedará siempre el pensamiento poético de Zambrano, su «razón poética», para desasosegar a los pensadores sistemáticos, pero sobre todo, como ella misma afirmaría, para «salvar a la verdad de la razón racionalista, pequeño-racionalista». Ella creía mucho en la poesía, la vivió en su casa muy tempranamente, desde que su padre le leyera a Leopardi, a ella y a su hermana Araceli. Su vida se nutrió de la poesía, aunque discretamente la escribiera y aunque algunos de sus textos (sobre todo *La tumba de Antígona*) podríamos incluirlos fragmentariamente dentro de la clasificación de poemas en prosa.

Que una buena parte de su prosa fue llanamente poética es una evidente certeza. Interés por la poesía de quienes creen en el sentido trascendente de la palabra, es decir, en la poesía como una reveladora *vía de conocimiento*. Parece ser que a continuar la inicial escritura sobre Antígona la animó el poeta Octavio Paz durante un encuentro que ambos tuvieron en París. Por entonces, Paz parece ver el texto inicial sobre Antígona más en la órbita del «teatro» que de su posterior y profunda carga poemática y de pensamiento. En efecto, en dicha obra hay no pocos mensajes provechosos debajo del mítico nombre griego. Algo parecido sucederá con el de Diótima de Mantinea y la obra que también generó este nombre.

Por eso, su ejemplo en tiempos de descreimientos y ligerezas en torno a un género tan excelso, tan acosado por los tópicos o la desinformación, supone un alto ejemplo. María Zambrano murió en unos días en los que en Oriente Próximo estallaba una nueva guerra —inquietud supuso esta contienda para ella en sus últimos días— y cuando ardían en Grecia los pinares llenos de cigarras; es decir, cuando todo lo que es universalidad fraterna y respeto hacia la naturaleza se hallaban cuestionados por las eternas disensiones y la belicosidad entre los humanos. Este sentido de universalidad de una obra —«parece una escritora europea», oímos opinar en una ocasión, cuando todavía se repetía aquello de «Europa termina en los Pirineos»— se perfila en todos sus libros, incluso cuando algunos de estos— los que aludieron a Séneca, Cervantes, Miguel de Molinos y los místicos castellanos, a Galdós o a los del compromiso civil en el siglo XX— fueran tan españoles. Se tenía esa sensación porque sus intereses intelectuales y sus lecturas venían de un ámbito muy concreto: de Grecia y de Roma, de Platón y de Plotino, del Renacimiento italiano, del *espíritu* mediterráneo en suma, a cuya luz ella nació («Del silencio y la compostura de las gentes del Mediterráneo siempre supe. Soy de allí desde hace siglos»).

Es en la conversación que va al final de este libro donde se aprecia muy bien ese espíritu de la cultura grecolatina, mediterránea, donde ella fija esos hitos de una *cadena iniciática* tan de su interés. Fusión de un vivir sumido en un mismo espíritu fraterno. ¿Y no es María Zambrano, en este sentido, el último o uno de los últimos hitos de esa Europa que parece estar renunciando a lo que en ella fue esencial: su cultura? También en esta hora de abandono de esa cultura que ante todo fue Europa, ella se asombraría de la ignorancia, cuando no del desprecio, que se está teniendo hacia los símbolos de lo español. Acaso ella hubiera dicho, como el poeta andaluz Ricardo Molina, «No, yo no fui un poeta de mi tiempo./ Debí haber crecido en las islas de mármol». Así, ella le había escrito a Lezama Lima con claridad desgarrada: «¡Ay, España, de ella nos viene todo el mal y todo el bien!».

Días fraternos en tiempos de tensión

María Zambrano nunca renunció al poder de los símbolos, a aquellos a los que se aferraba en tiempos de crisis o de desposesión. Entre ellos ninguno más poderoso que el de la amistad. Amistad literaria, poética, intelectual en días prebélicos, como los que vamos a recordar; amistad en los años del exilio, con personas de varias nacionalidades, guiada casi siempre por una entrañable espiritualidad; amistades también tras su regreso a Madrid. Volvamos a los tiempos prebélicos, a los de la convivencia en la cultura y, hasta cierto punto —todavía por poco tiempo—, en las ideas, en aquella natural ansia de cambio de los comienzos de los años treinta.

La anécdota-símbolo alude a una jornada concreta del año 1931, y tuve noticia de esta por vez primera de labios de Zambrano, aunque luego ha sido recogida en sus escritos y, en concreto, con entusiasmo, en su libro *Delirio y destino*. Me refiero al día 14 de julio de 1931, cuando fue proclamada la Segunda República en Madrid. Aquel día, María Zambrano ascendía por la calle de Alcalá hacia la Puerta del Sol. No iba sola, sino con un grupo del que formaban parte José Antonio Maravall, Arturo Serrano Plaja, Antonio Sánchez Barbudo, Enrique Ramos (futuro ministro de Trabajo), el poeta surrealista José Ramón Santeiro y Juan Panero.

A veces me he preguntado si no iría también en ese grupo Leopoldo Panero, hermano de Juan, o incluso el mismo Luis Cernuda. Me lleva a pensar esto el fragmento de una nota que Vicente Aleixandre le envía urgentemente el mismo 14 de abril a Leopoldo Panero, y en la que le dice:

> Leopoldo amigo: esta tarde, si puedes, te esperamos Cernuda y yo en «Miami», a las ocho. Si tienes que ir a la Puerta del Sol adyacente, a vitorear a la tierna República, iremos los tres.

Estas circunstancias refrendan la incuestionable proximidad de los hermanos Panero no solo a la naciente República, sino a las personas de María Zambrano, Luis Cernuda y Vicente Aleixandre. Pero la prueba más contundente de esa estrecha amistad es la presencia de Leopoldo Panero, Zambrano y Cernuda en una de las jornadas de las Misiones Pedagógicas, la que se celebró cuatro años después, el 14 de abril de 1935, en Alcolea de Tajo (Toledo). De ello nos han quedado dos valiosas fotografías que no ofrecen dudas. En una están los tres delante de las ruedas de un carro, y en la otra, junto a gentes del pueblo. En algún pie de foto hemos visto tomar, erróneamente, a Leopoldo Panero por el diplomático Alfonso Rodríguez Aldave, futuro marido de Zambrano —no se casarían hasta septiembre de 1936—. Basta comparar al Panero de la foto toledana de Alcolea con el que aparece en la del homenaje a Vicente Aleixandre, de pie, al lado de Pablo Neruda, para probar que es él y no otro.

Hay a veces un claro interés por apartar a los Panero de la etapa republicana, pero ya vemos que no fue así. Es, una vez más, el afán de desear que la compleja realidad de aquellos días y de la posterior guerra sea solo blanca o negra, como si no estuviera llena de incomprensibles sutilezas y de situaciones de peligro, de amenazas de muerte y de bruscos cambios ideológicos. Por ello no se desea admitir esos primeros e innegables vínculos comunes que los Panero tuvieron con la República, previamente muy amistosos y comprometidos, pero que la posterior evolución ideológica de las personas y la radical, extremada marcha de la guerra evidentemente quebraron.

De Misiones Pedagógicas. Leopoldo Panero,
María Zambrano y Luis Cernuda en abril de 1935
en Alcolea de Tajo (Toledo)

La relación de María Zambrano con las Misiones Pedagógicas fue muy temprana y entrañable, ya desde la creación de las mismas hasta el filo del estallido del alzamiento militar. Sabemos que en los primeros días de la guerra las Misiones fueron tema de intensa conversación en la relación de Zambrano con otras dos personas que mucho tuvieron que ver también con ellas: Rafael Dieste y Sánchez Barbudo. Sabemos igualmente que durante el año crucial de 1936 ella intercede en una reunión, ante don Fernando de los Ríos, para que se refuerce el papel de las Misiones. Ya durante la guerra, Zambrano firma un manifiesto con otros intelectuales, que se publica en la revista *Hora de España*, en el que se insistía en el tema misionario con el fin de «restituir al hombre la integridad y conciencia de su valor».

En ese sentido, el propio Américo Castro animaba a hacer un grande y «grave» trabajo de «ingeniería del espíritu». Barbudo también dijo que aquella España que ellos visitaban era la «España revés de sí misma». Hoy, cuando a veces vuelve a aflorar con fuerza, en algunas zonas, la asignatura pendiente de los problemas de la despoblación del mundo rural, estas palabras nos remiten a los fines-soluciones primordiales que supone la cultura, a la simiente que la misma cumple para el progreso y precisamente gracias a llevarla a los más apartados lugares del país, como hicieron las Misiones. Como ha escrito Eugenio Otero, estudioso de este tema, «las Misiones tomaron conciencia de que había una España oculta en el mundo rural». ¿Un último afán de poner freno por medio de la razón y la cultura a la tensión social y al inminente desenlace bélico?

Además de la jornada toledana en compañía de Luis Cernuda y Leopoldo Panero, encontramos también a María Zambrano —figurando como «profesora de Metafísica de la Universidad Central de Madrid», entre el 27 de marzo y el 1 de abril— en Navas del Madroño (Cáceres). Tenemos también noticia de su presencia en otros lugares de la España rural: Las Navas del Marqués (Ávila), Beteta (Cuenca), Zalduendo (Álava), Vícar (Almería) o Villaluenga (Cádiz). No siempre conocemos las personas que la acompañaron,

María Zambrano junto al fuego. Dos misionarias
(la que está sentada en el centro posiblemente sea
María Zambrano) en la casa de unos lugareños,
hacia 1932

pero seguro que entre ellas pudieron encontrarse Luis Cernuda, Rafael Dieste, Ramón Gaya o Miguel Hernández, por citar solo a algunos de los más señalados.

Se conserva también una fotografía de una María Zambrano solitaria sentada a la luz de la lumbre de una sombría cocina rural, y otra en la que Zambrano y Cernuda contemplan una de las bibliotecas que los misionarios, tras partir, dejaban en cada pueblo, que solían constar de unos cien ejemplares. Mi hermano, José Dionisio Colinas, maestro en los años sesenta en su primer destino en un pueblo de La Cabrera leonesa, aún llegó a ver una de estas bibliotecas, cerrada en una de las salas de su escuela. Acabada la guerra, la Delegación Provincial de Educación de León envió una carta a los municipios de la provincia reclamando información sobre las Misiones y sus contenidos. (Incluso sabemos que las Misiones llegaron al más apartado lugar de esta comarca leonesa, La Baña y su lago, guiadas por el dramaturgo Alejandro Casona). María Zambrano ha recordado el momento de una de sus intervenciones y el reparto de los libros:

> Era joven estudiante todavía, pues he sido estudiante toda mi vida. Entonces tenía muy poca voz. Se hizo un silencio cuando hablé, que ni una palabra se perdió. Así comenzaron las sesiones. Al finalizar, entregamos la biblioteca. Más que entregarla, la expusimos, la repartimos. No se atrevían a mirarlos. Eran libros de historia, de poesía, de literatura. Eran también libros de derecho elemental para formar ciudadanos. Gentes que sentíamos la patria como una poesía, como una inspiración, como un don del cielo. Gente que queríamos transformar el trabajo y a veces lo lográbamos con una poética, maravillosa y libre transformación.

También sabemos de la presencia del Museo del Pueblo —una de las secciones de las Misiones— en otra de las rutas leonesas que estas siguieron en el verano de 1935: Villafranca del Bierzo-Ponferrada-Astorga-La Bañeza-Valencia de Don Juan. Como es sabido, este museo popular e itinerante fue idea de don Manuel Bartolomé Cossío y de él fueron sus mayores impulsores Ramón Gaya y Antonio Sánchez Barbudo; especialmente el primero, que realizó con gran destreza no pocas de las copias de cuadros del Museo del Prado junto a otros dos pintores, Eduardo Vicente y Juan Bonafé. Estos cuadros se transportaban en grandes cajas y en destartaladas camionetas y se exponían, para su mayor resonancia, en ciudades que fueran partidos judiciales. Ramón Gaya fue también el que diseñó el cartel de las Misiones que se distribuía por las aldeas circundantes para anunciar la llegada de las mismas.

Tantos años después, durante algunos de mis viajes a Murcia y al museo que lleva su nombre, hablé con Ramón Gaya de esta etapa de su vida, que él contemplaba con nostalgia; conversaciones llenas de vivas anécdotas que yo le invitaba a pasar a unas memorias. No sé si llegó a hacerlo. También me interesé por María Zambrano y por las Misiones en las conversaciones que mantuve en el Café Gijón, a finales de los años sesenta —en la tertulia de Gerardo Diego y Buero Vallejo, otro lugar de reencuentros de «amistades pasadas» rotas y luego rehechas—, con el poeta y otro gran misionario Enrique Azcoaga, amigo de Serrano Plaja y de Zambrano. (Cuando la periodista Rosa María Pereda parte para Ginebra para entrevistarla en *Cambio 16*, pocos días antes de su retorno a España, le llevará desde Madrid, desde la tertulia del Café Gijón, un mensaje de viva voz de Enrique Azcoaga: «Dile a María que sigo enamorado de ella»).

Las sorprendentes discrepancias o dudas sobre la presencia de Leopoldo Panero en las Misiones Pedagógicas y la indudable amistad que mantuvieron se derrumban, pues las relaciones se mantuvieron flexibles y concordes en aquellos momentos e incluso después de la contienda, si pensamos en los encuentros que tuvieron Luis Cernuda y Leopoldo Panero en Inglaterra, muy pocos años después de acabada la guerra. El primero, como exiliado; el segundo, como director del Instituto de España del Gobierno franquista durante los años 1946 y 1947. Es muy probable también que las Misiones Pedagógicas, con Cernuda, visitaran Astorga, la ciudad de los Panero (y el cercano pueblo Val de San Lorenzo), en pleno verano de 1935, y que los dos hermanos estuvieran por allí. También sabemos que habían acogido, años atrás, en su casa natal, al poeta peruano César Vallejo.

Los Panero y el poeta peruano César Vallejo se habían conocido en la tertulia del café La Granja del Henar, en la calle de Alcalá, probablemente hacia 1930. (En ocasiones, María Zambrano también acudirá a este café y de él guardará sobre todo un recuerdo especial, el de su encuentro con la figura de Valle-Inclán: «era una pura llama, una pura pasión»). Vallejo hacía en aquellos días un intenso proselitismo de su comunismo militante entre los escritores españoles, impulsado por los viajes que había hecho y que aún haría a Rusia —el primero de ellos ya en 1928— y sobre todo tras la publicación de su libro *Rusia* en 1931. Quizá por esa amistad primera con Vallejo se ha podido hablar de un posible «filocomunismo» de Leopoldo Panero en aquellos días; actitud latente en algún manifiesto que firma y en otro detalle anecdótico: la insignia con la hoz y el martillo de plata que, se dice, llevaba en el ojal de su chaqueta.

Pronto Leopoldo Panero evolucionará, dentro de su innegable republicanismo inicial, hacia posiciones más moderadas. Su hermano Juan se había mantenido más en la órbita del azañismo. Sin embargo, Leopoldo mantendrá siempre su incondicional admiración hacia al poeta peruano, pues en su poesía encontramos leves influencias, sobre todo las huellas del humanismo y de la desgarrada religiosidad de los versos de César Vallejo. El libro de este, *España, aparta de mí este cáliz*, publicado en 1939, después de su muerte en soledad en París, será el testimonio más vivo de la poética vallejiana aplicada a aquel momento histórico.

La visita de César Vallejo a Astorga invitado por los Panero fue en los meses de julio y agosto de 1931, no en las Navidades de ese año, como se recoge erróneamente en algunas publicaciones. Conocemos la fecha de esa visita por una carta del mismo Vallejo a Gerardo Diego. Ricardo Gullón en su libro *La juventud de Panero* nos ha dejado algunos datos de aquella visita. Juan José Alonso Perandones ha estudiado con detalle esa estancia, aunque son escasos los datos de que disponemos. Vallejo y su compañera Georgette residen tres días en casa de los Panero, pero luego se trasladan a una pensión. ¿Cuál fue la razón de este cambio? ¿Reservas de la madre de los Panero hacia la pareja, debidas quizá al hecho de que tuvieron que dormir juntos en una habitación de una sola cama, la del propio Leopoldo, en la torre, una de las zonas de la casa?

Tenemos noticia también de un paseo que dan los amigos por el jardín de la sinagoga, sobre las murallas. Desde allí pudieron contemplar a lo lejos la cima del Teleno, la montaña tutelar. También sabemos de la evocación de un redoblar de las campanas de la cercana catedral. Pero sobre todo de aquella visita a Astorga tenemos el testimonio de un testigo de primera mano, el también astorgano y periodista Lorenzo López Sancho. Este recuerda la visita —¡cincuenta años después y en señalado día!— en su artículo «César Vallejo en Astorga», publicado en el diario *ABC* el 14 de abril de 1978:

Un día apareció César Vallejo en el jardín de Astorga, que por entonces tenía su ingenua fuente moruna y su mínimo estanque de rocalla en la glorieta. Era verano, creo que era verano, y lo traían en medio, como si fueran las varas de un palio de veneración, Gabriel García Espina y Ricardo Gullón. [...] *A lo lejos, una fila de graciosos olvidos*, escribiría de aquellos años Leopoldo. Y hoy, ahora me digo: ¿*Graciosos olvidos* cuando todo eso que hemos ido olvidando es como si el aroma de canela de la juventud se hubiera perdido en el aire? Me parece que ya había venido la República y que andábamos todos los jóvenes como un poco ebrios de esperanza y de poesía. Leíamos ávidamente el *Poema del cante jondo* de Lorca [...]. César Vallejo iba en el centro del grupo al que me acerqué —yo era más joven y principiante— tímidamente. Hablaba poco [...]. ¿*De dónde, por qué camino había venido,/ soplo de ceniza caliente,/ indio manso?*, se preguntará más tarde Panero en el valioso poema que le dedicó. ¿Cómo no iba a saberlo Leopoldo Panero si él y su hermano Juan lo habían traído a Astorga y, antes de llevarlo a su casa, le habían mostrado la mole rosa de la catedral? *Ven a la catedral, alma de soledad, temblando.* Creo que, por entonces, Leopoldo no tenía fe.

Avancemos unos años en el tiempo. La guerra ha terminado. Leopoldo Panero, su esposa Felicidad Blanc y su hijo Juan Luis llegan a Londres el 6 de abril de 1946. Primero él lo hará como subdirector del Instituto de España y poco después pasará a ser su director. La estancia será breve, pero, significativamente, mantendrán una relación activa con algunos de los exiliados republicanos de la ciudad, sobre todo con Luis Cernuda. Este recela en un primer momento de la presencia de Leopoldo Panero en Inglaterra; incluso en una de sus cartas de entonces muestra sus reservas hacia él e ironiza incluso sobre María Zambrano, lo que prueba, paradójicamente, que en su subconsciente guardaba la colaboración pasada de los tres en los días de las Misiones Pedagógicas, pero también sus reservas hacia ambos, y en concreto hacia María si tenemos en cuenta el artículo que esta escribió unos años después, en el *ABC Literario* (30-IV-1988). Cernuda no fue persona de trato fácil, pero las siguientes palabras de Zambrano dirigidas a él prueban que algo había sucedido entre ellos en su relación pasada, acaso durante su encuentro en La Habana:

Fuiste injusto, sí, pero cómo reprochártelo si eras así, y así te vengabas quizá de tener que hablar, salir de tu silencio en público. Sí, había en ti una venganza. La hay en muchos poemas, pero yo de eso no quiero hablar, porque no quiero juzgarte. Te quise convencer de que eras amado, entendido, pero tú no querías serlo. Querías, como Lucrecio, que te dejaran beber la amarga medicina, apurando la copa de la amargura. Detestabas a Machado. Era imposible hablarte siquiera de él.

Por otro lado, de los primeros encuentros y desencuentros en Londres con Panero, de las mutuas reservas, habla muy bien cuanto Cernuda escribe en una carta a Concha Méndez el 30 de abril de 1946:

> Me llamó por teléfono [Panero] y le vi. Ha sido la primera amistad española, del otro lado nuestro, con la que hablo. Hacía años que dejamos de vernos, y temía, como supongo que tememos todos, los que estamos en tales circunstancias, tal entrevista. Pero la entrevista fue como si ayer hubiéramos estado charlando, tan natural y tan continuadamente. No hablamos de política el primer día (yo lo evité); pero a la vez, al día siguiente, me declaró sus sentimientos monárquicos.

Luis Cernuda, en esta misma carta, aunque ironizando ácidamente sobre ella, reconoce a Panero como «amigo» de María Zambrano; suponemos que amiga de los años republicanos, como enseguida veremos. Tanto ahora Cernuda como más tarde María Zambrano en otra carta, ambos suponen a Panero como «falangista». Cernuda y Panero tienen también un encuentro tumultuoso en Londres a propósito del poema «La familia», que Cernuda le lee —visión amarga de la familia patriarcal— y del que Panero disiente. Pero enseguida se vuelven a encontrar y se visitan, acuden juntos a veladas poéticas y a exposiciones de pintura, y el mismo Panero reconoce a Cernuda en un temprano artículo («Ocnos o la nostalgia contemplativa», 1949) como «uno de los representantes más altos de la poesía española contemporánea».

De aquellos días de reconciliación conservamos una fotografía en la que Cernuda, Panero y Felicidad Blanc, la esposa de este, pasean apaciblemente por Londres. ¿Sería el día de su primer y casual encuentro en la calle? El segundo de los encuentros entre ellos se da durante una exposición de dibujos de Gregorio Prieto, que compartía apartamento con Cernuda. Ese día, los poetas «hablan los dos solos en un rincón». Se dice que Panero pudo ser relevado de su cargo oficial precisamente por su evidente buena amistad con varios de los exiliados republicanos españoles: Cernuda, Martínez Nadal, Madariaga y su hija, o Pablo de Azcárate, con el que se veían en el campo inglés los fines de semana. Azcárate era, por cierto, primo de Leopoldo Panero, aunque director del otro Instituto de España en Londres, el republicano.

¿Panero simplemente amigo de los poetas e intelectuales de otros tiempos, «agente» del dialogante monarquismo juanista o simple colaborador del régimen franquista? En este último sentido, se ha supuesto que por entonces Panero tuvo la misión de aproximarse y captar a intelectuales exiliados para lograr una mejor imagen internacional del franquismo. Indicios como los que estamos señalando prueban que se pensaba que la Dictadura iba a durar muy poco tiempo y en el aire bullían varias corrientes de opinión; así, la de ese posible «monarquismo» paneriano.

Pero lo cierto es que Panero es destituido fulminantemente de su cargo con no poco desagrado por su parte. ¿Acaso por esas relaciones inoportunas? La familia parte para Madrid y Cernuda lo hace para los Estados Unidos. Las cartas que luego Luis Cernuda escribe a los Panero a lo largo de 1947 y 1948 —con un claro y fuerte sentido de familiaridad— prueban que la amistad y la reconciliación entre ellos habían quedado consolidadas. Sobre esta etapa londinense y, en concreto, sobre la relación entre ambos poetas han escrito con detalle Federico Utrera y J. J. Alonso Perandones. También Felicidad Blanc, esta en unas *Memorias* un tanto ensoñadas.

Fruto de uno de aquellos encuentros londinenses fue quizá que Cernuda le regalara a Panero una edición de los *Cantos* de Giacomo Leopardi, con anotaciones suyas a lápiz, que él nos dice en una de sus prosas que leía mientras retumbaban los bombardeos sobre Madrid. Años después le pregunté a Juan Luis Panero, hijo del poeta, por aquella edición leopardiana en posesión de su padre, llena de anotaciones cernudianas, pero Juan Luis me respondió con un escueto «¡Quién sabe qué habrá sido de ese libro!».

Disponemos de otros hechos que prueban el carácter conciliador del poeta Leopoldo Panero con algunos republicanos, y a su vez de estos con él. Me refiero ahora en concreto al pintor Ramón Gaya, al que Panero había conocido sin duda en la etapa de las Misiones Pedagógicas. Prueba de esa temprana reconciliación es que cuando el 4 de marzo de 1960 Ramón Gaya parte de Roma, regresa de su exilio y llega al aeropuerto de Madrid, en este le esperan José Bergamín y Leopoldo Panero. De ello le da cuenta enseguida a María Zambrano, a la que le envía una postal de la Plaza Mayor madrileña: «El viernes en el aeropuerto vi a Pepe Bergamín, a Panero, a los Baeza y a Ginesa, la viuda de Juan Guerrero». Gaya, de inmediato, ávido de la cultura de que ha estado ausente y necesitado, comienza muy frecuentes visitas al Museo del Prado, al de Arte Moderno, y asiste al estreno de *Águila de blasón* de Valle-Inclán. Un mes después, en la Galería Mayer, inaugurará una exposición de su pintura.

Pero pocos días después acude a un almuerzo en casa de los Panero. Esa misma tarde, en compañía del matrimonio Panero, y de nuevo con Bergamín, hacen una visita a los jardines de Aranjuez. Los encuentros y comidas de Gaya con Panero y Rosales se suceden a lo largo de las siguientes semanas. Gaya se entusiasma durante su retorno al recordar en su *Diario* a aquellos grandes españoles que «se han librado de esa cerrazón nuestra» (de Cervantes a Góngora, de Velázquez a Murillo, de Galdós a Juan Ramón Jiménez), a la vez que nos deja en las páginas de este año de 1960 una frase enigmática: «Después de veintiún años de exilio adonde se vuelve en realidad no es a España, sino a 1939».

No falta tampoco alguna crítica: «El español no es propiamente que no comprenda, sino que se niega, en absoluto, a comprender. Comprender se le figura siempre como una *violación* a su integridad. ¡La honra!». Antes de volver Ramón Gaya a Roma el 24 de diciembre tiene una nueva entrevista con Leopoldo Panero y Luis Rosales. Sirvan estos datos sobre Cernuda, Gaya y Panero para probar, que no todo fue tras la guerra oposición y rencor entre contrarios, aunque todavía hoy este rencor y ausencia de conciliación perdure en muchos.

Demos un nuevo salto en el tiempo, pero ahora hacia atrás, para retornar a septiembre del año 1927, cuando los hermanos Panero llegan a Madrid. Leopoldo vivirá en la capital entre 1928 y 1931, mientras que su hermano Juan lo hará entre 1929 y 1931. Ambos se integran plenamente en los grupos de estudiantes, escritores e intelectuales de aquellos días. Volvamos por ello a aquel grupo que, de manera no casual, ascendía el 14 de abril hacia la Puerta del Sol. Se trataba de universitarios y de escritores de las facultades de Filosofía y de Derecho.

Dos nexos unían al mismo: el magisterio y el amparo de Ortega y Gasset, y la creación de una publicación, *Nueva Revista*, que se editó entre 1929 y 1930, y en la que tuvieron un papel relevante José Antonio Maravall, a la sazón también poeta, Berrio, el surrealista gallego Santeiro y los hermanos Juan y Leopoldo Panero. Sobre este grupo escribió años más tarde Ricardo Gullón en un artículo en *Ínsula* (1964): «Los chicos de *Nueva Revista* eran inteligentes y preparados, orteguianos y nutridos por la mejor poesía del momento».

Ya recordamos que, de repente, aquel 14 de abril, apareció al lado del grupo un animoso joven, vestido con una camisa blanca, que iba gritando: «¡Que vivan todos, que vivan todos y que mueran!... ¡¡No, que no muera nadie!!». María Zambrano pensó, muchos años después, que aquel joven era el mismo hombre de la camisa blanca que aparece abriendo los brazos en aspa en el cuadro de *Los fusilamientos* de Goya. El inconsciente colectivo, la alegría de aquel joven, gritaba un fraterno «que vivan todos», fraternidad que luego no fue posible.

Surge sorprendentemente en esta anécdota del 14 de abril el nombre de Juan Panero (1908-1937), el hermano de Leopoldo, en unos días en los que precisamente estoy leyendo la reedición que se ha hecho de su único libro de poesía, *Cantos del ofrecimiento*, editado en origen por Altolaguirre en la colección Héroe, en 1936. (El mismo año por cierto en que se edita *El rayo que no cesa*, de Miguel Hernández). Único libro, porque Juan muere en accidente de tráfico en 1937. Había sido movilizado y regresaba con su uniforme de alférez provisional, de León a Astorga. Este grave hecho —el accidente mortal de su hermano, su detención en San

Marcos de León, el asesinato de su futuro cuñado, la contienda civil— influirá sin duda en la evolución de los sentimientos e ideas políticas de Leopoldo Panero, que nos dejaría un tierno y hondo poema sobre su hermano, «Adolescente en sombra».

Esta presencia de Juan Panero y de María Zambrano juntos el 14 de abril, ascendiendo hacia la Puerta del Sol por la calle de Alcalá, me lleva a su vez a reparar en una fotografía de tres años más tarde, de 1934: la que recoge a los participantes en la comida del homenaje que se le tributó a Vicente Aleixandre con ocasión de habérsele concedido el Premio Nacional de Poesía a su libro *La destrucción o el amor*. Entre ellos están Miguel Hernández y Juan Panero, Pablo Neruda y Leopoldo Panero (ambos en los extremos de la segunda fila, de pie), María Zambrano, Vicente Aleixandre y José Bergamín, Pedro Salinas y Luis Rosales, Gerardo Diego, Luis Felipe Vivanco y Antonio Espina, entre otros.

Federico García Lorca también asistió a esta comida-homenaje, pero se tuvo que ausentar pronto y, por ello, no pudo salir en la fotografía. En la foto también falta Luis Cernuda, ausencia más comprensible, pues con seguridad no acudió a la comida por sus reservas hacia Aleixandre, debidas a que también él había sido candidato aquel año, con poca fortuna, al Premio Nacional de Poesía con su libro *Donde habite el olvido*. El jurado que le concedió el premio a Aleixandre lo formaron Manuel Machado, Dámaso Alonso y Gerardo Diego. Esas reservas de Luis Cernuda se mantendrían hacia Aleixandre más tarde. Por ejemplo, cuando —según me contó el propio Aleixandre— Cernuda le devuelve desde México, sin abrir, el paquete con un libro que le había enviado dedicado. A Aleixandre le dolió el hecho. Cernuda diría después que el rechazo del paquete se había debido a un problema de tasas con la aduana mexicana. Pero esa animadversión la mantendría también en uno de los retratos en prosa que hizo más tarde de Aleixandre.

Esta histórica fotografía del día del homenaje a Vicente Aleixandre nos parece de una profunda significación social, pues observa-

Homenaje a Vicente Aleixandre en 1935, con motivo de la aparición
de *La destrucción o el amor*. De pie, de izquierda a derecha: Miguel Hernández,
Juan Panero, Luis Rosales, Antonio Espina, Luis Felipe Vivanco,
José F. Montesinos, Arturo Serrano Plaja, Pablo Neruda y Leopoldo Panero.
Sentados, de izquierda a derecha: Pedro Salinas, María Zambrano,
Enrique Díez-Canedo, Concha Albornoz, Vicente Aleixandre,
Delia del Carril y José Bergamín. Sentado en el suelo, Gerardo Diego

mos en ella un sentido de amistad coherente, de proximidad en lo humano, que muy poco después, ya en días republicanos y con el estallido de la guerra, se desharía radicalmente. La foto demuestra de qué manera lo ideológico, y no digamos ya los inminentes enfrentamientos bélicos, quebrarían el entendimiento entre el grupo de poetas y, por extensión, entre todos los españoles.

Esta escisión o cambio de rumbo la observamos ya de manera nítida en los propios hermanos Panero. Republicanos y amigos de republicanos, ven sometidas sus vidas a circunstancias y presiones que las alterarían profundamente. Los Panero son amigos muy cercanos de poetas como Miguel Hernández o Pablo Neruda, viven por entonces junto a Luis Rosales, muy cerca de la Casa de las Flores, la que en Argüelles habitara el poeta chileno. (Antes, al llegar a Madrid, los hermanos Panero habían vivido en una pensión de la calle del Carmen, en la que precisamente conocieron a Rosales).

Eran también los días de la naciente revista de Pablo Neruda, *Caballo Verde para la Poesía*. Otro signo de ese espíritu de amistad es que en el primer número, publicado el 1 de octubre de 1935, aparecieran dos poemas de dos poetas inéditos: Leopoldo Panero y Miguel Hernández. Ellos y otros acuden a los recitales que Neruda organizaba en la Casa de las Flores. Recordemos que una parte del único libro de Juan Panero, que acabamos de citar, lo escribió bajo la notable influencia de la lectura de *Residencia en la tierra*; el libro a cuya influencia y alabanza muy pocos se pudieron resistir en aquellos días. En un poema de este libro, la «Oda a Federico García Lorca», Neruda evoca otras amistades literarias de aquellos días:

llega una rosa de odio y de alfileres,
llega una embarcación amarillenta,
llega un día de viento con un niño,
llego yo con Oliverio, Norah,
Vicente Aleixandre, Delia,
Maruca, Malva Marina, María Luisa y Larco,

la Rubia, Rafael Ugarte,
Cotapos, Rafael Alberti,
Carlos, Bebé, Manolo Altolaguirre,
Molinari,
Rosales, Concha Méndez,
y otros que se olvidan.

Lejos quedaba todavía el enfrentamiento en verso que habían suscitado sus dos libros, el *Canto general* (1950) del chileno y la respuesta o *Canto personal: carta perdida a Pablo Neruda* (1953) del segundo; injusto el primero en el tratamiento radical de algunos temas de la colonización española y en la acusación hacia determinados poetas coetáneos (Dámaso Alonso, Gerardo Diego); inoportuno e innecesario quizá el de Panero, nacido al parecer por consejos o por influencia colateral de personas que lo incitaron a escribirlo. En series de poemas como «Alturas de Macchu Picchu», «Las flores de Punitaqui» o «El gran océano» el libro de Neruda se salva por grandioso. En algunos de los versos del libro de Panero su humanismo es tembloroso, cálido, sincero. El cruce del escritor con la política es delicado, cuando no peligroso. Así que la política distorsionó las voces de ambos. Sin embargo, su lirismo aún vence al tiempo de los enfrentamientos.

Volvamos a 1936. Leopoldo Panero es apresado y encarcelado por republicano en el penal de San Marcos en León. Su filomarxismo y el haber podido recaudar fondos para el Socorro Rojo pudieron ser los motivos de la denuncia y detención. En el mismo San Marcos estaba detenido y fue fusilado por aquellos días Ángel Jiménez, el novio de su hermana Asunción. La madre de Leopoldo se traslada entonces a Salamanca y prueba a interceder por él; primero, entrevistándose con Unamuno, para que este a su vez intercediera ante Franco. Leopoldo había conocido a Unamuno en Cambridge, pero este no pudo intervenir en su favor, ni tampoco había sido efectiva su intervención cuando lo había hecho en favor de otros tres amigos salmantinos condenados. («No hay nada que yo pueda hacer ya», dijo al parecer).

Unamuno vivía bajo vigilancia en su casa de la calle Bordadores, sumido en unos días de profundos desengaños y cuando también habían sido fusilados en la ciudad algunos amigos suyos muy cercanos, herido por el radicalismo de los extremos. Sin embargo, la madre de Panero sí consigue liberar a su hijo tras la petición que le hace directamente a Carmen Polo, la mujer de Franco, de quien era prima. Inmediatamente Leopoldo Panero es liberado, regresa a Astorga y se une al Alzamiento.

Queden, pues, anécdotas y fotografías —sobre todo la concorde del día de homenaje a Aleixandre— como esos reflejos de unidad intelectual, pero a la vez no se han de olvidar las tensiones latentes, las que iban creciendo y que acabarían en la escisión social y en los trágicos enfrentamientos de la guerra.

Es excesivo, a mi entender —por parte sobre todo de quienes no lo han leído ni lo conocieron—, que Leopoldo Panero padre sea reconocido hoy como «poeta del Régimen», por haber ocupado un solo año un cargo oficial en Londres, por haber trabajado luego en el Instituto de Cultura Hispánica o en las Bienales Hispanoamericanas de pintura, aunque ese calificativo se base sobre todo en su evidente, pero inoportuna, respuesta en verso a Pablo Neruda. Ya personas como Ridruejo o Eugenio de Nora habían reparado en esta visión injusta del poeta leonés. Ridruejo negó de manera tajante «la injusta consideración de poeta del régimen», pues en dicho libro «hay más de poesía que de panfleto».

Pero hoy ese calificativo quizá nazca del desconocimiento que sobre todo tienen los más jóvenes de su vida y obra completas, y por supuesto al hilo de las películas que se hicieron sobre su familia y la propia actitud crítica mostrada en ellas por esta. De la película *El desencanto* me quedo con las opiniones que sobre ella me comunicaron personalmente Vicente Aleixandre y Dámaso Alonso después de verla: «No, Leopoldo no era así, ni puede ser juzgado con ese rigor, y menos por su familia». (Aleixandre llamó a Dámaso por teléfono la misma noche en que vio la película para mostrar su estupor e intercambiar opiniones). Lejos queda aquella apacible fotografía de los tres poetas —Vicente Aleixandre,

Dámaso Alonso, Leopoldo Panero— contemplando en un jardín el agua de una fuente. (Algo parecido opinan quienes conocieron de cerca a María Zambrano y juzgan muy negativamente la película que sobre ella se hizo. Según estos, la Zambrano real y la de la película nada tienen absolutamente que ver en lo esencial y con el ser esencial de ella).

Mi memoria, como se ve, va y viene en el tiempo; por eso, vuelvo a pasar de los años treinta a los noventa. Comencé hablando de los días en torno a la muerte de María Zambrano. Quedaron, en fin, en la hora de aquella muerte el 6 de febrero de 1991, esos recuerdos de ella mucho más sutiles, aparentemente insignificantes, o quizá no lo eran tanto. Así, sus ojos vueltos hacia la luz de Madrid que entraba por su balcón («una luz que duele»), la mano alzada con el eterno cigarro en la boquilla, el té en la mesita, que se le enfriaba siempre o que no tomaba, el acercarse a nosotros de sus gatas, o esa «sombra» silenciosa al fondo del salón o detrás de la puerta, que era la de su primo Mariano; sabio por silencioso, aprendiz siempre, con sus ojos y su oído muy abiertos, ante la conversación de cada visita.

Pero para mí queda sobre todo el recuerdo de algo que fue otra cosa que insignificante: su voz. La voz serena de quien, como ya he escrito, escribía como hablaba, y hablaba como escribía. Y sus silencios, a través de los cuales ella también hablaba. Una voz que, de manera extremada, revelaba su inspirada claridad y hondura.

Por esa voz, Ramón Gaya la valoraba como «un ser excepcional, uno de los regalos que la vida nos hace de vez en cuando». Octavio Paz se refirió a la voz de una «pitonisa», pues «hablaba con palabras dictadas por Dios». Martínez Nadal la veía como «pitonisa, gurú y meiga, adivinadora de lo que se esconde en bastantes claros del bosque». En el mismo sentido apunta la opinión del filósofo Agustín Andreu, cuando la escucha en Roma, en casa de Elena Croce: «Ella oficiaba de pitonisa de la intuición, o revelación, que diría ella». Yo recuerdo aún su voz cálida, apagándose en sus últimos días, y aquellas manos tan resecas y tan sobrecargadas de venas que, en nuestro último encuentro, me parecieron como los oteros, valles y arroyos del más humilde de los paisajes españoles. Sus manos, otro gran símbolo para el que supiese leer en ellas.

Otra semblanza

Ya vamos viendo, desde distintos ángulos, que pocos autores hay tan singulares y profundos, en el panorama de las letras españolas del siglo XX, como la pensadora María Zambrano. Singular porque, al margen de la literatura de su siglo, su obra y el tono armonioso de esta, son a su vez singulares dentro de la tradición literaria española de todos los tiempos, y diría incluso que de la europea. ¿De dónde nace, en concreto, esta singularidad, esta originalidad de María Zambrano? De muy atrás; desde luego, de un modo de sentir y de pensar la realidad que arranca, como hemos ido viendo, de los presocráticos, de órficos y pitagóricos, de Platón y de los neoplatónicos, de Dante, del ser renacentista, de la mística cristiana y musulmana, y por extensión de la de sentido universal.

Este tipo de saber *esencial* es doblemente significativo dentro del panorama de la cultura española, tantas veces sometida a los enfrentamientos sociales, imposiciones y dogmas de la Historia y, sobre todo, muy alejada, en la forma, de un modo de decir y de escribir que ha estado más cerca de lo retórico y de lo barroco que de lo *interior profundo*, de una sabiduría que no proviene solo de la teoría, del pensamiento sistemático y de la pasión ideológica, sino también de la experiencia en todos los sentidos del *vivir*, del *ser*. Literatura con un sustrato existencial muy sutil, pero a la vez muy fuerte, cristalino o marmóreo por duradero y sabio.

Cuando, por ejemplo, María Zambrano se recuerda en su infancia subiendo en brazos de su padre hacia la luz de un limonero, allá en su sur andaluz de Vélez-Málaga, ya está fijándonos símbolos que luego van a ser consustanciales a su obra: como el de la luz, o el de la ascensión hacia esa luz; ascensión no desde cualquier lugar, sino desde los brazos del padre, es decir, desde esa sangre familiar que también va a estar muy presente en su vida y en su obra, a través de los muertos cercanos, de la vida de los propios padres, de su hermana, de sus primos, de las personas que amó («porque una tiene su genealogía del alma y de la sangre, de la sangre del alma»). Este sentir de la sangre y en la sangre lo encontramos en muchos momentos de su obra; unas veces junto a la presencia salvadora de la piedad, como en alguno de los ensayos de *El hombre y lo divino*, o en esa especie de poema en prosa lleno de pensamiento que es *La tumba de Antígona*, que hemos visto representado en Segovia.

El nombre de Segovia —ciudad a la que los Zambrano trasladan pronto su residencia, cuando María tiene cinco años— va a ser también muy importante para ella, como veremos en otro capítulo, para esa vida que sabrá fundir de manera ideal —como lo hizo Antonio Machado— el sentir y el pensar andaluz con el sentir y el pensar castellanos. En Segovia pasará María su infancia y su adolescencia, y de aquel tiempo de iniciación conservamos un testimonio ideal: la carta que don Antonio Machado le escribe desde Rocafort, ya camino del exilio. Machado le recuerda a María —en días terribles— las noches apacibles que vivieron en Segovia y, sobre todo, la presencia de su padre, don Blas Zambrano, amigo del poeta.

Así que en Segovia tenemos ya dos presencias influyentes: la del padre y la de Antonio Machado, pero también una tercera: allí, junto al río Eresma, en el monasterio de carmelitas, descansan los restos de otro poeta, Juan de la Cruz. Un referente ineludible —constantemente reiterado por ella en todos los momentos de su vida— para el que conozca o desee conocer en profundidad el pensamiento de María Zambrano. Un texto escrito en los primeros días de su exilio avala precisamente esta influencia. Me refiero al ensayo «San Juan de la Cruz: de la "noche oscura" a la más clara mística». A esa relación especial de Zambrano con Segovia dedicaremos un próximo capítulo.

El nombre de Juan de la Cruz nos lleva también a ver en qué cadena del conocimiento español se inscribe una vida y una obra como la de María Zambrano. Y, a su vez, el nombre del autor del *Cántico* —un gran poeta y fraile heterodoxo, reformista perseguido y encarcelado en la España del siglo XVI— nos remite a otro nombre sobre el que ella también escribió, Miguel de Molinos. La *Guía espiritual* de este nos habla de un sentir y de un creer muy cercanos a los de Zambrano. Pero en ella no solo se da un sentir y un creer, sino también un razonar en la lucidez y en la claridad desde la marcha iniciática de su progreso interior. Por eso, el suyo también es el pensar de Séneca, de Jovellanos, de Moratín, de Galdós, de Ortega, de una España ilustrada y abierta hacia Europa. Particularmente viva fue su predilección por la obra de Séneca. Este es uno de los autores que ponen serenidad en los primeros días de su exilio, sobre el que da conferencias y del que le gustaba comentar en sus conversaciones frases del filósofo cordobés. Su libro *El pensamiento vivo de Séneca* será el fruto más colmado de aquella etapa que la hispanista Marie Laffranque ha reconocido, por su importancia, como la de «el senequismo zambraniano de los años cuarenta».

Estas son algunas de las raíces primordiales de María Zambrano: las luces de la infancia, que son luces físicas —fogosas en Andalucía, más recortadas por su fría pureza en Castilla, doradas en los días de Roma—, pero que son al mismo tiempo luces del *conocimiento* muy ligadas a la realización del *ser*, a las presencias familiares, a los tan decisivos amores primeros, a los poetas-amigos y a las lecturas de su formación, a la poesía como algo más que un mero género literario, en la que ella pondrá tanta fe. Su llegada a Madrid y sus años universitarios la van a aproximar a otras realidades y a otras formas de conocimiento, a la vez que a alimentar un gran compromiso sociopolítico. Años cercanos a instituciones como la Residencia de Estudiantes y la Residencia de Señoritas, con Alberto Jiménez Fraud —con quien volverá a encontrarse años después en Ginebra—, y María de Maeztu como respectivos directores. Para sustituir a esta en su puesto, había pensado Ortega en María Zambrano.

También María de Maeztu había sido la fundadora del Lyceum Club Femenino, una asociación muy liberal de mujeres en cuya cercanía también estuvo María Zambrano. Mantuvo su actividad entre 1926 y el final de la guerra. Tres parece ser que eran las condiciones para pertenecer a dicho club: realizar alguna actividad artística, literaria o intelectual, poseer estudios universitarios o haber desarrollado alguna labor en obras sociales. Hacia 1930, el club contaba con 500 asociadas, entre las que destacan nombres como los de la pintora Maruja Mallo, Concha Méndez, Carmen Baroja, Zenobia Camprubí, esposa de Juan Ramón Jiménez, Ernestina de Champourcín, María Teresa León o Margarita Nelken. De este club —«aconfesional y apolítico»— ostentaban la presidencia la reina Victoria Eugenia y la duquesa de Alba, lo que viene a probar esa sintonía o equidad en el campo de las ideas en los años prebélicos.

Afortunado para María Zambrano y su formación sería sobre todo el encuentro con el magisterio de filósofos como Ortega y Gasset, Zubiri o García Morente, algunos de sus profesores en la Universidad Central. Como profesora auxiliar de Zubiri, trabajará entre 1931 y 1936 en la cátedra de Historia de la Filosofía. De la relación con este —sobre todo por indicativa de la disidencia política que se da entre discípula y maestros— conservamos una anécdota que Jordi Corominas y Joan Albert Vicens nos transmiten en su libro *Xavier Zubiri: la soledad sonora* (2006):

> Cuando Zubiri abandona Madrid, María Zambrano siente el vacío de su ausencia. Pero por entonces ya se ha involucrado muy activamente en una militancia político-cultural que la ha movido a participar en la fundación de la Liga de Educación Social, una versión actualizada de la orteguiana Liga de Educación Política de 1914. No

obstante, toda su vida guardará una foto de Xavier, en cuyo reverso ella misma anotará con lápiz: *Al final, él no se decidió* (pág. 194).

María Zambrano será la alumna predilecta de Ortega, y de la obra de este tomará ella la claridad y la lucidez del estilo, así como su posterior temple liberal. Aquellos años de inquietudes políticas y sobre todo el estallido de la guerra en 1936 le impidieron que llegara a presentar su tesis sobre Spinoza, pero otra de las singularidades de María Zambrano radica, a mi entender, en que ella supo ir *más allá* de las ideas de su maestro. El concepto de «razón histórica», aplicado a Ortega, y el de «razón poética», fijado por Zambrano, distinguen netamente la personalidad y el sentido final de las obras de ambos.

Esta diferencia entre las ideas del maestro y las de la discípula (que acabará siendo también maestra) no ha sido bien asumida incluso por algunos orteguianos, que han preferido la fidelidad a lo expuesto por Ortega a la ruptura «subterránea», y respetuosa siempre, ajena a sistemas exclusivamente racionalistas, que lleva a cabo María Zambrano; una disidencia que explica muy bien una anécdota («es la primera vez que lo cuento», me dijo la propia María, como veremos luego en nuestra larga entrevista). Disidencia también del maestro, de su tibieza política, con posterior rectificación por parte de ella, ante la evolución de la Segunda República, pero sobre todo disidencia en el contenido de determinados conceptos.

Llegados a este punto crítico de la efervescencia política del país y con el estallido de la guerra, debemos aludir a un hecho que sucedió a finales de julio de 1936. O a dos hechos, porque sobre este asunto todavía hay confusión. Daré aquí mi interpretación de los mismos. Me refiero a la firma del manifiesto a favor de la Alianza de los Intelectuales para la Defensa de la Cultura (AIDC), que María Zambrano le solicita a Ortega y Gasset, pero que no le arranca por la fuerza como a veces se ha afirmado a la ligera.

Al parecer los hechos de este asunto se desarrollaron no en uno, como erróneamente se cree, sino en dos días. El primero

Con Ortega y alumnos en la Universidad Central

de ellos alude a que el 22 de julio de 1936 un grupo de milicianos armados con fusiles se presentan en el domicilio de Ortega, aporrean la puerta con sus armas y entran para que el filósofo firme el manifiesto. Ortega no los recibe, pero sí un miembro de su familia, que le pasa el texto a Ortega. Este lo lee y radicalmente se niega a firmarlo por no estar absolutamente de acuerdo con algunos puntos del mismo; pero al parecer, deja abierta la puerta a firmarlo «si lo resumen» y «cambian algunas cosas del mismo» (*Diario Córdoba*, 12-II-2017).

Indispuesta su salud y atemorizado («recluido, enfermo y temeroso por su vida», eran ya los días de las primeras sacas de prisioneros en Madrid), Ortega acepta el consejo de don Alberto Jiménez Fraud, director de la Residencia de Estudiantes, para que se refugie en este centro. Allí le visitan de nuevo un grupo en el que ahora va María Zambrano. Ella, sin arrebato alguno, es la que pasa al interior para solicitar la firma de su maestro al manifiesto, ahora «breve y corregido», «más mesurado». Zambrano entra sola, recoge la firma con naturalidad y ella misma recordará el hecho, también con naturalidad, en varias ocasiones, entre ellas en una carta a José Prat: «Sí, se hizo un manifiesto de intelectuales de gran prestigio y, sí, Ortega dio su firma a tenor mío» (*Carta desde Sobres*, Francia, 4-II-1939).

Nada pues de violencia. Pensar que María Zambrano, la discípula predilecta y devota de Ortega y sobre el que solo unas semanas antes ella había escrito un artículo en *El Sol* («Ortega y Gasset universitario», 18-III-1936), pudo haber arrancado esa firma con violencia carece de sentido. Esta es la versión de quienes de manera reiterada han mostrado clara animadversión hacia la autora, en este y en otros temas. De ahí también la confusión que se mantiene hasta hoy sobre dichos hechos.

El mismo Ortega, ya en Inglaterra, en su «Epílogo para ingleses» (1938), recordará los hechos: «Mientras en Madrid los comunistas y sus afines obligaban, bajo las más graves amenazas, a escritores y profesores a firmar manifiestos…». También su hija recordará el hecho en su obra *Ortega mi padre* (1983), aparecida un año antes de que Zambrano regresara a España. Sobre la posterior relación entre María Zambrano y Soledad Ortega ya he recordado atrás un hecho del que fui testigo y modesto protagonista.

Muy pocos días después de la firma del manifiesto, María Zambrano se casa con Alfonso Rodríguez Aldave, y salen para Chile el 14 de septiembre de 1936. Él va para ocupar el cargo de secretario de embajada. Ella ya se encuentra en el país americano cuando el diario *ABC* del 13 de octubre hace público el manifiesto. Desde América seguirá muy vivamente con sus artículos la convulsión de la guerra, y dichos artículos, fijados luego en libro, serán, a mi entender, la culminación de María Zambrano como ideóloga y escritora política. Su retorno a España y su posterior y dura marcha hacia el exilio supondrán una inflexión en sus ideas como hemos visto y veremos. Comenzará una marcha profundamente interior hacia otra visión de la realidad, que fijará en sus libros mayores, en su epistolario y en su comportamiento externo.

Esta apuesta de María Zambrano por lo que está, según sus palabras, *más allá* —frente al «estamos aquí» de su maestro— es lo que verdaderamente sustenta su *razón poética*. Este calificativo —«poética»— nos lleva directamente no solo a esa admiración y fidelidad que esta autora sintió hacia la poesía y hacia los poetas, sino también a reconocer que para ella la poesía es una forma esencial de conocimiento y de valoración de la realidad, y que es un fenómeno anímico que puede dialogar perfectamente con el pensamiento sin oponerse a él.

Aquí radica, por tanto, uno de sus grandes hallazgos: el de poner a dialogar a la poesía con el pensamiento, y a extraer de este diálogo unas conclusiones que ella trasladará a alguno de sus libros más emblemáticos, como *Filosofía y poesía*; obra que de nuevo había escrito en esa fecha clave del comienzo de su exilio, en la que también publica su *Pensamiento y poesía en la vida española*; ambas obras con viñetas en portada de su amigo Ramón Gaya. Especialmente reveladora es esa de la ventana abierta con su cortina al viento, en la que un pájaro y unas flores abren al lector a la vida de un nuevo conocimiento. Especialmente el primero de los libros prueba el paso hacia otra forma de sentir y de pensar en María Zambrano, como iremos viendo, y en una fecha clave, nos dice: la del «cálido otoño de 1939», «cuando después de la derrota fuimos a México» y «como homenaje a la Universidad de San Nicolás de Hidalgo», una de las tres primeras universidades fundadas por los que María Zambrano reconoce —con amarga ironía y hondo pesar, pensando en los hispanófobos— como «los bárbaros españoles».

La escritora nos da muchas de las claves del nacimiento de este libro en el prólogo que escribe a una nueva edición de 1987, ya de regreso a España: su matrimonio en septiembre de 1936, el dilatado viaje a Chile, el encuentro con un joven José Lezama Lima («quien me sorprendió por su silencio») o el adelanto de la publicación de su primer capítulo en la revista *Taller*, dirigida por otro temprano amigo, Octavio Paz. El descubrir y leer *Filosofía y poesía*, como ya he recordado, en su segunda edición de Aguilar (1971) fue para mí uno de los primeros y más felices encuentros con la obra de Zambrano.

En este libro es como si ella hubiese desarrollado, de manera ideal, aquel deseo expresado por Miguel de Unamuno en uno de sus versos: «Piensa el sentimiento, siente el pensamiento». O cuanto nos había dicho Hölderlin, mucho antes con otras palabras: «Ponen los poetas el fundamento en lo permanente». O «Por la poesía y poéticamente [...] es como el hombre ha vuelto habitable la tierra». Bajo esta óptica, el poema esencial es aquel en el que el poeta siente y piensa en la misma medida, en los *límites* del *conocer*. El verso responde así plenamente a una *razón poética*. Deviene el fenómeno de la poesía lo que Heidegger reconocía como «sumo acontecimiento histórico», «esencia histórica» o «la única esencia esencial». ¿Y no tienen estas palabras el mismo sentido que la radical definición que María Zambrano nos había dado de la poesía: «La poesía es la verdadera Historia»?

Ya es hora también de que aludamos a otra de las circunstancias que hacen de María Zambrano una creadora singular: me refiero a su compromiso social. Como su maestro Platón, ella alimenta su vida de Ideas supremas y sublimes, pero lo hace sustentándolas, en su juventud, en la experiencia vital más real, por sacrificada, especialmente a finales de los años veinte y comienzos de los treinta, los del vivo compromiso estudiantil, social y político. Así que María Zambrano sabrá muy directamente de las sacudidas de la Historia. Esos momentos tienen su culminación, por exacerbados y trágicos, en los días la Guerra Civil y en el posterior exilio; unido siempre este a esa forma de ser desde la integridad y la desposesión que, en determinados momentos, y casi siempre durante esa etapa, no le facilitará nada la pervivencia.

El compromiso de María Zambrano con la causa republicana era una aspiración muy profunda que, también entre los intelectuales españoles del momento, respondía a causas muy arraigadas en las que ahora no vamos a entrar, por ser de todos conocidas, pero que se fundamentaban en la necesidad de una España más justa, más libre, sustentada en valores cívicos y éticos en los que mucho tenía que ver la regeneración educativa y cultural del país. Organismos como la Institución Libre de Enseñanza o las Misiones Pedagógicas alumbraron muy pronto este hondo interés por la cultura popular, la literatura y el arte, el civismo y el respeto que, de manera ideal y extremada, resume el verso que Antonio Machado le dedicó a su maestro Giner de los Ríos:

> Sed buenos y no más, sed lo que he sido
> entre vosotros: alma.

María Zambrano fijará esta fe en una España cívica y respetuosa, sin sangre, en esa anécdota que acabamos de recordar, en aquel «¡que no muera nadie!» gritado por un anónimo viandante en las calles de Madrid el 14 de abril de 1931. Pero, como ya hemos dicho, el deseo de ese español anónimo de la camisa blanca no pudo ser, y de ahí el posterior desencanto de no pocos grandes escritores e intelectuales; primero, con el asalto a las instituciones religiosas, y luego, ya a partir de 1934, con los hechos de Asturias y Cataluña, en una segunda etapa de la República.

Se comprende, pues, el dolor —España, siempre, como un «dolorido pesar»— que María Zambrano pudo sentir durante y después de la experiencia que supuso la Guerra Civil (o incivil, como se ha recordado con frecuencia); la impotencia al ver cómo se confundía lo clerical con lo sagrado, aquella sensación de pavor e impotencia ante lo que Unamuno, en sus agónicos días en la Salamanca de finales de 1936, reconocía como el enfrentamiento entre «los Hunos y los Hotros», ante «las dos Españas» a que se refirió Antonio Machado, las que por igual «hielan» el corazón no solo al español que lucha ideológicamente o combate, sino también al que simplemente nace («Españolito que vienes/ al mundo te guarde Dios…»).

Era ya demasiado tarde para abrir el camino hacia una «tercera España», sin odios y sin sangres, pues «una de las dos Españas» ya había «helado» el corazón de los españoles. Por eso fue durísima la experiencia de la guerra, la fidelidad a las esperanzadas y liberales ideas originarias, la escisión social y el posterior tiempo del exilio; ese tiempo en continua metamorfosis del espíritu, en el que, más que vivir, un grupo de españoles se sintió desvivir, pero manteniendo a la vez una fidelidad increíble hacia los valores españoles; sin pesimismos ni tópicos, avalados siempre —en los intelectuales— por el fiel amor a la cultura, extremadamente sensible y dolorido en un poeta como Luis Cernuda. El tratamiento del tema de España en la obra de Zambrano —pronunciar su nombre sin ese inexplicable complejo que ¡todavía hoy! perdura en algunos— será claro y constante. Aún en tiempos nada fáciles, José Luis Cano recogió en una amplia antología, *El tema de España en la poesía española contemporánea* (Revista de Occidente, 1964), ese modo de sentir poéticamente el nombre de nuestro país, sin complejos ni temor, por poetas de los dos bandos.

Proceso singular este de los primeros años del exilio, que también podemos observar en la obra poética de Rafael Alberti y que analizo en uno de los capítulos de mi libro *Rafael Alberti en Ibiza. Seis semanas del verano de 1936* (1995). Cuando Alberti llega a Argentina, busca en los símbolos y mitos de su mar y de la cultura mediterránea un remedio si no para superar las lacras de la Historia, sí para remontarla creativamente. Nace así un sorprendente bucolismo en una obra de teatro, *El trébol florido,* que él va a escribir en el molino de viento de la isla en que vive, o el lirismo esencial de libros posteriores como *Retornos de lo vivo lejano* o sus *Baladas y canciones del Paraná,* con tantos ecos de la isla mediterránea.

El poema titulado *Diálogo entre Venus y Príapo* —sustentado en los mitos clásicos y reforzado por el bosque y la gruta que él y María Teresa León habitaron en su refugio de Ibiza en julio y agosto de 1936— supondrá la más alta expresión de su poesía, pero siempre con mucha realidad ibicenca debajo. El mito y el lirismo serán el centro de este rescate y salvación de lo más esencial de la memoria turbada por quienes, como ellos, vivieron la guerra con gran protagonismo.

> *Era como una isla de Teócrito. Era*
> *la edad de oro de las olas. Iba*
> *a alzarse Venus de la espuma. Era*
> *la edad de oro de los campos. Iba*
> *Pan nuevamente a repetir su flauta*
> *y Príapo a verterse en los jardines.*

Ahora es esta la atmósfera para el poeta del verano de 1936. Alberti y María Teresa León pasarán en la isla tres semanas de vacaciones habitando un molino al borde del mar y otras tres refugiados en una cueva y en una cabaña del bosque del Corb Marí. Vivieron en muy pocos días las dos caras de la realidad que desencadenó el alzamiento militar. Antes de salir de ese tiempo del refugio, vivieron en el bosque un estado de ánimo alejado de lo bélico y de lo ideológico, profundamente unido a la contemplación y a la camaradería, apegado desde el más profundo subconsciente a los mitos mediterráneos.

Con la entrada de la tropas republicanas en la isla, Alberti regresa a la ciudad de Ibiza y se verá sumergido durante unos días en las tensiones de la contienda: intenta frenar, por ejemplo, la quema de una hoguera con imágenes y ornamentos religiosos a la puerta de la catedral de Ibiza, al tiempo que María Teresa forma parte de uno de los tribunales populares que se crearon de inmediato; pero partieron enseguida hacia Denia y Valencia sin llegar a vivir los acontecimientos más graves de la guerra en la isla: el bombardeo del barrio del puerto por aviones italianos y el asesinato de más de un centenar de presos nacionales en el castillo.

Los republicanos abandonaron precipitadamente la isla y la ciudad quedó vacía durante ocho días. Solo vagaban los perros por ella. Todos sus habitantes se hallaban refugiados en los montes y bosques de la isla. (Elliot Paul y Cilette Ofaire, un norteamericano y una suiza que allí vivían por entonces, han descrito con extremado realismo y objetividad esa desolada semana en sus respectivos libros *Vida y muerte de un pueblo español* y *L'Ismê*). Rafael Alberti y María Teresa León se trasladan con la escuadra republicana a Denia, y de allí a Valencia.

Posteriormente, siguen viaje hasta Madrid, donde Alberti es recibido en la estación por un fervoroso grupo de intelectuales, entre los que se encontraba María Zambrano. Hacía muy pocos días que García Lorca había sido asesinado en Granada y se decía que el poeta gaditano andaba por las Baleares, «pero no se sabía entonces cuál era su suerte», pues sobre él «corrían todo tipo de rumores». Alberti y Zambrano vuelven a verse pocos días después en el patio de una casa en Madrid, «que parecía un cortijo», dice ella. De ese encuentro María guarda en su memoria una frase que el poeta gaditano musitaba y repetía a solas: «Era mi muerte, Federico; era mi muerte». Conocida es la actitud de Alberti tras el asesinato del autor de *Poeta en Nueva York* y su idea obsesiva de que era él, por más activo, quien tenía que haber sido el asesinado.

María Zambrano parece no estar muy de acuerdo con esta actitud, pues en la semblanza «Lo intacto», que le dedica años después al poeta, dirá: «Has visto, Rafael, que tu muerte no era. Lo que te esperaba era una vida larga y ancha, complicada y simple, en la cual nadie te ha tocado. Estás ahí, intacto, y ella, María Teresa, recluida de la vida o, mejor diría, retirada». Zambrano sentía una indudable admiración hacia el Alberti poeta de sus primeros libros, *Marinero en tierra* o *La amante*, pero sobre todo hacia *Sobre los ángeles*. Volvieron a encontrarse alguna vez, años después, en Roma, pero había entre ellos una discrepancia de fondo. Esta era sin duda de tipo político, hacia él y su partido, sobre la que nada voy a decir que el lector no suponga.

Pero vuelvo a insistir en que observemos de qué manera abre Rafael Alberti su escritura desde los días de su primerísimo exilio en Argentina: ensoñando la miel de las colmenas que chorreaba por las rocas del islote ibicenco de Es Vedrà, que él contemplaba desde su cabaña y gruta, con un poema de amor isleño, profundamente lírico y mitológico, absolutamente ahistórico, aunque significativamente escrito en el periodo que va de 1939 a 1940 y partiendo de la experiencia de las vivas semanas del verano de 1936 en Ibiza. *Diálogo entre Venus y Príapo* es, a mi entender, el mejor poema de los suyos y uno de los mejores del siglo. El triunfo en él sin duda del amor pleno, la utilización del mito para remontar las ideologías políticas y la guerra. Mitos y símbolos retornarán a la mente de algunos exiliados para ignorar la barbarie, las sangres de uno u otro signo.

María Zambrano —tras el paréntesis que supuso su experiencia mexicana y, en concreto, su etapa de profesora en la Casa de España, luego Colegio de México, adonde había llegado gracias a las gestiones del poeta León Felipe— se trasladará a la Universidad de Morelia («que tenía, como toda la ciudad, el color de Salamanca, dorada»). Hará ese viaje liberador gracias a la cultura viva, a sus centros acogedores y conociendo a personajes entrañables como Alfonso Reyes, siempre para revelarnos con su palabra «misterios encendidos» y para salvar de su memoria lo más esencial; pero lo hará no solo como española, sino también como europea.

Don Alfonso apareció un poco más tarde con discreción, casi sin ser notado. Debía yo de estar muy triste, lloraba mi corazón, y desde lejos, atravesando una distancia, y no precisamente en una vía asfaltada sino entre riscos, agarrándose quizá a alguna zarza o a alguna rama, apareció ante mí don Alfonso y me dijo estas palabras: *María, donde quiera que hoy esté una persona, está llorando.* Era la verdad, me trajo la verdad universal, que me tocaba el corazón.

Para María Zambrano quedaban atrás momentos muy duros, pero se sentía reclamada por la prueba de la continuidad de su crecimiento intelectual, *interior*, por lo *esencial*. Por eso no concedía entrevistas o, cuando tenía que responder en sus conversaciones, se debatía en la abstracción en busca de caminos serenos: «Yo de eso no hablo», «yo de la guerra no hablaba», «después vino lo que vino, ya lo sabemos ¿no?», dirá en varias ocasiones cuando se le preguntaba en la intimidad o en público por determinados momentos de la Guerra Civil. Al respecto, es también significativo que escribiendo *Delirio y destino*, un libro que recoge los momentos más entrañablemente destacados de su vida, ella salte en el relato por encima de los años de la guerra: del día de la proclamación de la República, el 14 de abril de 1931, pasará al 13 de junio de 1940, cuando ya se encuentra en Puerto Rico.

Sin ninguna duda, en ello no hay una ausencia de compromiso o de olvido, sino un deseo de superar el enfrentamiento pasado, de deshacer los extremos, de dejar fluir en su interior algo más que el sentir y el pensar históricos para abrirse a la luz de una sabiduría que la dura prueba del exilio le irá comunicando, lugar tras lugar, país tras país, libro tras libro, prueba tras prueba. Y cuando el tema candente de la guerra vuelva a resurgir lo abordará con dudas o preguntas objetivas: «¿De dónde la Guerra Civil, de qué crimen espantoso nace, de qué locura? ¿Es la locura de la madre que enloquece a los hijos? ¿Es el crimen de los hijos que enloquece a la madre? ¿Será la última? Ella sabía de guerras civiles algo...».

Muy sorprendente por eso es que el tema literario más evidente de su primerísimo exilio sea la *poesía*. Será también de esos meses concretos —junto a la publicación de obras como *Pensamiento y poesía en la vida española* o *Filosofía y poesía*, ambas de 1939— la escritura de *El hombre y lo divino*, la obra en la que, a mi entender, María Zambrano nos transmite su mensaje más maduro y universalizado. No me extenderé ahora en la valoración de *El hombre y lo divino* porque a su análisis le dedico más adelante uno de lo capítulos de este libro y porque fue tema que desarrollé por extenso hace tiempo, con otro enfoque, en una conferencia que di en el Círculo de Bellas Artes de Madrid.

Solo quiero adelantar que María Zambrano, en esta obra que empezó a escribir en La Habana, vuelve a mostrarnos el rostro de su singularidad y de su originalidad, pues estamos, sobre todo, ante una obra de inusual planteamiento en un escritor español. No nos extrañaríamos si nos hubieran dicho que este libro había sido escrito por un inglés, un alemán o un francés, pero hemos sido, y seguimos siendo, tan inconscientemente dependientes de nuestros tópicos y «leyendas negras» que todavía nos extraña que una obra como esta, tan abierta y cristalina en su planteamiento, de sentido tan universal, haya sido escrita por una autora española y en las circunstancias sociales en las que nació.

Gratifica por ello el ver cómo el pensamiento español deja de empaparse de retóricas y de ideologías contrarias, de ortodoxias, para partir de cero; es decir, para remontarse a lo mejor de la tradición europea, sobre todo a Grecia y al pensamiento griego, a los orígenes de nuestra cultura. En Grecia y en el helenismo encuentra María Zambrano, en una etapa muy crítica de su vida, los símbolos primeros y salvadores; pero, eso sí, remontando un tipo de conocimiento de raíces puramente paganas al insertarlo en la tradición bíblica y cristiana, que, por heterodoxa, fija a su vez vivencialmente en una ciudad clave: Roma.

Como su admirado Miguel de Molinos (y como también sucederá, por cierto, en Alberti), María Zambrano no desea, desde América, sino reencontrarse con los símbolos y señales de los orígenes, con mitos y arquetipos de la espiritualidad. Este sucesivo reencuentro se dará luego en ambos en un país y en una ciudad muy concretos: Italia, Roma. Allí residirá a partir de 1953. No es raro que prolongue la finalización de su libro *El hombre y lo divino* y que solo lo remate en Roma, precisamente con esos capítulos últimos de fidelidad a la sangre de los seres queridos y al recurso salvador de la piedad. El nombre de Job, al que ella dedica uno de sus más lúcidos ensayos finales, será una de las claves decisivas del mismo.

Otra vez, sí, la piedad que emana de la sangre de los seres queridos. De nuevo la fidelidad a lo que está *más allá* y su vigencia a través del sentido simbólico de la *ofrenda*. (La ofrenda, ese tema que también fijará en el título de uno de sus libros de poemas su amigo el poeta argentino Héctor Ciocchini). Este sentido de ofrenda lo analizará en otro de los capítulos de *El hombre y lo divino*, «La estela», que nace de una anécdota muy curiosa, ya recordada, de sus días romanos: la «ofrenda» que ella y su hermana Araceli iban a hacer algunas tardes a la Via Appia, ante la estela marmórea que representaba a un joven con su figura erguida y una antorcha inclinada, como en posición de derrota. ¿De derrota o de aceptación de la realidad, de piedad extrema? Más que como un «efebo», su amigo Enrique de Rivas, especialista en simbología, además de poeta, lo reconoce como un Mercurio o un Hermes.

Nuevo salto en el tiempo, aunque siempre en la vida de Zambrano haya una especie de hilo conductor que a la vez señala una progresión hacia un pensar esencial, pero que también nos remite al pasado. Ahora corren ya los finales de los años setenta. España y los españoles habían recuperado plenamente sus libertades, pero María Zambrano no regresaba, y este «no regreso» suyo comenzó a ser muy sonoro en España, hasta el punto de que se comenzó a hablar de ella como de «la última exiliada»; o, al menos, de la última exiliada notable. Ya he dicho que en su actitud de reserva hacia el retorno poco tenían que ver las circunstancias políticas. María Zambrano se resistía al regreso por una razón muy simple: le preocupa mucho —¡a la altura de casi sus ochenta años y de su prestigio intelectual!— su subsistencia en España, de qué y cómo iba a vivir.

Pero, seguramente, retenía sutilmente su regreso por otras razones, entre las que no cabe olvidar las políticas, cuando afirmó en una de sus cartas, ya en vísperas del fin del franquismo: «... ir yo también [a Madrid] en el caso de que la Madrastra se dulcifique y libere un tanto». O tras preocuparse, en este mismo sentido, por el prólogo que había puesto a una edición facsimilar de la revista *Hora de España XXIII*, aunque en él subraya que no explicita «acusación alguna contra instituciones, ni grupos, ni personalidades», porque se trata de «un testimonio muy duro y difícil de digerir para quienes se sientan responsables». E incluso para lo que reconocíamos entonces como *el aperturismo* y que ella seguía puntualmente por periódicos y revistas.

En otros momentos cree claramente en los cambios que se están dando en España: «Pero algo ha cambiado. Las leyes son las mismas *leyes*, pero el aire se ha limpiado y la libertad de la palabra surge [...]. Y a lo que se ve es bien ostensible: que turbas no hay. Y afán de venganza sanguinaria por parte de los oprimidos no se advierte». Mas lo normal es que, durante casi una década, se mantenga en ella la lucha y la ilusión por el regreso, estimulada por las cartas de amigos y por los artículos que se publican sobre ella en España. Y si al fin no se diera el regreso no descarta acabar su vida en el exilio: «lo tengo ya aceptado. Y seguiré así, viviendo, siendo en función de ser española [...] Quizá es que salí para siempre... No lo sé. Dios dirá». O acaba pensando aún más radicalmente, desde soluciones interiores: «El pensamiento es lo que me cura y alienta, junto con el poquito de oración. He vuelto a tener la tentación de ir a España. Mas he visto a tiempo que no debo ni puedo».

La preocupación por su subsistencia nos parece hoy sorprendente, pero para ella, en aquellos momentos, era realísima y la razón primera de su no regreso. Por suerte, y aquí dejamos su nombre, el entonces director general del Libro —Jaime Salinas, el hijo del poeta Pedro Salinas— se encargó de traer a María Zambrano de inmediato con todas las garantías. Antes, en 1981, cuando ella aún vivía en Ginebra, un jurado presidido por José Ferrater Mora se adelantó generosamente en los reconocimientos y su prestigio creció entre los españoles al concedérsele el Premio Príncipe de Asturias de Comunicación y Humanidades. Era el mismo Ferrater Mora que mucho tiempo atrás había interpretado, de forma tan directa, la espiritualidad zambraniana: «es genial su visión del final neoplatónico y lo cristiano: Encarnación». Muy significativo también es que entre los miembros del jurado se encontrara José Ortega Spottorno, hijo de quien había sido su maestro.

Aquel verano, una revista también asturiana, *Los Cuadernos del Norte*, le dedicó unas páginas a la escritora en las que pude colaborar. Siete años más tarde, en 1988, la concesión del Premio Cervantes saldaba definitivamente las deudas que la cultura y la sociedad española tenían con María Zambrano. En Oviedo, un jovencísimo príncipe, casi niño, entrega el premio a quien la representó en el acto, el poeta José Ángel Valente. Poco antes de la entrega del Premio Cervantes en la Universidad de Alcalá de Henares, los reyes de España visitaron a Zambrano en su domicilio de Madrid. Su amigo el pintor Ramón Gaya, le dedica en el diario *ABC* un artículo titulado «He pintado ese momento», que acompaña con uno de sus dibujos. Con estos gestos concordes, con los acuerdos de la Transición fijados en la Constitución de 1978, se cerraba con gran pragmatismo, de manera tan clara como voluntariosa, un tiempo de profunda división social. Y vimos y se pensó que el viejo cainismo secular español había dado paso a la convivencia civilizada y a la ausencia de rencor y venganza.

Al día siguiente de la concesión del Premio Príncipe de Asturias, los medios de comunicación resaltaban unánimemente lo que suponía para España aquel reconocimiento que le había llegado desde Asturias a la autora de *Filosofía y poesía* y recordaban que la galardonada había reconocido al monarca como «el primer rey republicano». Poco después, desde las ondas de Radio Nacional de España, sus palabras tuvieron una grande y conmovedora resonancia. También en ese momento los españoles comprobaron que ella hablaba como escribía y escribía como hablaba. No se escuchaban sus palabras en su país desde 1939. Poco antes de tomar el avión de regreso, volvió a recordar el porqué de su tardío retorno a España: el de la desposesión: «Si no vuelvo a España es porque no puedo. Porque no puedo además volver por esta figura física, por esta privación». La expresión «esta figura física» aludía al estado de su salud, ya muy quebrantada; por eso, el discurso de su respuesta a la aceptación del Premio Cervantes tuvo que ser leído por la actriz Berta Riaza en el paraninfo de la Universidad de Alcalá de Henares el 23 de abril de 1988.

Cervantes había sido uno de los temas que de manera más viva había tratado en sus obras, e importante porque a ella le revelaba claves de España y de su mismo ser sin complejos. En su discurso comenzaba diciendo algo de lo que ella misma era muy consciente: que era la primera mujer en recibir tal galardón. Antes de adentrarse en Cervantes y sobre todo de manera muy intensa en su lectura del *Quijote,* reparó en «la España del fracaso: la más noble quizá, la más íntegra», pues siempre acaba teniendo «garantía de un renacer más completo». Como la propia vida y obra cervantinas.

A través de una frase del *Quijote* («Sería la del alba...»), se adentró en símbolos que habían sido muy de ella: el alba, la aurora, la luz. Tiempo, el cervantino, ligado al «proceso de la libertad» y con desenlace «en el reino de la poesía». Parece como si Zambrano, siguiendo la estela quijotesca, hubiese seguido su propia vida y el cáliz de «amargura» del que ambos escritores tuvieron que beber. Para terminar su discurso, la expresión cervantina «en blanco», le sirvió para recordar a «los presentes y a los ausentes», la «palabra perdida, la palabra única que es secreto del amor divino-humano».

A la salida del acto en el paraninfo de la Universidad de Alcalá de Henares, un grupo de invitados y amigos de María nos reunimos para comer en un restaurante cercano. En ese momento alguien me recordó mis años en Italia (1971-1974) y la carta que desde allí yo había escrito al director general de Bellas Artes de entonces, acompañada de un informe que redacté sobre el abandono y la situación arqueológica del yacimiento romano de Petavonium. Hoy, afortunadamente, ese yacimiento, gracias a aquella carta, está a salvo y tiene su guarda. Pero esta es otra historia contada por mí en otro lugar. Y nada secreta. También con ocasión de la entrega del Premio Cervantes se celebró el acontecimiento con un ciclo de conferencias que dimos sobre la pensadora a lo largo de casi dos semanas. Se abrieron estas jornadas con conferencias de Fernando Savater y José Luis Aranguren, y se cerraron con otra de José Luis Abellán.

Quienes la conocimos y la tratamos antes y durante sus últimos años madrileños sabemos muy bien lo mucho que para María Zambrano suponía aquel premio y el reencuentro con aquella luz de Madrid que ella veía descender por su calle, cada día, desde los árboles del Retiro y que llegaba hasta los balcones de su casa. Era, de nuevo, por una parte, una luz física, muy suya: la de sus años de crecimiento intelectual y vital en Madrid, la de su primera juventud universitaria, pero también la de su gran inquietud intelectual y social a lo largo de una década. María Zambrano, al reencontrarse con la luz de Castilla, había regresado al *origen*, había cerrado el círculo de su vida, pero a la vez se trataba de una luz que seguramente también le recordaba las lacras de la Historia, un tiempo de enfrentamientos entre españoles.

Acaso me engañe, y simplemente aquella luz reencontrada en Madrid le doliera a veces como siempre les duele la vida a los seres que viven en la *consciencia*; la vida del que vive en el compromiso de *ser* con todas las consecuencias, de una manera no provisional sino absoluta, del que vive no el sectarismo sino en la absoluta libertad intelectual. O quizá era la simple luz del conocimiento, la luz que encuentra el iniciado después de casi medio siglo de ausencia, de un itinerario de pruebas, del ser que está aquí, que es fiel a su palabra, pero que a la vez está deseoso de ese *más allá* que ella buscó libremente, por su cuenta, con una radical independencia intelectual.

De la palabra esencial

La obra de María Zambrano se puede dividir en tres grandes bloques. En el primero estarían los que podríamos considerar como sus libros más literarios y/o testimoniales: *Horizonte del liberalismo* (1930), *Los intelectuales en el drama de España* (1937), *El pensamiento vivo de Séneca* (1944), *La agonía de Europa* (1945), *Persona y democracia* (1959), *La España de Galdós* (1960) o *España, sueño y verdad* (1965). El segundo grupo de obras sería el de sus grandes textos iniciáticos, a mi entender los más originales por lúcidos, por ser reflexiones en los *límites*. Aquí estarían obras como *Filosofía y poesía* (1939), *El hombre y lo divino* (1955), *Hacia un saber sobre el alma* (1950) *o Delirio y destino* (1989).

Habría, en fin, un tercer bloque de obras, personalísimas también, pero que se distinguen por su carácter de creación pura, por su tono o carácter poemático. Ese diálogo unamuniano entre el sentir y el pensar, que siempre se da en la obra de esta autora, se decanta claramente, en los libros del tercer bloque, hacia la poesía y el mito; de tal manera que, en algunos momentos de su vida, fragmentos o párrafos enteros de estos libros nos parecen —lo son en realidad— verdaderos poemas en prosa. Aquí estarían obras como *La tumba de Antígona* (1967), *Claros del Bosque* (1977), o *Diótima de Mantinea* (1983).

No sé por qué, al seguir escribiendo sobre María Zambrano (y reflexionando precisamente en estas fechas decisivas y más reposadas en que recordamos el aniversario de su muerte) me viene a la memoria una frase de Rilke: «La obra de Arte es de una absoluta soledad». Acaso sea porque, dentro del panorama de nuestras letras, su obra sigue siendo excepcional por marginal, acaso porque ella no se adaptaba —no quería adaptarse— a la atmósfera en que lo literario suele debatirse en nuestros días. Acaso también porque con María Zambrano estamos ante uno de esos creadores que precisan de la prueba del paso del tiempo, por la simple razón de que su verdad es una verdad de siempre, no de apreciación instantánea y fácil; una verdad que viene de muy atrás, y que, por tanto, disuena y no es reconocida en el carácter provisional que implica el presente, con sus gustos y sus modas impuestos.

En cualquier caso, la frase de Rilke nos sirve también de forma extraordinaria para enmarcar la obra de esta autora y para entenderla como un medio de conocimiento, como una vía ineludible que partía del conocimiento de sí misma por medio de su tránsito a través de las distintas pruebas de la vida. Nada nuevo, a decir verdad: algo que ya estaba escrito hace muchos siglos en las piedras de Grecia. Y, sin embargo, lo difícil era mantener esa actitud radical de conocimiento en nuestros días, en un siglo sacudido por dos guerras mundiales y una civil, y en los bordes de un nuevo siglo.

Casi todas las páginas de María Zambrano despiertan en nosotros sugerencias fértiles y también preguntas. Por ejemplo, esta: ¿Por qué es posible en un país de extremos, en una sociedad que siempre tiende a estar a la defensiva contra algo, que una escritora aprenda a la vez de san Juan de la Cruz —no renunciando al conocimiento de raíces místicas y poéticas, a una neta y personal espiritualidad— y a la vez mantenga lúcida su razón para el compromiso social? De aparentes contradicciones como esta nace, en buena medida, la incomprensión que sufre la obra de esta escritora. Me refiero, ya saben, a los que le reprochan la falta de «sistema» en su pensamiento, la ausencia de una verdadera filosofía; o que escriba sobre poesía sin ser poeta; o que fuera republicana y a la vez cristiana. Me refiero a los que, insistiendo en su etapa más política, ignoran su fidelidad a lo sagrado.

Precisamente en esta contradicción radica su originalidad. La obra de María Zambrano nunca dice lo que el lector al uso busca en los libros de un filósofo; nunca es sectaria, nunca impone o está contra algo burdamente, sin fundamento, ni es de fácil aproximación, ni hay en ella rencor. De ahí el hecho de que la suya sea una labor ejemplar por su carácter interdisciplinar. También se ha hablado mucho de la maravillosa fusión (y de ello voy luego a decir algo) que en su obra se da entre poesía y pensamiento.

No hay que olvidar tampoco, en una persona que utiliza sutilísimamente la razón, su proximidad como acabo de decir a lo *sagrado*, a una religiosidad heterodoxa y universalizada que tanto confunde a cierto «anticlericalismo decimonónico» del que parece que los españoles no quieren, o no saben, o no pueden librarse. Me refiero a que en María Zambrano hay, como se ha dicho, un claro «misticismo de las luces» y que, consecuentemente, la música que emana de su prosa es, junto a una «música razonada», una razón de sentido profundamente *trascendente*. La autora subraya también con nitidez en otra de sus cartas esta diferencia entre el formalismo religioso y lo sagrado, que algunos españoles se empeñan en desconocer, que arrastran en el tiempo como un rencor, como una tara, cuando ella nos dice:

> [Lo sagrado] es algo anterior a las cosas, es una irradiación de la vida que emana de un fondo de misterio, es la realidad oculta, escondida; corresponde en suma a lo que hoy llamamos *sagrado*. La realidad es lo sagrado y solo lo sagrado la tiene y la otorga.

Por tanto encuentra también en su valoración de lo sagrado una gran ayuda, su fidelidad a la palabra poética y en concreto a los místicos. No existe en el mundo civilización importante sin que esta haya poseído su poesía mística. Esta es la razón de cuanto en la tradición poética ha habido de misticismo y en el misticismo de excelente literatura. El ejemplo más preclaro de ello será el poeta más amado por la pensadora: Juan de la Cruz.

María Zambrano ha hablado del carácter iniciático de otros autores que amó y que le influyeron, de los poetas y pensadores que para ella fueron ejemplares en el tiempo. En nuestros días es muy difícil aceptar sin prejuicios o sin reservas previas esta postura selectiva, pasional a veces, frente al conocimiento y el arte. Ella parece haber estado siempre empeñada —a costa de lo que fuera— en que su palabra fuera *palabra nueva*, la «palabra en el tiempo» de otro de sus maestros, Antonio Machado; no la palabra de «nuestro» tiempo, sino *en el tiempo*, es decir, además de la de hoy, a la palabra del ayer y la del mañana. Pero esto no es del todo cierto, pues no nos olvidamos de testimonios directísimos, por temporales, que ella dio de la realidad en momentos críticos, como en *Los intelectuales en el drama de España*.

«La obra de Arte es de una absoluta soledad...». Al pensar de nuevo en esta frase de Rilke me viene a la memoria la imagen de María Zambrano, tras el balcón de su casa en Madrid, ante la última luz del ocaso madrileño. Una vida para la soledad y la contemplación de esa luz, pues deseaba un imposible: que tras su regreso no se supiera de su llegada, o que se negara a ser entrevistada, al «yo de aquello no hablo». Era un seguirse vaciando frente a una luz que comunica el dolor del sentirse consciente.

Hay también mucho de espera en esa contemplación. Al final de una vida dura, pero lúcida, solo queda ese afán de paz, ese acto de fe para la *luz*, es decir, para lo que este símbolo de siempre significa: lo que nos trasciende. La luz que en la *Subida* de san Juan de la Cruz «excede a todo conocimiento», precisamente porque «puso Dios por su escondrijo y cubierta las tinieblas». La *luz* como símbolo poderoso que anula toda contradicción, toda dualidad.

La vida de María Zambrano es una vida en esos límites de la abstracción y de la exigencia que la soledad impone. En el bosque o en la ciudad, en el exilio o en su país, en el sofocante verano cubano en el que escribe *El hombre y lo divino* o en esos últimos atardeceres madrileños, su vida se nutre de las contrariedades de su tiempo y de su firme y radical manera de ser. Ella fue como debió ser —como se lo había impuesto su vocación, su *llamada* y su destino—, aunque resultaba y resulta incomprensible aún para algunos por su variada personalidad. O aquella luz del limonero y aquellos brazos del padre («de los que Ara y yo nunca hemos querido bajar»). De ahí quizá su pasividad y su templanza —no siempre fáciles de comprender— ante lo bueno y lo malo. Un estoicismo el suyo —otra vez— de raíces clásicas, senequista, pero vivido a través de las pruebas de una grave temporalidad.

A veces, los que estuvimos cerca de ella nos rebelábamos ante esa especie de pasividad o de condena que llevaba con tanto tesón. Nos rebelábamos momentáneamente para, enseguida, callar, comprender, admirar. (Con aquella paz llena de comprensión y a la vez con aquella contemplación vigilante, con que nos miraba, en las conversaciones, su primo Mariano). Porque el límite del contemplar y del razonar está precisamente en aquel punto en el que la realidad duele, pero también en el que se goza de la plenitud del ser y del estar en el mundo. Y de ese dolor y de esa plenitud acaban obteniéndose los mejores frutos. No existe, quizá, dolor psicológico más agudo que el de vivir en lucidez, «ni mayor pesadumbre que la vida consciente», como escribió Rubén Darío. (Este poema de Rubén, «Lo fatal», lo recordará ella en una de sus cartas de adolescencia a Gregorio del Campo, su amor de los días en Segovia, tan importante por razones que veremos).

Porque escribir —nos dice María Zambrano en *Hacia un saber sobre el alma*— «es defender la soledad en que se está. Y se escribe para estar libres por siempre». También para lograr «descifrar o perseguir la huella dejada por una forma perdida de existencia». ¡Qué lejos está, en verdad, de nuestros días y de sus gustos generalmente impuestos, esta actitud frente a la escritura y el arte! Un arte que, de manera ideal, se expresa a través de la poesía, que no es otra cosa que vida, «levadura de la infancia», «memoria que guarda la imagen de una Edad de Oro», escribió ella.

Desarrollemos un poco más algunos temas que hemos venido esbozando. En un ensayo que publiqué en la *Revista de Occidente* titulado «El sentido primero de la palabra poética» (n.º 64, septiembre de 1986), arriesgaba yo algunos criterios acerca de la personalidad de María Zambrano que quizá algunos lectores —desde posturas de rigor— pudieron considerar excesivos, pero que en mi opinión brotaban de razones consistentes. Venía yo a decir en síntesis, al final de dicho ensayo, que la obra de María Zambrano constituía un *canon* en el tiempo y, particularmente, en el ámbito de nuestro pensamiento, en el que la pasión, el costumbrismo, la autocensura, la cínica ironía, el desgarro y la rabia han sido a veces formas habituales de hacer literatura.

Por el contrario, la obra de María Zambrano se nos muestra con una inusual serenidad cristalina —en su forma y en su fondo—. Y es que su verdad no es solo la verdad de los españoles de un determinado momento histórico —verdad que a veces, todavía, se grita, hiere y padece—, sino un saber que se nutre de muy distintos manantiales. No siempre nuestra cultura —recordémoslo, aunque ahora nos parezca mentira— ha mirado hacia fuera, ha aprendido en otras culturas con la libertad y con la intensidad necesarias. Así que María Zambrano se nos aparece como uno de los últimos eslabones de una cadena de conocimientos en el tiempo, es decir, como un resumen de sentires y de saberes universales.

Para dejar expresado el significado de esa «cadena» de saberes en el tiempo, no dudé en recordar algunos movimientos y nombres del pensamiento universal: orfismo y pitagorismo, Platón y Plotino, san Agustín, gnosticismo cristiano, Renacimiento, místicas varias. También se puede apreciar cómo aquí vuelven a asomar ese tipo de saberes que ya he venido señalando y que, en cierta medida, entramarán las páginas que siguen.

María Zambrano es un buen ejemplo de un tipo de saber que no tiene fronteras, que se esfuerza por fundir la poesía con la reflexión de una manera tan certera como *musical*. Y, al recoger el calificativo de «musical», me estoy refiriendo a una determinada forma de ser, a la palabra que los labios pronuncian y que, al pronunciarse, es respirada. Este hecho se hacía incluso vida en la propia María Zambrano, pues se daba en ella, como hemos dicho, esa rara y hermosa circunstancia de escribir y hablar armónicamente.

Palabra, ritmo, respiración. Ya tenemos determinada en síntesis la entraña del poema, del ser esencial de la poesía. «Las almas respiran en la armonía, respiran en el ritmo», había escrito lúcidamente ella. ¿Y qué ritmo es este, me pregunto yo, sino el ritmo de la palabra, el ritmo del verso, el ritmo —nunca mejor utilizado el término— de la palabra que se *inspira* y que *inspira*, de la palabra *inspirada, respirada*. Ese ritmo de la palabra que nos permite respirar en el Todo. Poco tiempo después, en su texto sobre *Diótima de Mantinea*, encontraría reafirmado por ella lo que yo modestamente había intentado expresar con mis palabras en el citado artículo:

> Llegué entonces a respirar en el tiempo: respiraba el tiempo hasta entrarme en su corazón. Insensiblemente me entraba en su corazón el dentro de la materia... El tiempo que se extiende, desciende y se acalla sin desaparecer nunca de todo lo que vemos. El tiempo solamente amansado en la piedra, dormido en el mármol. Todo respira.

Esta autora que, en apariencia, había comenzado manteniéndose con una gran fidelidad a la filosofía, ha tenido que distinguirse por fuerza de los pensadores y de los ideólogos de su tiempo y, en concreto —sin renunciar nunca a su admiración y magisterio—, de sus propios maestros. En esta diferencia radica, a mi entender, su originalidad, y, a veces, también su condena. Es esta originalidad la que nos permite decir —sin exageraciones, sin la menor intención de que nadie se sienta relegado— que el pensamiento de María Zambrano suele ir más allá del de sus coetáneos.

A veces, el pensamiento español de comienzos de siglo tiene muchos puntos en común, pero también son profundas las disonancias. La *razón poética* —por la que ella apuesta instintivamente desde su primera juventud— resalta su originalidad y acrecienta en nuestros días el interés por su obra, especialmente entre los poetas, pero ha tenido que pagar por ello un precio ante sistemáticos, ideólogos y ortodoxos. No es raro que una parte de la poesía última y, por extensión, de los lectores —en tiempos de secos racionalismos, de pensamiento «pobre» o «débil», de la «posverdad», de la razón de la sinrazón— haya puesto lentamente, con naturalidad, los ojos en su obra.

El mundo ha tenido poesía desde el siglo XX a. C. Hoy se piensa a la ligera que los tiempos presentes son malos para la lírica; se analiza, pero se descree del fenómeno anímico, transformador del ser, que esta es. Porque la palabra poética ha sido (y es) algo consustancial al ser humano. Va unida, tan subterránea como poderosamente, a sentimientos y a pensamientos, a los temas eternos. La poesía, en su esencia, es, además, una gran razón de ser, una vía más de conocimiento que en modo alguno debe enfrentarse a la filosofía o a otras formas del conocer. La poesía: una sencilla y fiel, vocacional manera de ser y de estar en el mundo, como a mí modestamente me gusta decir. Por eso, cuando se ironiza sobre la poesía o cuando se arremete contra ella, no está mal volver a los faros que entreabren las sombras, a las personas que creen en ella como fundamento del ser humano en el tiempo.

No es fácil escapar a la llamada interior, a la propia *voz*, al propio destino. De ahí que María Zambrano haya buscado en sus libros un nuevo tono para una melodía muy antigua y que, en consecuencia, al hablar de ella se hable de disidencia y de heterodoxia. En la entrevista que grabamos, María Zambrano me contó una anécdota extremadamente significativa. «Es la primera vez que la cuento», me advirtió, consciente no de la ligereza, sino de la importancia del hecho.

Había ido a la antigua redacción de la *Revista de Occidente,* en la Gran Vía, para mostrarle a don José Ortega un ensayo, que acababa de escribir, titulado «Hacia un saber sobre el alma», que luego abriría el libro del mismo título. «Él, tras leerlo, me dijo: «Estamos todavía aquí y usted ha querido dar el salto al más allá [...]. Yo salí de la redacción de la revista, por la Gran Vía, llorando al ver la acogida que encontró en don José lo que yo creía que era la razón vital».

A pesar de estos reparos del maestro el ensayo apareció en el número 138 de *Revista de Occidente* y ya incluido en forma de libro, con el mismo título, en Buenos Aires (Losada, 1950). Es más, meses antes, en el número de junio, Ortega y Gasset le publicaría otro valioso ensayo, «¿Por qué se escribe?». Años después Zambrano volvería a referirse a este desencuentro al decir: «Ortega encalló cuando quiso, asistí a ello: convertir la razón vital o histórica o viviente en sistema. El método es otra cosa». Y sin embargo otra frase que Ortega le había dicho a ella un día los seguía uniendo en las diferencias: «Esta amistad creadora que tenemos Vd. y yo…».

«Ir más allá…». Esta abstracta y sencilla expresión del maestro abrió los ojos de la discípula (que no nos precisó si sus lágrimas, al salir de la sede de *Revista de Occidente,* habían sido de alegría o de pesar) y determinó la diferencia, la lógica diferencia que debe haber entre maestro y discípulo, la que se abre entre cualquier pensamiento histórico-sistemático, y la *razón poética*; entre la palabra que define la realidad (o la copia) y la palabra que desea ofrecer una visión *trascendida* de esta; la palabra que desea arriesgar para *hallar,* para alcanzar un nuevo *saber* que de verdad sane y salve. Así que ella aprendió a conocer con la razón «vital, histórica o viviente» de Ortega, pero tuvo el don de encontrar su propia razón: la *razón poética.*

Hay que precisar que la anécdota que María Zambrano me contó hay que objetivarla al máximo, que en ella queda indemne la mutua admiración entre los interlocutores. El aprendizaje y la admiración de María Zambrano hacia Ortega quedarán expresados de modo muy patente en su ensayo «Ortega y Gasset, filósofo español», pero no hay que olvidar otros artículos muy significativos aparecidos en periódicos y en revistas de España y América. Ella matizó también este extremo en nuestra conversación:

Esa razón poética, aunque yo no tuviera conciencia de ella, aleteaba en mí, germinaba en mí. No podía evitarla aunque quisiera. Era la razón que germina, una razón que no era nueva, pues ya aparece antes de Heráclito. No ya como medida, sino como fuego, como nacimiento: la razón naciente, la aurora. Es curioso, Ortega también tenía un libro que no llegó a publicar, *La aurora de la razón vital.* Luego puede decirse que no faltaban las coincidencias. Los dos seguimos el rastro de la aurora, pero cada uno de una manera distinta. (O de la misma, pero vista de otra manera). Sí, Ortega era también un hombre de la aurora.

Hasta aquí las palabras de Zambrano. Hasta aquí las palabras de María Zambrano. Sobre la aurora como símbolo y fin dejaría también escrito ella su libro titulado *De la aurora.* En él, la indagación del que reflexiona se ha tornado en algo más que reflexión; la palabra es ya palabra de halo poético. Y, sin embargo, en esos textos todavía tiembla una lógica cristalina, una lógica que no es de «aquí», sino de «más allá». Es una razón que, en ese libro concreto, necesita de los símbolos: los rumores, la noche, el rocío, la llama, los números, el gallo de la aurora y, claro está, los seres de la aurora, los que viven su «nacimiento y su transfiguración», los que deben transformar el caos inicial en «orden musical». Puro orfismo.

Hay, por tanto, esos dos tipos de conocimiento, entre otros muchos, claro está. Uno, el de los que fían todo a lo que los ojos ven y las manos tocan. Otro que nace de una *llamada* más honda, pero más misteriosa e inexplicable. A veces, incluso, más peligrosa. María Zambrano para diferenciar esa actitud distinta de los seres de la aurora nos pone los ejemplos de Ortega y Gasset y de Nietzsche. Al primero lo recuerda a través de unas palabras que ofrece a los españoles: «A la mañana, cuando me levanto —escribe Ortega— recito una brevísima plegaria, vieja de miles de años, un versillo del *Rig-Veda* que contiene estas pocas palabras aladas: "Señor, despiértanos alegres y danos conocimiento"».

El peligro, el exceso, tiene para María Zambrano su nombre en Nietzsche: se llama locura. Entre ambas actitudes, como a través de un hilo sutil, ella va fundiendo razón y corazón, poesía y pensamiento. Quiere ir más allá, pero a la vez está aquí, está en el presente. Entre finales de los años veinte y comienzos de los treinta, su gran inquietud social y su fe en el conocimiento indagador se iban a ver alteradas por la dura realidad. Ella va a estar muy cerca de la realidad dolorosa del tiempo político que se avecinaba, pero el exilio la llevará a una metamorfosis que hemos recordado en la cita inicial de este libro: «Se ha apurado el conflicto trágico: ha nacido la conciencia y con ella una inédita soledad. Entonces comienza la verdadera historia de la libertad…». Como en los personajes de la *Commedia* dantesca, ella había logrado dar la vuelta a las sangres y, como Orfeo, retornar de los ínferos.

La crisálida de su vida aleteaba ahora en una libertad suprema, la única que puede salvar al ser humano del horror. Había topado con lo que, ya desde su primera juventud, había llamado los *absolutos impenetrables*. Veía que existían zonas del conocimiento en donde la razón no podía penetrar. Pero también sabía que no por ello el ser humano debía renunciar a desvelar otras zonas por medio del conocimiento sensible, a un ansia de sentir en el más alto grado de consciencia. Lo veía reconfirmado en su interior con la reconocida frase de otro filósofo: «Existen razones del corazón que la razón no comprende».

Había también en aquellos primeros años treinta —muy vivos políticamente, muy convulsionados— otra idea en la que María Zambrano comienza a creer. En tiempos en que comienza a bullir y a conformarse en España una nueva sociedad, reconoce, sin embargo, que ella «no servía para la política», que desconfiaba del tiempo social, histórico —a pesar de los muchos testimonios que va a dejarnos sobre ese tiempo concreto, sobre *el aquí*—, y que otro tiempo regido por lo superior, por el espíritu, atraía su atención. Así que, desde muy pronto, comienza a dudar. Incluso nos recuerda que, por tres veces, estuvo a punto de renunciar a la filosofía. («Signo ha sido de mi vida el someterme a la prueba de la renuncia a la filosofía»).

¿No vienen estas dudas, este afán de renuncia, de la anécdota que atrás hemos recogido, de su temprano afán de evolución, de remontar la razón para indagar en lo «interior»? También es probable que ella salga de estas vacilaciones tras leer la tercera de las *Enéadas* de Plotino, en donde el raciocinio se abre a otros horizontes, en palabras como estas: «El hombre perfecto ha concluido ya su raciocinio [...]. Es el hombre perfecto y va camino de la unidad y de la serenidad, no solo de lo exterior, sino aun de la serenidad. Y todo le es interior» (*Ené.*, III, 3, 8). Es el ser humano en los límites —decimos nosotros— de lo *divino*, por recordar el título de uno de sus libros. Y es significativo recordarlo porque en uno de sus prólogos ella nos dice que quizá este título contundente, *El hombre y lo divino*, ¡es el que podría dársele al conjunto de su obra!

Para hacer luz sobre sus reservas hacia la política como ejercicio tenemos que recordar otra anécdota. Don Luis Jiménez de Asúa, catedrático de Derecho Penal en aquellos años, le ofreció a María Zambrano —en las elecciones que traerían la Segunda República— un escaño en el Parlamento español. Ella dice que no. Ve muy claro que debe sortear, en tan difícil como dolorosa travesía, las circunstancias históricas, lo que ella llamará «el drama de España». Y debe hacerlo, nos dice, de una manera «platónica». Para ello, tendrá que atender también a las razones del corazón, a las razones con las que ironizó severamente Ortega. Y pienso aquí, apresuradamente, entre líneas, si esta necesidad de abordar platónicamente la realidad por parte de María Zambrano, de sembrar platonismo en lo político, no tendrá algo —o mucho— que ver con lo que Antonio Machado nos dijo por boca de Mairena: «Yo me considero un republicano platónico».

Por tanto, desde muy temprana edad, la autora delimita su campo de acción, duda, renuncia, va de la razón a lo interior, tiende hacia una pasividad de signo místico, nunca ignora la Historia, pero la sobrevuela sin ira, cumple con lo sagrado siendo fiel a una diaria y humilde liturgia, pero piensa que debe superarla no solo para cerrar las heridas y aplacar el dolor, sino para que no se repita en sus errores. Aunque ella puntualizará este afán de pasividad al decirnos: «Cuanto más pasiva, más ardiente; cuando, al parecer, más abandonada, más activa». Los conceptos de armonía y de mansedumbre son en ella *dinámicos*, frutos de la experiencia de ser en profundidad, nunca fruto de la evasión o de la ausencia de compromiso.

Así que lo mistérico —otra vez como sinónimo de lo que aún no sabemos— va penetrando en su vida obligadamente, por medio de los padecimientos asumidos gracias a la piedad. También ella cree que debe buscar otros caminos para que se cumpla lo dicho por Jung: «Nada oculto puede deducirse por raciocinio». Escoger esa vía en unos días en que se erizaba la vida social de su país y se dividían y desataban las pasiones constituye en verdad una tensa prueba que ella —a través de la indagación de su obra y por las difíciles sendas del exilio y de la sabiduría— superará.

Por el tono y el contenido de cuanto hasta aquí hemos venido escribiendo, estamos en condiciones de afirmar que lo que María Zambrano persigue con esta actitud es una palabra *esencial* que testimonie sobre la realidad de siempre y, a la vez, sacie la sed de *ser*, de saber más; una palabra que conduzca a la esperanza. Para ello, la escritura debe abrir secretos, y cristalizará gracias a la perfección formal y a un contenido que resumirá unidades de saber esenciales. Aquí otra vez nos encontramos con los símbolos, con los de siempre, que el autor inspirado de cada época tiene la obligación de revelar e interpretar. Ella necesita de los símbolos porque estos son los únicos que pueden abrir «el lenguaje de los misterios».

Se trata de algunos de esos símbolos, muy específicos de ella, que yo recogí en el volumen que la editorial Anthropos le dedicó al concedérsele el Premio Cervantes. Símbolos ahora no subordinados a ese instante de una aurora angustiosa, sino de siempre: el amor, la noche, el sueño, el bosque, lo sagrado, la música, los números, la nada, las ruinas, la naturaleza, la poesía, el delirio, el tiempo, el alma, la luz. A través de todos y de cada uno de estos símbolos se puede valorar extensamente el ir hacia el *centro* de la obra de María Zambrano.

Pero el creador que roza la perfección y la verdad sabe que detrás le espera otra prueba, un símbolo que no hemos recordado: el silencio. Porque este es también a veces un tipo de saber que está más allá del saber. Quizá por eso María Zambrano escribió: «La verdad necesita de un gran vacío, de un silencio donde pueda aposentarse, sin que ninguna otra presencia se entremezcle con la suya, desfigurándola». Partiendo de este silencio zambraniano, hay que valorar también una de las muchas y lúcidas definiciones que ella nos ha dado de la poesía: «La poesía es secreto hablado». Así que ya sabemos cuál es el secreto —o uno de los secretos— que ella nos decía que tenía que abrirse por medio de la palabra: la poesía.

Es dentro de esta radical visión de la labor creadora donde cabe enmarcar esa «utopía o belleza irrenunciable» a que ella aspira. Y este vacío, este silencio que parece conducir a la página en blanco, este silencio que se impone a toda creación, viene justificado porque —¡razonar del que razona sin sometimiento a dogma o a sistema!— «vale más condescender ante la imposibilidad que andar errante, perdido, en los infiernos de la luz». La luz, símbolo supremo, puede ser «infierno» para los humanos que están aún a este lado de la realidad. Esto era algo que sabían muy bien algunos autores del Romanticismo.

María Zambrano nos lo vuelve a recordar ahora no desde las vidas perturbadas o abrasadas de un Hölderlin o de un Leopardi, sino desde la serenidad del que piensa y siente *con medida*. Así que el escritor consciente de serlo escribe y habla no solo para saciar su vanidad, mostrar sus ansias, realizarse o subrayar su identidad. También lo hace para revelar secretos, para entreabrir un poco más la aurora del saber, para hacer «público el secreto encontrado». Este secreto encontrado no es otro que la *palabra nueva*, la poesía: el don de la poesía.

María Zambrano sabe, pues, que el silencio fértil es la verdad última, pero, por saberse en una tradición, por ser humana, también es consciente de que el conocimiento poético es algo consustancial al *ser*, al vivir. Porque la poesía recupera el vivir armonioso de los hombres. El hombre no puede vivir sin esa palabra que, proporcionándole música y armonía mediante el ritmo, revela, al mismo tiempo, verdades. El hombre goza con la ebriedad del canto y pone en orden el mundo con la razón, pero no siempre le ha sido fácil fundir ambas sensaciones: corazón y razón, ebriedad y realidad. De ahí esa lucidez, concedida a muy pocos, de fundir sueño y razón, poesía y pensamiento. Hasta dar con la verdad, esa verdad tan real y tan terrible como el símbolo del bosque, que contiene el silencio y lo oscuro, el aire puro y el húmedo, la floración y la corrupción constantes.

Una poética radical

No podemos aproximarnos a los aspectos poéticos de la obra de María Zambrano sin decir, de una manera literal, cuánto significó para ella la poesía, sin dejarla hablar a ella. Para definir este concepto, nos basta con recoger, resumiéndolas en cuatro puntos, algunas de las ideas más radicales que ella nos ha dejado expresadas en su libro *Filosofía y poesía*: 1) La poesía es algo que «deshace la Historia, la desvive hacia el ensueño primitivo, donde el hombre ha sido arrojado». En consecuencia, si la poesía deshace la Historia, la Poesía no es otra cosa que la «verdadera Historia». 2) «La realidad poética no es solo la que hay y la que es, sino la aún no habida o no habida ya, y la que ya no es». 3) «El poeta se mantiene como en vacío, en disponibilidad siempre», aunque, partiendo de ese vacío, tenga a cada momento la misión de «recrear el universo». Y 4) «La poesía quiere reconquistar el sueño primero, cuando el hombre no había despertado de la caída». El poeta debe luchar, y no descansará hasta encontrarse, escribe ella, en «los orígenes», es decir, «en un lugar y en un tiempo fuera del tiempo, en el que el hombre fuera otra cosa que hombre».

Por tanto, para María Zambrano la poesía es algo más que ese género literario mistificado y marginal de nuestros días, con el que a veces incluso los propios poetas ironizan, o del que tienden a descreer. Ella recupera el sentido originario de la palabra poética al verla como un don, como un hallazgo precioso y, sobre todo, como una búsqueda de la perdida Unidad; una aventura que, desde órficos y pitagóricos al mejor Romanticismo, está presente en la literatura. Al menos, en la más consciente de serlo por *vivida*. Ella va aún más lejos en su heterodoxa actitud cuando afirma —la cuestión es seria, «gravísima», precisa en una modesta nota a pie de página— que la poesía es «en último término mística, o que la mística es en su raíz poesía». Y nos habla, con una rotundidad que no deja lugar a dudas, de «una forma de religión poética», o de una «religión de la poesía».

Pero ¿cómo desvelar el misterio de la poesía al margen del poema, es decir, reflexionando? ¿Cómo convertir lo que ella llama *delirio* en reflexión, en razón, sin abolir tal delirio? ¿Cómo dar sentido a lo que Juan de la Cruz reconoció en el prólogo al comentario de su *Cántico*, al referirse a sus poemas, como *dislates*? El verso verdadero nos lleva a la sensación y al silencio; la música inspirada y respirada —rítmica— del verso nos turba y nos convence. Pero ¿cómo poner límite a esa turbación razonando? ¿Cómo dejar expresadas en teoría, en comentarios, verdades poéticas de siempre, conceptos iluminadores?

Para tal tarea ella irá trazando, en libros sucesivos, círculos cada vez más amplios en torno a los signos de la naturaleza, a símbolos eternos. Y en torno a los distintos saberes gracias a la propia experiencia existencial, la cual es útil por cuanto en ella hay de «errar y padecer». Se trata de ir escogiendo e interpretando esos símbolos para acabar deshaciendo lo que ella llama, con gran acierto expresivo, «el nudo del trágico existir», el que hay que deshacer para salir de los ínferos y seguir adelante.

La vida, como ya hemos dicho, le proporcionará el temple para abordar con gran lucidez sucesivas pruebas. La vida posterior debió de neutralizar el erizado tiempo histórico que le tocó vivir. Y no hay en su actitud ni miedos, ni prejuicios sociopolíticos o religiosos, ni temor a lo heterodoxo, ni a lo que no es sistemático, ni reserva alguna frente a la razón. María Zambrano aborda vida y obra —su «aventura existencial»— con tantos riesgos como equilibrios.

El resultado de esta *aventura* será extremadamente decantado y puro. Ese carácter depurado, cristalino, de su prosa lo encontramos entre nosotros en muy pocos autores: fray Luis de León, san Juan de la Cruz, fray Luis de Granada, Malón de Chaide, Miguel de Molinos... Y en el primero de ellos acompañado por el son órfico-pitagórico de sus poemas. Tenía que ser ella —filósofa y discípula de filósofos— la que tenía que dar con la palabra esencial, la que conduce a su tan osado como certero concepto de la poesía.

Y es que los misterios de la formación, del acceso de un autor al conocimiento, siguen las vías más inesperadas. Puede suceder que los libros y los maestros hablen de lógica y de coherencia, de sistemas y de realidad, «del aquí», como decía Ortega. Pero sucede también que el limonero de una infancia ensoñada, los brazos de un padre alzados hacia la luz, el encuentro con un poeta en las noches frías de Segovia y en esos días y noches fríos con el amor, el cruce de una frontera en guerra, un friso de mármol de la Via Appia o un sendero en el bosque del Jura francés otorgan al iniciado otro tipo saberes, de conocimientos; de tal manera que esta segunda forma de *conocer* pesa tanto como la primera, como la meramente erudita, y altera fecundamente —no en menor medida— su visión de la realidad. De aquí nace también el sentido de globalidad de su obra. Sentido, a su vez, de la palabra poética que deviene sabia filosofía, de tal manera que la pensadora que hay en ella se convierte en la mejor amiga e intérprete de la labor de los poetas, de la poesía.

Quisiera subrayar ahora otro hallazgo notable de la palabra de María Zambrano. Me refiero a que ella logra desmitificar la tópica condenación platónica del poeta, algo que no siempre se ha hecho con tanta lucidez, o con tan delicada intuición. Esta defensa de la poesía frente a los juicios de un filósofo privilegiado como Platón no tiene precedentes y resulta verdaderamente admirable. «Platón, como Ulises ante las sirenas —escribe con tanta lucidez como sinceridad—, tiene que taparse los oídos para no escuchar su música, pues si la escuchara ya no volvería a escuchar ninguna otra». Y añade: «Platón, *el divino*, tiene que cerrarse a toda justificación del poeta y por ello debe alejarlo de su República, porque si le diese entrada, ¿qué iba a hacer él, Platón, sino poesía?».

¡Qué fácilmente ha sido resuelta, a nuestro entender, con sencillas palabras, la vieja polémica entre filosofía y poesía, la concreta «condenación» de la poesía por un genio como Platón! ¡Qué aclarada queda la tan precipitada como inexplicable expulsión del poeta de una república de ideas y qué absurdo ver un peligro en el ritmo de la palabra, en un tipo de conocimiento que quiere ir todavía *más allá,* en la poesía, en la —sí, digamos ya la palabra— inspiración!

Se trata de esa inspiración —la que viene del ritmo y medida de la palabra— que se inspira-espira, en la que, por cierto, el propio Platón todavía creía en uno de sus primeros diálogos, el *Ion*; aquella misma privilegiada inspiración que, según él, comunicaba el saber de los dioses al saber de determinados humanos. Platón al escribir posiblemente este temprano diálogo era todavía joven, y se veía embargado por el entusiasmo creador de las emociones, y todavía no veía en la poesía un «peligro» (entrecomillo la palabra) para el Estado. Recuerdo esa idea primigenia suya en el *Ion*:

El poeta es una cosa ligera, alada, sagrada; él no está en disposición de crear antes de ser inspirado por un dios que se halla fuera de él, ni antes de haber dejado de ser dueño de su razón; mientras conserve esta capacidad o facultad, todo ser humano es incapaz de realizar una obra poética. […] los poetas no son otra cosa que los intérpretes de los dioses, estando cada uno de ellos poseído por aquel de quien recibe la influencia.

Platón no solo cree en la poesía en este texto, sino que la antepone a la razón y sitúa su origen en «un dios». María Zambrano llega así a la conclusión de que, en el fondo, «Platón también era un poeta», aunque opusiera a la poesía una razón ¿sistemática? y optara más por creer en una práctica cercana al «delirio», ¿al «dislate» sanjuanista? Aquí, de nuevo, volvemos al concepto de «razón poética».

Zambrano funde en esta conceptos extremos, pues posee una visión osada e interdisciplinar de la poesía. El afán poético no participa solo del hoy, ni del ayer, ni del mañana; afecta a todos los tiempos, por ser, como hemos dicho, algo consustancial al alma humana. De ahí la permanencia de la poesía en Europa, de Hesíodo a nuestros días, la prolongación de aquel canto que el primer poeta europeo recibiera —tras sus contemplaciones de pastor— en las laderas griegas del monte Helicón.

Porque el poeta debe estar en sintonía con todo tiempo es por lo que María Zambrano siente esa necesidad de que la poesía «recree el universo». Nos dice que el poeta «se mantiene como en el vacío», es decir, que está «disponible». Esta actitud quijotesca de estar disponible, en vela, parece ser la misma que la autora nos aclara en *Los sueños y el tiempo,* un libro póstumo. Conocimos pronto el adelanto de un capítulo, el titulado «El estar despierto», en el que se nos dice: «El estar despierto es, se hace, propiamente vigilia y la atención hace oficio de guardián en la noche». El guardián de noche no es otro, a nuestro entender, que el guardián de la aurora, el ser que ha velado durante la *noche oscura* y que, al fin, ve llegar la *luz.*

Esta actitud de vela entre la noche y el alba es recordada también por María Zambrano, como ya hemos visto, en una fecha muy señalada: con ocasión de serle concedido el Premio Cervantes. Fue entonces cuando aludió, en un memorable discurso, «al alborear», al momento en el que don Quijote sale al camino. El *Quijote,* una obra que le sería muy pronto familiar gracias, precisamente, a las *Meditaciones del Quijote,* de su maestro Ortega. Un día, siendo aún niña, descubre sobre el escritorio de su padre este libro. Años después haría una aclaración sobre este descubrimiento: «Cuando vi este libro sobre la mesa de trabajo de mi padre, pensé que eran meditaciones no sobre *El Quijote,* sino del mismo don Quijote, que se había echado a pensar». Las *Meditaciones del Quijote,* el libro de Ortega —como ha recordado Julia Castillo— quizá más querido (y citado) por María Zambrano.

Don Quijote: un ser que también padece (o goza) del «sueño de la libertad, ese sueño que en cierta hora, tan incierta, se desata en el hombre». Hora en el límite entre el día y la noche. La hora, recordamos, también tan de los místicos, junto a la plena noche. Así, el «guardián de la noche» es un alba en la que no debe haber hazañas, hechos —el «desierto de los hechos», dice ella—, sino solo «desprendimiento». Es la hora de la «imagen blanca», la misma que nos ofreciera Zurbarán en sus cuadros: «la blancura en su estado naciente». Es la hora que ella ha recordado en *Dos fragmentos sobre el amor*, cuando el que contempla vive «fuera de sí, por estar más allá de sí mismo. Vivir dispuesto al vuelo, presto a cualquier partida».

En este momento, me viene otro gran símbolo que no había aparecido aún: el amor, es decir, «lo más escondido del abismo de la divinidad. Lo inaccesible que desciende a toda hora», escribe ella. Aquí María Zambrano, ante un nuevo gran hallazgo, vuelve a deshacer otra vez el «nudo del trágico vivir». Más allá de los dolores y de las tragedias, el ser humano puede llegar a alcanzar y a probar en cada instante lo que ella llama «lo inaccesible». Solo será posible este logro gracias al amor.

Luego, tras la aurora, ya sabemos lo que hay: el regreso a la realidad, a cuanto esta tiene de angustiosa, y de la que el ser humano solo se desprenderá con su muerte. La aurora es también el nacimiento. O, mejor, el *re-nacimiento*. El ser humano vuelve a renacer con la luz fría de cada madrugada. María Zambrano ha escrito sobre ello, ampliando el juicio de Calderón. Detrás de la aurora queda para ella el hondo pozo de los sueños: «La tragedia única es haber nacido. Pues nacer es pretender hacer real el sueño. Nacer es realizar, o pretender realizar, el sueño de nuestros padres; el sueño de Dios inicialmente. Quizá Dios soñó con una criatura, su predilecta. Quizá el Universo nos sueña». Esta dualidad con la que se encuentra el «guardián de la noche» en un límite de luces, esta vigilia quijotesca —la de la dualidad noche-alba, sueño-realidad— está muy bien puesta de relieve en este bello párrafo, claramente autobiográfico:

La noche. Siempre la había esperado; desde niña le pasaba así. Se despertaba lenta, trabajosamente; siempre sentía que no podía con el día que llegaba. Violentamente, como cuchilladas, se le iban entrando en el cerebro algunas tareas que le esperaban; tendría que comer, tendría que hacerse mil veces la lazada de la cinta de los zapatos y pasar delante de aquella niña hambrienta a la que no podía traer a su casa.

Tras la aurora, María Zambrano se ha topado hasta con las más mínimas pruebas de la vida, con el «desierto de los hechos». Llegó el alba, llegó la dura realidad y hay que esperar, de nuevo, otra noche que será para el creador «la ilusión de entrar en un secreto». La noche a la que el creador —más allá de la tenebrosa oscuridad, de la «noche oscura»— debe arrancar el silencio, el sueño, la *palabra*.

Así que el verdadero creador no mistifica, ni juega, ni comunica o testimonia, ni, en convulsas imágenes, va a la caza de obsesiones, o de acontecimientos, o de bellas imágenes, sino que traza caminos más hondos. Su palabra responde a los caminos y a la experiencia del *ser*, y el resultado es para María Zambrano la palabra decantada en poema, la poesía en su más alto grado. Pero no quisiera tratar aquí temas que espero desarrollar más adelante. Quede, por el momento, ese gesto que María Zambrano subraya: el del ser que vigila y que, en su vigilia, confunde los tiempos y ve como se difuminan los espacios, y que arranca su mensaje al sueño «en el que el sujeto se defiende de entrar y la atención tiende a prolongar y aun a intensificar el estar despierto solo para impedir que ese sueño le invada y le cubra, se adueñe de él».

El del poeta es un reto tenso con el tiempo y sus circunstancias, una lucha constante dirigida a la recuperación o «reconquista», dice Zambrano, del «sueño primero, cuando el hombre no había despertado de su caída», cuando —decimos nosotros— no había despertado aún a la desarmonía, a la razón de la sinrazón; esa razón, sí, que nos ha llevado en nuestro tiempo a grandes adelantos científicos y tecnológicos, pero que, a la vez, ha causado gravísimos daños, acaso irreparables, en la naturaleza, ese preciado espacio donde el ser siente y reflexiona (respira en consonancia con la palabra), y en los valores humanos, donde hoy «la filosofía del todo vale» o «la posverdad» quizá nos exijan tener que volver a los conceptos: ¿Qué es la poesía? ¿Qué es el arte? ¿Qué es la convivencia en armonía? ¿Qué es la vida? Hoy el relativismo y la ausencia de valores no se plantean estas preguntas inútiles.

En una perfecta e inspiradísima frase, en una de esas frases en las que el lector no sabe si se le está haciendo razonar o sentir —en una de esas frases en las que ella funde sensación y concepto—, volvemos a recordar que el reencuentro con nosotros mismos, con la plenitud del ser, tiene que darse «en un lugar y en un tiempo fuera del tiempo, en el que el hombre fuera otra cosa que hombre».

Pero hay un momento —para el que persigue la palabra esencial— en el que la síntesis o el resumen son obligados. Es entonces cuando María Zambrano —casi sin darle importancia, en uno de mis encuentros con ella— afirmó que lo único que verdaderamente importa es «descreer y orar». Y matizó enseguida sus palabras para esclarecer de qué tipo de plegaria me estaba hablando: «Pero orar, claro está, como oran los poetas; orar con la poesía».

No es nuevo, en verdad, el afán de relacionar la poesía con la plegaria. Henri Brémond ya trató el tema en su libro *Poesía y oración*. Es obvio que la poesía también tiene algo de plegaria. Ella nació con las grandes civilizaciones. Porque la palabra poética produce paz y consuelo. Muchos de los primeros cantos de las religiones, monoteístas o no, están expresados de forma poemática y, ya lo hemos dicho, no hay mística de cualquier civilización sin sus poetas correspondientes. En los poemas hindúes y mesopotámicos, en Egipto y en los *Libros sapienciales* bíblicos, en los poetas místicos de todas las creencias la poesía es el faro que ilumina, la palabra que va más allá del pensar, de la palabra que define o describe.

Fijémonos, sin embargo, en que María Zambrano habla de «descreer». Este término nos lo desvela también al comienzo de uno de sus más bellos y claros libros, *Delirio y destino:* «La vida en la verdad; vivir en la verdad que está en nosotros [...]. Basta descreerse, desinventarse, para que la vida nos invada sin tumulto». Y en otro momento, al afirmar: «Y si nada se espera, ni se teme, aparece entonces la revelación», creemos encontrarnos ante un fragmento de Lao Zi. ¿Estamos antes el «vacío lleno» de los taoístas o de nuevo ante las «nadas» del monte sanjuanista? O quizá, siguiendo en Extremo Oriente, ante el ser que renuncia al turbión de las ideas para sentir cómo la vida fluye con naturalidad en lo interior, tal como es, tal como nos fue dada en el origen.

Pero ¿acaso María Zambrano no está incurriendo en una contradicción? Francamente no, pues el término *descreer* nos lleva también directamente a lo atrás afirmado: a la poesía como una radical forma de mística, a un descreer que es sinónimo de silencio, de vacío fértil: al *wu wei* taoísta, al «pleroma» junguiano. A una situación de vacío que llenará la palabra fundadora del poeta. Sí, de esa purificación silenciosa brotará la *palabra.* En suma, al exponente del creer, es decir, a un no-ser que es la última y máxima expresión del ser. Por tanto, en esta osada expresión —«descreer y orar con la poesía»—, María Zambrano ata perfectamente los cabos de dos cuestiones que nos parecían contrarias e irresolubles.

Este exclusivo, mistérico, perenne afán de la poesía hunde sus raíces muy atrás en el tiempo y, además, tiene sentido universal. Esta suprema conciencia tiene sus raíces más hondas, como se ha visto, en algunos tratados del pensamiento primitivo oriental, pero que en el marco de la cultura europea se materializa en las teorías órficas y pitagóricas, y en los presocráticos. Teorías, sí, que, como sus primitivos creadores de Extremo Oriente —Lao Zi, Chuang Tzu, Lie Zi—, a veces rozan lo legendario, el mito.

Por un dato que recogemos de una de las cartas que escribe a Diego de Mesa pensamos que no le resultaron ajenas las lecturas de los maestros taoístas. De la misma manera que María dedicaba los domingos romanos a Cristina y Elémire Zolla, en ocasiones salía de Roma de excursión, gracias al coche de Diego, a lugares como los alrededores de Nápoles, a Caserta o a la cueva de Amalfi. En concreto, pasado el tiempo, en esa carta, Zambrano le recordará uno de esos paseos inolvidables, el que los dos hicieron a Caserta y a sus jardines, y cómo las sombras de ambos, al pasear, se iban fundiendo o desapareciendo de acuerdo con la luz: «Como los chinos —me imaginé que los del Tao eran así—, hemos retirado los dos nuestra sombra, no nos hemos proyectado a nosotros mismos sobre lo que se nos ofrecía».

Deseo ahora hacer referencia a un mito descrito por Ovidio en sus *Metamorfosis* y a unos versos de Antonio Machado que tan bien —como los de fray Luis— nos explican ese sentir y pensar desde la armonía órfico-pitagórica que «la vida retirada» favorece. El poema «Vida retirada», de este último —nacido en su huerto y en su fuente del paraje salmantino de La Flecha—, es el gran paradigma de ello, más allá de las influencias de Horacio, de Polibio o de Garcilaso, que pueda haber en este texto. Carl G. Jung nos dijo que los mitos y los arquetipos eran «como cristalizaciones del inconsciente colectivo». De ahí su utilidad. Ellos nos señalan, en la oscura noche de las ideas y de las vivencias, los caminos que debemos seguir. Sin los mitos, el hombre no podría vivir. O enloquecería.

Valoremos por ello el siguiente mito. Dice Ovidio que Zeus —abrumado y compadecido por las desdichas de Orfeo— lo arrancó de todo dolor y lo transfiguró en un puñado de estrellas, lo convirtió en la constelación llamada Lira. Ella —la lira— es la que inmortaliza este hecho. Así, desde las estrellas —incólume, salvado—, Orfeo transmite y seguirá transmitiendo su canto, su vibración, su armonía a los humanos. Es la melodía que la misma Zambrano descubre en el «Himno a las estrellas» de Quevedo, melodía del verso que sin embargo contiene verdades, heridas abiertas o cerradas.

Antonio Machado, en un poema de primera hora —de cuyo valor acaso ni él mismo fue consciente—, escribió lo que sigue. No sé si al escribir el Poema LXXXVIII de *Galerías* conocía el mito de que he hablado. Lo cierto es que sus versos son una interpretación poemática de cuanto Ovidio nos dijo:

> *Tal vez la mano en sueño*
> *del sembrador de estrellas*
> *hizo sonar la música olvidada*
> *como una nota de la lira inmensa,*
> *y la ola humilde a nuestros labios vino*
> *de unas pocas palabras verdaderas.*

En otros momentos —insisto: acaso sin que Machado se diera cuenta de estos hallazgos arquetípicos, trascendentes— vuelve a recordar el símbolo de la lira, que ahora reconoce como pitagórica: *En el silencio sigue/ la lira pitagórica vibrando.* El hombre, el poeta, no hace otra cosa que *soñar la lira/ pitagórica en su mano.* Y añade:

> *Y pensaba: Hermosa tarde, nota de la lira inmensa,*
> *toda desdén y armonía;*
> *hermosa tarde, tú curas la melancolía*
> *de este rincón vanidoso, oscuro rincón que piensa;*
> *las siete cuerdas de la lira del sol vibran en sueños.*

La lira de siete cuerdas que simboliza, dice María Zambrano, «el viaje del alma a través de los siete cielos», la escala musical *separada por vacíos de silencios* que «abarca la totalidad de los sonidos».

En definitiva, el poeta —los «labios» del poema machadiano— no hace otra cosa que recibir del «sembrador de estrellas» (lo superior, la Divinidad) el canto, la palabra poética. Como en Hesíodo. En este poema de Antonio Machado queda desvelada, con gran sencillez, esa comunicación con lo superior que Platón nos recordó en su *Ion.* Resulta por ello sorprendente que sea este mismo Machado el que, años más tarde, por boca de Juan de Mairena, arremeta contra la mística (¿también lo clerical para él?), no la comprenda. ¿Una precipitada opinión condicionada ya por los tiempos políticamente convulsos? Acaso porque ya entonces, como Platón, en su madurez, Machado había perdido el entusiasmo de su juventud y sus poemas ya solo eran muestras de «razones», que él reconoció como *Proverbios*. El razonar había diluido aquella prodigiosa sabiduría emocionada de las *Soledades* y *Galerías* de su juventud.

María Zambrano, en uno de sus más profundos ensayos, «La condenación de los pitagóricos», insiste y profundiza en el tema. Nos recuerda que el «orfismo fue raíz de las creencias pitagóricas iniciales». Allí aparece el Universo como un «tejido de ritmos», dice ella, «como una armonía incorpórea». De arriba llega el mensaje más sabio, el número y lo más bello, la armonía de ser. Y con ese ritmo del número y con esa armonía musical respiran los seres de aquí abajo. Y es de esa armonía y de ese ritmo de donde, según ella, brotó «el canto primitivo griego y la liturgia». Esa liturgia en la que «sin dogma alguno se manifiesta lo sagrado». Ya tenemos otra vez aquí, en canto y en liturgia, la plegaria, la «oración de los poetas».

También María Zambrano ve en esa presencia del número y la música, en Pitágoras y en Orfeo, las diferencias entre la filosofía, es decir, «lo debido al hombre», y la poesía, «lo debido a los dioses». Ella sabe que esta eterna adoración de «la luz y del tiempo infinito» es fruto anterior a lo griego; es lo que ella llama «el modo de sentirse en el mundo del hombre oriental». Y, desde lo más alto, desde las esferas, desde el mito, María Zambrano va descendiendo, en las tres partes de su ensayo, a través de una catarata de símbolos. La música —«aritmética inconsciente de los números del alma»— es uno de los más ilustrativos.

Desciende hacia lo terrestre para reconocer que todavía hoy se condena esta actitud frente al Todo, la de los que desean estar fuera de sí para estar paradójicamente más cerca de la auténtica realidad, pues que desean fundirse con el Todo; es el «estar fuera de sí» también de Teresa de Ávila, de los mejores místicos. Así que la palabra *esencial* de María Zambrano, a la que yo he querido aproximarme —la que razona y, a la vez, apresa la poesía—, está en esa órbita de lo que vibra, de lo que templa, de lo que proporciona armonía. Pero estamos ya entrando en los comentarios a un libro del que nos vamos a ocupar, más pormenorizadamente, en el capítulo siguiente.

No sabemos cuándo ni cómo María Zambrano supo de esa *ola* que vino a sus labios y que emitió el «sembrador de estrellas». Acaso fue en aquel primer momento —infantil, lleno de inocencia— en el que ella subía en brazos de su padre hasta las olorosas ramas de un limonero, hacia lo que está arriba y siempre guía, hacia la *luz.* O contemplando en su adolescencia los sotos dorados del otoño llameante en Segovia. O viendo fluir el agua de los dos ríos de esta ciudad. Solo sabemos que ella conoció esa *ola* y supo transmitirla como fray Luis quería: «con el número y con la consonancia debidos», con la razón y el corazón en equilibradas partes, con una palabra que no quiere saber del rigor de los géneros ni de la sequedad de los sistemas filosóficos, ni de las convulsiones y errores y terrores de la Historia. Una palabra que no quiere ser nombrada ni como poesía ni como prosa, aunque la autora apueste en su estilo por ambas.

Acaso solo estemos frente a aquella *palabra en el tiempo* —también palabra *esencial*— de que nos hablara su amigo, Antonio Machado, el poeta de las inolvidables noches segovianas de su adolescencia. O ante aquella otra palabra con la que, como nos recordara Lezama Lima en el poema que le dedicará, *siempre retorna como una luz temblorosa.*

Aproximación a *El hombre y lo divino*

Empiezo a escribir este capítulo al hilo de dos circunstancias. Por un lado, la reciente relectura que he hecho en profundidad de *El hombre y lo divino*, de María Zambrano, y, por otro, pensando en qué lugares de mi poesía se halla presente la vida y la obra de esta escritora de una manera más íntima; o, por mejor decirlo, su *espíritu*. Comenzaré, de manera más pausada, con la primera, con el fruto de mi relectura de ese libro, y me detendré en otro capítulo en las resonancias zambranianas en mi poesía, en esas *sintonías* que, por creativas, se me disculpará que sean más subjetivas.

El hombre y lo divino es una de las obras centrales de María Zambrano hasta el punto de que ella misma lo valoró como «el libro mío más querido». Lo era también porque solía conectarla con una etapa muy decisiva, inolvidable, de su vida: la que pasó en la isla de Cuba, en donde al parecer este libro comenzó a ser redactado, que fue puliendo durante las sucesivas etapas americanas, hasta llegar a Roma, donde lo finaliza. Incluso hubo en la creación de esta obra detalles, anécdotas, que entrañan para al lector cierta perplejidad. Durante una de las visitas que le hice, ya en Madrid, me recordó un hecho del que tomé nota en mi *Diario*: las condiciones en las que ella escribió en La Habana este libro, por las que yo me había interesado; condiciones que no debieran de haber sido nada favorables para una creación serena, como el libro tan bien transparenta.

Estas circunstancias fueron el calor asfixiante que padecía, el que se cometiera un crimen en la casa que habitaba, las llamadas anónimas que le hicieron por teléfono y que padecía a horas intempestivas, las que le hacía un «hombrón», y la necesidad económica que padecían las dos hermanas. Respecto a la segunda de estas circunstancias, tengo anotado en mi *Diario*:

> Por aquellos días, se cometió un crimen encima de nuestra casa. Oímos disparos y yo salí. Logré ver al asesino bajando por la escalera y, al pasar junto a mí, me pidió fuego, y se lo di. Luego, descendió corriendo por la escalera y, poco después, se entregó a la policía. Fue detenido, pero ya encarcelado se suicidó pocos días después en la prisión.

El calor asfixiante parece que influía más sobre ella que el ambiente tropical de la isla, que, en otros momentos, la llevaba a ensoñar la Andalucía de su infancia. Nunca llegó a conocer la procedencia de las amenazas telefónicas del «hombrón», aunque parece que cesaron de golpe al estigmatizarlas ella con una frase alusiva a Cuba, la patria de quien por el tono de la voz la amenazaba. En fin, la angustia económica nacía del silencio con el que una editorial le respondió en tres ocasiones, no sabemos si a la propuesta de editar el libro que estaba escribiendo o a otro. Pero aun así, como digo, el libro que comentamos nació en Cuba en una primera versión. Algunos de estos hechos parece resumirlos también en una de las cartas que le escribe años después, en 1976, a Agustín Andreu, en la que sin embargo alude a otros días de «persecución» que hubo en su vida:

> Tú no sabes las persecuciones o persecución que Ara y yo padecimos en los últimos tiempos de Roma y un tantico de La Habana, y yo cuando vivía con mi marido en La Habana también, yo, yo sola sin podérselo decir a él. Durante cuatro años sufrí este tormento.

Y además la persecución histórica. De los aspectos penosos de mi vida sabes poco. No ha habido ocasión y son cosas tan notables que solo el olvido las reclama.

Tiene en realidad poco que ver esta atmósfera cubana enrarecida con la pura lucidez de la forma y del contenido de *El hombre y lo divino*, el libro que escribía, lo que prueba que su creadora pudo llevar a cabo esta obra-clave sin ser influida por condiciones ambientales o vivenciales previas, por más negativas que estas fueran, incluso en aquella atmósfera asfixiante y perturbadora. O simplemente, como dice, gracias a apostar por el «olvido» como forma de superación de los pesares. El libro es, como decimos, de una gran exigencia y ambición en sus fines, ya desde su título, pero también desde la hermosa cita de Porfirio que va al frente del mismo, y que parece querer refrendar su contenido: «Dijo [Plotino al morir]: Estoy tratando de conducir lo divino que hay en mí a lo divino que hay en el Universo».

Sin duda, *El hombre y lo divino* pertenece a esa etapa preferente en la que se encuentran sus obras más ambiciosas. Parece que las afortunadas gestiones para la edición de este libro en el Fondo de Cultura Económica las hizo desde México su amigo Diego de Mesa, tío de Enrique de Rivas. María ya estaba entonces en Roma, pero Diego todavía iba y volvía a México. De hecho, solo otro libro editado antes de la primera edición del que comentamos (1955) responde a este afán de ir *más allá*. Me refiero a *Filosofía y poesía* (1939), una obra en la que el afán de fundir estos dos conceptos la iba ya a distinguir en el futuro como pensadora original. Los otros libros de estas primeras décadas —*Nuevo liberalismo* (1930), *Los intelectuales en el drama de España* (1937), *El pensamiento vivo de Séneca* (1944) o *La agonía de Europa* (1945)— responden, como ya hemos dicho, más a un criterio erudito, historicista, de crónica testimonial y, aunque siempre destacan por su impronta de originalidad, no responden a ese otro sentido más ambicioso que nos ofrecen sus más inspiradas obras. Solo *Hacia un saber sobre el alma* (1950) aludirá, en esos años del primer exilio, al mismo conocimiento primordial que ella quiso subrayar.

Nuevas pistas sobre el sentido muy especial que *El hombre y lo divino* tuvo para su autora nos las da en el prólogo que le puso, casi veinte años después, a la segunda edición (1973). En él nos dice que escribe a la luz de conceptos llenos de desasosiego, como «angustia de la creación» o «abismos del tiempo». Y que estamos ante una obra de creación pura, pues ha ido escribiendo los distintos capítulos «sin pensamiento alguno acerca de su publicación». Escribir sin pensar en publicar lo escrito, fiarlo todo a lo profundo del ser: he aquí la idea de creación en su estado puro.

Hay también en este prólogo una valoración de un tiempo que parece estar ajeno al que reconocemos habitualmente como tal («más allá, más allá del océano del tiempo», dice ella). Un tiempo como detenido, en el que «siempre es ahora» y del que precisamente solo puede nacer la creación específicamente pura; un tipo de creación gracias a la cual se puede ver «desde adentro», cuando sujeto y objeto «quedan abolidos en su oposición». Observemos de qué manera el decir esencial de Zambrano busca siempre deshacer los contrarios, sin otro fin que el de la Unidad primordial.

Hablando de *El hombre y lo divino* con María Zambrano —en uno de esos paréntesis que había en su fluida conversación—, hubo una alusión como indeterminada a un nombre: Diótima de Mantinea. El hecho no hubiera tenido mayor importancia de no haber colocado ella también este nombre al frente del libro, cuando en su día se lo tendí para que me pusiera una dedicatoria. Con ello, la autora no solo parecía hacer referencia a un tiempo y a un tipo de conocimiento especiales, sino también a ese nombre concreto y a cuanto significaba; e incluso matizó que me dedicaba este libro «desde Diótima y desde antes». Es decir, hacía referencia no solo a un posible *origen* para sus textos, sino incluso a algo más. No en vano, en el año en que ella me hace esta dedicatoria, 1987, María Zambrano tenía en su mente de manera muy viva este nombre. Había adelantado una primera versión de su texto *Diótima de Mantinea* en la revista italiana *Botteghe Oscure*, y otra más completa con ocasión de los dos números monográficos que le dedicó la revista malagueña *Litoral* (1983).

Diótima de Mantinea es un texto que María Zambrano sitúa, según me dijo en una carta, junto a *Claros del bosque* (1977), aunque matiza que es una obra «un tanto diferente». Se está refiriendo la autora a dos textos plenamente poemáticos y, por tanto, igualmente valiosos. La otra obra inspirada que la autora elige para publicar también en el número monográfico de la revista *Litoral* es *La tumba de Antígona*.

María Zambrano debió de someter el texto de *Diótima de Mantinea* a una lenta y cuidadosa revisión, porque un año después de adelantarlo en la revista malagueña, me escribía: «Aparte te envío *Diótima de Mantinea*, que por tres veces he retirado de una revista; las tres veces en que lo rehice, deshice, después de su publicación inconclusa en Roma». Yo no llegué a recibir dicho texto, lo que probaba que la autora lo seguía sometiendo a la duda y a una revisión continua.

Diótima fue una sacerdotisa griega, natural de Mantinea, a la que Platón atribuye en *El banquete* ideas de Sócrates sobre el amor y la belleza. Estamos ante un personaje aparentemente legendario, aunque la tradición nos ofrece también algún dato de su existencia, como la de que en el año 440 a. C. se encontraba en Atenas para «purificar» la ciudad tras una larga epidemia. En algún momento, María Zambrano llega incluso a identificarse con este personaje del pasado, al decir que fue «maltratada y menospreciada» (como ella) en Atenas.

No olvidemos que ya el poeta alemán Hölderlin le había dado el nombre de esta mujer a una de sus ideaciones amorosas más altas. Como él, María Zambrano despierta el mito para avivarlo y enriquecerlo, para actualizarlo fértilmente. En el texto que le dedica Zambrano hay una recopilación de saberes esenciales, comenzando por los filosóficos, que venían de muy atrás. Diótima había sido maestra de Aristóteles, pero a la vez, según prueba el texto zambraniano, estuvo en posesión de saberes más propios de los pitagóricos y de los presocráticos. Un mensaje último y esencial de armonía, de conocimiento de las verdades cimeras, emana de él.

Que *El hombre y lo divino* fue para nuestra autora una obra relevante lo prueba también el hecho de que lo recordó en otra página decisiva, «A modo de autobiografía», recogida en uno de los dos volúmenes que le dedicó la revista *Anthropos*. En ella nos dice de su libro que «es muy mío, muy de lo hondo». También alude a los orígenes remotos (los cubanos) de este, pues, desde su ancianidad, no recuerda con precisión cuándo lo comenzó a escribir («en qué año, no recuerdo exactamente»). Y es que contrapone esta nueva obra, de tanta riqueza creadora, a los artículos que durante la guerra publicó en *Hora de España*. Por ejemplo, el que dedicó a Antonio Machado. Ahora, en el exilio, matiza: «yo de la guerra no hablaba», pero lo que sí hace es ver los orígenes de su «razón poética» precisamente en «Las ruinas», uno de los capítulos del libro que estamos comentando.

Nos subraya además la importancia concreta que para ella tienen otras partes del libro, que parecen haber sido escritas al dictado, casi como fruto del *delirio*. Así, el capítulo titulado «La condenación aristotélica de los pitagóricos» le parece lo más difícil que ha escrito, «hasta el punto de que, a veces, lo veo y no acabo de entenderlo, porque, eso sí, ahí sí hay pensamiento».

Sorprende también que, al hablar del contenido de *El hombre y lo divino*, María Zambrano nos diga, de manera muy significativa en ese texto autobiográfico, que lo que ella deseaba, en realidad, era haberlo recogido bajo el título *Filosofía y cristianismo*. Veremos enseguida, al analizar el contenido de la obra, en qué sentido y por qué razones pudo estar justificado este sorprendente título que la autora acabó desestimando.

Comentemos algunos aspectos concretos del contenido de *El hombre y lo divino* que, ya desde la extremada dualidad de su título —lo divino, el hombre—, nos muestra el alcance y la ambición de su planteamiento. Cinco son los grandes bloques temáticos del libro. De ellos, los dos últimos fueron añadidos en la segunda de las ediciones. A su vez, dentro de cada una de estas cinco secciones hay una serie de subtemas que aluden a cuestiones igualmente atractivas para el lector.

La raíz o el arranque de la obra está en una valoración de la Divinidad desde su origen griego. (Zambrano nos especifica que «desde los dioses», llegando incluso a hablarnos del «nacimiento» de estos). Y es en ese momento clave de una cultura concreta y tan nuestra donde Zambrano trata un tema al que le va a prestar una gran atención: el de la «disputa» entre filosofía y poesía. La autora sitúa estas dos formas de conocimiento en los orígenes grecolatinos y los entrelaza sutilmente con lo trascendente, representado por la divinidad y por ese «cristianismo» —del título que ella deseaba poner a su obra— evocado en temas como la piedad y el amor, y por nombres propios precursores de las pruebas existenciales, como el de Job.

Complemento significativo de estos grandes temas son otros dos: el que ella reconoce como «la condenación de los pitagóricos» y el del sentido de la piedad, que representa de manera ideal «el dios del amor»; temas que introduce en su reflexión, al final del primero de los apartados, para indicarnos soluciones consoladoras ante esa angustia que supone sentir y el razonar, el ciego y leopardiano llamar a la puerta de los dioses para nada («mas, de ese amor, el hombre no obtiene ninguna respuesta», escribió Leopardi, el autor de los *Canti*).

No cabe un saber, un conocimiento absoluto, pero ante ese dios simbólico de Plotino que es «luz de luz», sí caben recursos de armonía. Es aquí donde tienen sentido las doctrinas pitagóricas del número, del ritmo, de la música; la música, dice ella, «es la aritmética inconsciente de los números del alma». Pero lo que verdaderamente le sirve y es útil es ese hallazgo de la música del mundo y de la música del ser, que salva a los demás y que salva al que con ella *sintoniza*, y que es un medio, si no para anular la muerte, sí para equilibrar y dar sentido salvador al presente.

El ritmo es un recurso para seguir el camino de la vida y para alcanzar una cierta plenitud, dentro de la cual el ser humano se sienta vivir en lo absoluto que no tiene nombre. Es también el ritmo un canon, lo que «adapta el alma a la realidad verdadera», el que engendra «el grito», es decir, la palabra que es imprecación e iluminación: la palabra *inspirada*. Y es de aquí de donde nace la poesía: palabra ritmada, palabra en armonía, palabra que se *respira*. Zambrano sabía muy bien, como hemos visto, que en este ensayo —no solo en el titulado «Las ruinas»— también estaban las raíces de su *razón poética*.

A la multitud de dioses (ella reparará sobre todo en tres) y a los grandes conceptos negadores de la modernidad y de nuestros días («Dios ha muerto», «el delirio del Superhombre», el del «vacío de ser»), contrapone, como solución ideal, la piedad como «saber absoluto». Piedad como sinónimo de Unidad preciosa, que ella amparará en la voz de algunos filósofos, como Hegel o Bergson. La «aspiración a la unidad originaria» ha supuesto un largo camino que ha desembocado en nuestros días en esos conceptos negadores frente a los cuales el «espíritu absoluto» no se doblega y, por ello —la palabra zambraniana así nos lo prueba—, vuelve a rebelarse con gran libertad.

Vemos como María Zambrano nos ofrecerá la salida-solución de la piedad y, para ello, no dudará en decirnos puntualmente qué es lo que es y qué es lo que no es dicha piedad. En un último párrafo, al que ya hemos aludido, pero que está bien volver a recordar, nos lo resume de manera ideal y explicando sutilísimamente claves superadoras de su vida en confrontación con la Historia: «La piedad ha cumplido su oficio, por el momento. Se ha apurado el conflicto trágico; ha nacido la conciencia y con ella una inédita soledad. Entonces comienza la verdadera historia de la libertad y del pensamiento». (La expresión «verdadera historia» —muy repetida luego por ella—, nos recuerda su crítica a la Historia, en lo que esta tiene de transitoria o de bárbara).

Recordemos también a este respecto la escueta e inspiradísima definición que de la poesía nos había dado en *Filosofía y poesía*: la poesía «es la verdadera Historia», porque «el poeta no teme a la nada, desciende al caos para elevarlo hasta el orden de que es cifra

la palabra». Esta concepción pitagórica de la palabra como número la analizará muy bien en el libro que comentamos.

En el cuarto de los apartados, parece como si los temas fuesen más
parciales: el templo, Apolo en Delfos, Eleusis, una estela romana,
un vaso ateniense. María Zambrano ya está viviendo en Roma y
algunos de estos temas son, en buena medida, parte de su biografía. Así, la estela romana en la que se representa a un joven
en la compañía, simbólica, borrosa, de una antorcha inclinada,
como fuego derrotado, y una balanza. La «estela» es un símbolo
muy poemático, aunque no le da al lector pistas sobre qué tipo de
estela está hablando. La cita que recojo a continuación también
es iluminadora, porque introduce un tema —el ya mentado de
nuestra entrevista grabada— muy amado por ella y muy presente
también en *El hombre y lo divino*: «Porque la iniciación da sus frutos.
La iniciación es algo ligado a los Misterios del Sol».

En la Via Appia de Roma hay una maravillosa estela que a mi hermana y a mí nos gustaba contemplar. La estela representa a un
joven adolescente desnudo. Solo lleva una especie de capa sobre
sus hombros. En una mano tiene algo parecido a una antorcha. Y
parece como si la tendiera para dar o recibir luz del sol. Ningún
desnudo me ha parecido tan alejado de la exhibición. También
aquel desnudo era iniciático y maravilloso.

En opinión de la autora, esta estela recogía muy bien esa dualidad
extrema que suponen la vida y la muerte. «Los contrarios vida-
muerte no son contradictorios», matiza ella. Luego, es curioso
ver de qué manera introduce su propia biografía en la contemplación. Es otra de las presencias vivas en la obra zambraniana: la
de la *sangre*, concretamente la de la sangre familiar. Está contemplando la estela no con cualquier persona, sino con su hermana.
Las que contemplan son «las dos hermanas que aparecen» y, a su
vez, el joven de la estela las contempla a ellas desde su muerte. El
texto es muy hermético, pero revelador.

Hay también en la estela una balanza que representará el equilibrio salvador que el humano debe mantener entre vida y muerte. Es el símbolo en el que se funden esa vida y esa muerte a que acabamos de aludir. No olvidemos que, en otras ocasiones, este símbolo de equilibrio apareció bajo la forma de péndulo. Así, como vimos, cuando María Zambrano tiene que elegir un texto para acompañar a la litografía de Joan Miró que me regaló, no dudará en escoger el titulado «Tal como un péndulo». Como ahora la balanza, el péndulo representa —desde su variación y cambio rítmico constantes— el necesarísimo equilibrio para subsistir, el «fluir musical interior del tiempo vivo».

También en este texto, en la alusión al *despertarse,* volvemos a encontrar vivificada la iniciación, pues solo se despierta el que ha sido iniciado. Pero el lugar ideal para que María Zambrano nos hable de la iniciación será el templo («el lugar sagrado inicial»). Ella aludirá concretamente al de Apolo en Delfos. El «Conócete a ti mismo» allí grabado le lleva al «logos» y este otra vez a una palabra clave: *inspiración.*

Este texto también es significativo porque deja entrever tempranamente un concepto en el que hemos insistido, el de *razón poética.* Ella lo fijará aquí con una frase maravillosa, al aludir a Apolo, el dios de la poesía: «ya que convertir el delirio en razón sin abolirlo es el logro de la poesía». La poesía es, por tanto, delirio razonado, extravío sometido a la reflexión. (Ya vimos que «dislates» llamó Juan de la Cruz a sus poemas, y «obrecillas» fray Luis de León a los suyos, en un afán por parte de ambos de humildad y a la vez de incapacidad para definir lo indefinible).

Hay en este capítulo otra alusión a un templo, que la autora visitará en varias ocasiones; es el de la basílica neopitagórica de Roma. Algo ya hemos dicho de ella. Aquí, en una pintura mural, vuelve a encontrarse con la figura de Apolo, que abre sus brazos a una Safo acosada por Faetón. Ahora es el pez y no la balanza el que funde la luz con las aguas y con la tierra, la vida con la muerte, pues son «tierra y mar como infiernos de un cielo de luz que rescata».

Será también al final de este ensayo donde Zambrano aludirá a la expresión «nudo de la tragedia», otro valioso concepto suyo, y a la prueba que supone el «deshacerlo» para continuar la prueba de la vida: «Deshecho el nudo de la tragedia que a todo individuo humano, solo por el hecho de serlo, aprisiona…». Yo rescaté esta expresión al final de mi libro de poemas *Noche más allá de la noche*, pues me parecía que los mil versos alejandrinos del mismo habían supuesto una prueba que conducía, en su último canto («Postscriptum»), a la liberación; así, en el último verso aludo a la imposibilidad de la palabra y al reclamo del silencio fértil: «Adiós a la palabra, escoria de la luz», como condición para dicha liberación.

Por último, en «El vaso de Atenas», María Zambrano se refiere a un vaso funerario que se puede ver en el Museo Nacional de Atenas. En él aparece, de nuevo, la doncella-ser deseando seguir a Hermes. Hay también cerca unos padres (otra vez la sangre familiar) que parecen imantar la escena con su fuerte presencia; pero la doncella deberá superar dicha fuerza o tensión para seguir al dios, para *iniciarse*. Ella —«ahora solo criatura»— renace, que no otro proceso es el que significa la iniciación.

Para *re-nacer* no solo se debe abandonar la «sangre» de los seres queridos, sino renunciar a una vida para entregarse a otra superior. El caduceo inclinado hacia el suelo de Hermes parece señalar en el vaso el camino que la iniciada debe seguir. Porque la iniciación es una marcha, «un irse haciendo el nuevo ser», un «tránsito» hasta llegar a ese lugar en el que se duerme, «en espera de la resurrección».

Hablamos de que en esta tercera sección de *El hombre y lo divino* los temas son más concretos —aunque nos conduzcan, como vemos, a lo más trascendente—, pero a la vez la autora nos lleva repentinamente a soluciones candentes al abordar el gran tema (y la gran apuesta) del amor; pasión universalizada que supone incluso salir de nosotros mismos y «trasladar el centro de gravedad de la persona a la persona amada». Se trata de la misma fusión transformante de que habla el verso de Juan de la Cruz: «la amada en el Amado transformada».

En este momento preciso —despúes de rastrear la presencia del amor en la Historia desde la Antigüedad—, evocará en el momento crucial en su reflexión el teresiano «vivo ya fuera de mí». Hará también una nueva crítica de la Historia por medio del «descreer del presente» y de la marcha hacia una «libertad sin arbitrariedades», hacia «un fuego sin fin que alienta en el secreto de toda vida». De esta manera , para el ser que encarna lo trágico y la desposesión, «lo inaccesible» descenderá —a modo de salvavidas perenne— «a toda hora».

Con sus teorías, expresadas siempre a través de un lenguaje fluido e inspirado, ella sigue adelante en su indagación. Como en el pensar del místico, ella se mantiene siempre en los *límites,* en esa línea o frontera en la que se funden sentimiento y reflexión de una manera ahondadora, absoluta. Me refiero a aquel pensar místico, en libertad, del que Henri Bergson le habló a un escéptico Manuel García Morente. Recordemos la anécdota.

García Morente se lamentaba, durante su encuentro con Henri Bergson, de que en España no existía ni había existido nunca una auténtica filosofía. Bergson le contestó contundente: «Se equivoca usted. España ha tenido en sus místicos la más alta filosofía». Y seguro que el filósofo francés no se estaba refiriendo solo a la reconocidísima tríada de poetas-pensadores —fray Luis de León, santa Teresa, san Juan de la Cruz (para él este último era el más grande)—, sino a la pléyade de místicos, creo yo, que partiendo de Ramon Llull, pasa por los franciscanos Osuna, Palma, Laredo, y sigue con Cazalla, Alcántara, Villanueva, Juan de los Ángeles, Estella, Borja, Molinos, y tantos otros que revelan un conocimiento en los límites que, para muchos españoles, resulta todavía desconocido.

Esto por no aludir a los grandes místicos hispanoárabes e hispanojudíos, como el murciano Ibn Arabí o el gran Moisés de León, autor del *Zohar* o *Libro del esplendor.* También como un eco de las palabras de Bergson sobre esta filosofía superior, nos encontramos con estas de Zambrano en su ensayo sobre la piedad: «Un antiquísimo místico hindú refiriéndose a Dios decía que es "ni esto ni aquello". Definición que ha perseguido la más alta teología con Plotino y la más alta mística a través de diferentes edades. Las cosas más sutiles que no pueden ser captadas por su presencia lo son por su ausencia, por el hueco que dejan».

En la misma línea de interés por esta valoración esencial del misticismo, se mantuvieron en Francia Blondel y Bremond (a este lo recuerda Zambrano en nuestra entrevista), pero, sobre todo, Jean Baruzi, quien en su monumental obra *San Juan de la Cruz y el problema de la experiencia mística* fue un avanzado en darnos una visión no estrictamente confesional, o de «misticismo estrecho». En el prólogo a la tardía, pero meritoria, edición española de dicha obra, José Jiménez Lozano nos dice algo que bien podría servir también para María Zambrano y para recordar a quienes desean adscribirla a una órbita tan inexplicable como inútilmente sistemática: «Si Juan se hubiera puesto a hacer metafísica, habría abandonado el plano de la sabiduría y del amor para entrar en el plano del discurso teológico o religioso».

Jean Baruzi es un gran ejemplo en Francia, junto a otros pensadores —Maritain, Corbin, Massignon, Gilson, Charles du Bos, Desjardins, Marcel, Guitton—, de ese vigor intelectual, avanzado y abierto en el campo del humanismo y de la espiritualidad sin prejuicios que para nuestra desgracia los españoles no tuvimos en el siglo XX, apegados como estábamos a ese anticlericalismo decimonónico que ¡todavía hoy! sigue confundiendo lo sagrado con lo clerical, lo trascendente con la ortodoxia, el humanismo con la política. Lo trascendente bien entendido, a lo que María Zambrano fue siempre fiel, pues para ella «ser trascendente significa no más que no acabar dentro de sí, que trasponer los propios límites», nos había dicho en su breve tratado sobre la Piedad.

A la vez, María Zambrano, como Bergson, nunca hace escapismo; nunca —aunque lo parezca— ensueña la realidad, por más que en algunas de sus obras la autora se adentrase ya en el camino del decir poético, en una realidad trascendente. Y no ignora la realidad porque dentro de su proceso del conocer se halla la prueba más difícil: la del saber *descender*. Por carácter, pero también por raciocinio (poético), ella va aceptando las pruebas con las que la existencia le sale al paso desde un ahondamiento en un vacío purificador, desde ese descender que acaba siendo un ascender, que no conduce a la negación sino a lo absoluto. (Aquí de nuevo nuestro recuerdo para la figura del monte sanjuanista, y para la «senda» escondida que el que asciende debe tomar correctamente para no extraviarse. Y ese ascenso a la cima —donde los vientos, por cierto, son más fuertes— implica un descenso que salva). En este ascender no hay una titánica obcecación, como en Sísifo, sino una salida y un descanso en el aire más puro, en la luz suprema.

Con esta idea del saber *descender*, me refiero a que, habiéndose elevado a lo más alto —a lo «inaccesible», al «abismo de la divinidad», a la «acción del amor» («agente de lo divino en el hombre»)—, Zambrano sabe retornar, nos reconduce a lo más concreto y a lo que más hiere, a una realidad perturbadora en la que se mantienen aún vivas presencias tóxicas como la «envidia», a la que hacen frente seres que han ejemplificado la resistencia frente al mal de una manera radical, incluso frente al reto de la misma Divinidad. (Aquí la tenaz resistencia de Job por medio de su «callaré para siempre»). Zambrano nos proporcionará soluciones para este tipo de acechanzas, y no solo de teorías.

No es raro, por ello, que nos entregue dos ensayos dedicados a estos temas concretos, a buscar *soluciones*: la envidia, «como mal sagrado» (en «El infierno terrestre: la envidia»), y Job (en «El "Libro de Job" y el pájaro»). Aquí radica, a mi entender, el espíritu verdaderamente grande, por humanísimo, de la pensadora: ella sabe *descender* para *ascender* una vez más gracias a su análisis sutil. Como el poeta de Fontiveros, ella voló muy alto con su pensamiento, pero su grandeza —la cantidad de soluciones que nos procuró, sus recursos para deshacer lo que ella llamó el «nudo del trágico existir»—, nos lo desveló *descendiendo* a nuestra realidad de humanos, pero de vuelta de la Historia, de una realidad traspasada por la inevitable, eterna presencia del mal («el infierno terrestre», lo llama ella).

Es la envidia —particularmente entre los españoles, como es notorio— expresión de un mal, o «enfermedad», o «estigma antiquísimo», exponente de una realidad «infinitamente activa y repelente a un tiempo». La envidia también nos la recuerda como sinónimo de «sombra que se entrecruza con la sombra de otro». Esa misma *sombra*, pensamos nosotros, que Jung tan bien puso de relieve como importantísima por condicionar la psique, los comportamientos humanos. María Zambrano, como el psiquiatra y escritor suizo, la reconocía como la proyección de un «no-ser» sobre otro ser, como «el sí mismo no logrado». (Recordemos también la sintonía con otro concepto junguiano, el de *sí-mismo*, el más íntimo que conduce al *pleroma*, a la plena realización del ser). La envidia supone, en definitiva, el fracaso de la condición humana y es uno de los exponentes de ese «infierno terrestre» que se va creando y extendiendo sin cesar en la sociedad.

Para ejemplificar la presencia y el combate con el mal, Zambrano acaba remitiéndonos a la figura de Job, que no protesta ni se rebela, sino que guarda silencio, que se sumerge en un tipo de *nada* no negadora sino fértil y al final victoriosa frente al mismo Dios. En ella, el ser ya está a salvo de todo, incluso de la presencia de ese Dios terrible que le somete a las más arduas pruebas. Job cayó, escribe, «en el último pozo del abandono»; mas en su «total desposesión» y en su «abandono» radicaba precisamente su «núcleo invulnerable», su salvación. Y es que Dios le había puesto al hombre «la ciencia en lo más adentro», en sus mismas «vísceras». ¡Luminosa idea! En lo profundo del ser interior está, pues, la respuesta al mal, la respuesta a las pruebas más duras: la salvación. No hay que ignorar tampoco algo que nos parece evidente: la identificación de la pensadora, de sus pruebas y pesares, con el personaje bíblico.

Con la alusión a estos temas de la tradición judeocristiana, se cierra el círculo de la iniciación. En la conversación que mantuve con ella me decía que el proceso de la iniciación era muy antiguo, que había comenzado «hace ya tres mil años» y en torno a la figura y al ritual del toro. A lo largo de los siglos, la palabra iniciada va saltando de la poesía al pensamiento, y hay un momento en el que pasa de los textos paganos a los cristianos. Ese pez que ella se encontró en la pintura de la basílica neopitagórica de Roma señalaba esa transición. Es el mismo pez —ese símbolo primero, junto al del pan— que aún pude ver yo en un mosaico en el suelo de una iglesia en Targha, a orillas del lago de Genesaret, en Galilea.

Vino luego en nuestra conversación una llamada al silencio fértil: «El iniciado no debe hablar. En el momento en que habla y da su palabra, viene crucificado». Recordemos que Job recurre al silencio también desde su clamor constante. «Calla y yo te enseñaré la sabiduría», le dice Dios a Job (33, 34). «Instruidme, pues, y callaré», le había pedido él antes (6, 24). Así que María Zambrano también sabe que existe ese precioso hilo sutil entre el silencio y la *sabiduría*. Es entonces el momento en el que ella calló en la conversación que mantuvimos y solo pronunció un nombre: el iniciado es «crucificado por la Historia, es el *Ecce Homo*».

Nos reveló así a los seres humanos del siglo XX un tipo de conocimiento que viene de muy atrás y en el que, como ya hemos dicho, el pensamiento primitivo oriental y nuestros místicos de Occidente ya habían hallado muchas de las claves. Se trata de esa misma «filosofía («ciencia», *sciencia*, la llama Juan de la Cruz en su poema más sabio, pero menos valorado, «Coplas sobre un éxtasis de harta contemplación»), con la que Bergson había respondido a los lamentos de García Morente. El pensamiento de María Zambrano siempre es brillante, pero en *El hombre y lo divino* llega a una de sus cimas más elevadas. Son libros como este los que distinguen a su autora de una manera excelente, no solo dentro del panorama de la filosofía española, sino del pensamiento europeo.

Aquí recuerdo un hecho que me parece significativo: se dice que en el momento en que Albert Camus muere en un accidente de coche llevaba consigo un ejemplar de *El hombre y lo divino* y que estaba tramitando su publicación en la editorial Gallimard. ¿Lectura recomendada por Cioran, que por cierto tanto admiró a María, y a la que el autor rumano exiliado le dedicó dos de sus textos, cuando ella regresa de América a París a finales de los años cuarenta: «Lei non era di qui...» y «María Zambrano. Una presencia decisiva»?

En 1946 fallecía la madre de María Zambrano en París y un año antes publicaba su libro *La agonía de Europa*, que le dedica a ella: «A mi madre en el corazón de Europa». Su regreso a París había sido motivado por una causa urgente y penosa —no pudo llegar a tiempo a su funeral—, pero esa estancia de unos dos años (1946-1948) sería provechosa por el encuentro o reencuentro con algunos intelectuales y artistas, como Octavio Paz, Malraux, Sartre, Bergamín, Picasso, René Char o los ya citados Cioran y Camus. Cioran recuerda en concreto una conversación que tuvo con Zambrano en el Café de Flore. Amparándose en una cita de Ortega, lleva al escritor rumano —exiliado como ella— a «explorar la Utopía» y «a dos o tres años de extensas lecturas que tuvieron su origen en aquella conversación».

Todavía en 1981 Emil Cioran escribía sobre el «ensombrecedor magisterio de Ortega» y reclamaba para María Zambrano una atención especial. A veces, a las personas que viajaban a París les recomienda la visita a Cioran, así a Ramón Gaya: «Me gustaría hablaras con un escritor rumano de origen y francés de lengua y nación: Emil Cioran. Hotel Marjory, 20 Rue de M. le Prince. Adora España y espera de ella más que de ningún otro lugar». La amistad con Cioran: un nuevo caso de patente antisectarismo por parte Zambrano con este exiliado del comunismo rumano. La obra de Teresa de Jesús, el misticismo, la espiritualidad los unía desde posiciones ideológicas iniciales tan dispares.

María debió de coincidir en sus conversaciones con René Char en el tratamiento de un tema preferido por ambos, la pintura de Zurbarán, sobre la que al parecer el poeta francés deseaba escribir. También a una recomendación de Char se debió la publicación del primer artículo de Zambrano en la revista *Botteghe Oscure*, que dirigía Margarita Caetani, y que ella dedicó a la pintura de Luis

Fernández. Ya en Roma, la pensadora entraría en el círculo de dicha revista y publicaría nuevos artículos, llegando incluso a ser ella misma mediadora con los escritores de lengua española, cuyos artículos (o poemas, en el caso de Juan Ramón Jiménez en 1956, ya Premio Nobel) solicitó.

El nombre de Emil Cioran también me lleva a recordar una de sus frases sobre Zambrano que siempre deben tener en cuenta quienes pretenden enmarcarla en la órbita del pensamiento sistemático y de la razón histórica:

> Con frecuencia yo siempre me he planteado la cuestión y creo poder responder a ella: María Zambrano no ha vendido su alma a la Idea, ella ha salvaguardado su esencia última situando la experiencia de lo Irresoluble por encima de la reflexión. Ella ha superado, en suma, a la filosofía.

Así que, partiendo siempre del saber iniciático de la tradición y respetando ese otro saber interior de inspiración poética, ella supo dar con la originalidad de *ser*. Aunque, como hemos dicho, su verdadera grandeza estuvo en ciertas claves que hemos analizado de manera muy somera y que ella nos va exponiendo de manera progresiva y meticulosa: no hay verdadero conocimiento sin *descenso*; no hay verdadera solución sin los recursos-soluciones del silencio que sabe de la piedad y del amor, que encienden como un fuego que afervora, que sana. Porque —termina diciéndonos— «alma y amor existieron antes de que hubiera "cosas", antes de que hubiera seres», y «porque el amor es el hacedor, el obrero del horizonte».

La Pièce: una etapa decisiva

Junto a las vivencias derivadas de los años republicanos y de la guerra civil, en lo vital, y de la primera etapa de su exilio, en lo creativo —como acabamos de ver por medio de ese fruto de excepción que fue *El hombre y lo divino*—, hay en la vida y en la obra de María Zambrano una etapa no menos importante: la de los catorce años (1964-1978) que vivió en una casa aislada en La Pièce, en el Jura francés.

A ella llegan las dos hermanas el 3 de septiembre de 1964, «tras un viaje épico», según nos recuerda Enrique de Rivas. Antes transcurrieron los diez años (1953-1963) que reside en Roma, la etapa que ella reconoció en varias ocasiones como «la más feliz» de su vida y que comentaremos en otro capítulo. «Me han quitado mi paraíso», dirá en otra ocasión a raíz de algunos problemas domésticos que tiene al llegar a su retiro en plena naturaleza, a lo que ahora ella reconoce como «mi choza», el «éremo» o «la verdadera Ermita» de La Pièce.

En esa marcha hacia el crecimiento personal, interior, que fue voluntariosamente su vida, aún tenía que dar otra «vuelta de tuerca» a la misma, como sucedió con los años que pasó en este refugio, no muy alejado de la ciudad suiza de Ginebra, de una frontera, donde la presencia de su primo hermano Rafael Tomero Alarcón —funcionario como su esposa en la sección suiza de las Naciones Unidas— le va a ser de gran ayuda; aunque serán la soledad de la casa y de su entorno natural los que condicionarán la vida de las dos hermanas.

Rafael, «aquel primillo que tenía seis años cuando lo dejé en Francia», tras el cruce de la frontera, y que siempre le recordaba a don Blas, su padre y al perro Miki en los días de Barcelona. También la de su otro primo, compañía siempre fiel de las dos hermanas, Mariano Tomero, el que, a primera hora de cada mañana, al levantarse, les comunicaba en «la choza» cuál era el santo de cada día. Aquella casa también precisaba de arreglos profundos. Pero allí acudía Rafael Tomero, que estará siempre cerca para ofrecerles una ayuda preciosa, como vimos en una de sus cartas que hemos reproducido. Luego, soledad y silencio reencontrados, por los que ella había luchado siempre y en todo lugar: «Para mí la soledad ha sido siempre indispensable […]. El silencio, la calma, el pensar a solas, son mi alimento indispensable desde niña». Solo otros tres vecinos vivían aislados en aquel mismo paraje boscoso.

La muerte de Araceli Zambrano en esta etapa supondrá para María un ahondamiento en esa soledad que la llevará a sobrellevar un poco más de tiempo este paraje. Como ya hemos dicho, es de todos conocida la importancia que para ella tuvo la persona de su hermana, ya desde su nacimiento en Segovia y, sobre todo, después de que ambas vieran rotos sus matrimonios. A partir de entonces se establecerá entre ellas una especie de estrecho *sodalizio*, diríamos con el lenguaje leopardiano, lleno de trascendencia, de signos del destino. María, en los días del «tránsito» de su hermana, le escribirá al teólogo y filósofo Agustín Andreu:

Ara y yo vinimos aquí en busca de la soledad prometida y de la anhelada compañía, es decir, de una forma inédita de compañía que toda nuestra vida habíamos ansiado, consiguiéndolo a ratos […]. Y su ser inagotable. Araceli conservó intacta su fragancia hasta el último instante en medio del «double délire de la double dépression nerveuse».

«El doble delirio de la doble depresión nerviosa...». Algunos de los detalles del día de la muerte de Araceli Zambrano los conocemos por una carta de María a José Lezama Lima. La alusión que en ella se hace a «la Historia» no puede ser más significativa. Precisamente, a la muerte de Lezama Lima, su viuda le dirá que a su marido —al escritor cubano, como a su hermana Araceli— «también lo mató la Historia»:

Ara, mi hermana única, se fue de este mundo el 20 de febrero [de 1972], domingo pasado. Sin mí al lado, en una clínica de Ginebra, donde tuve que llevarla catorce días antes. No estaba, no, de lejos previsto, pero ella, sí, lo sabía y yo no podía creerlo. Yo estaba tranquila, la había visto el día antes y hacía una hora que por teléfono había oído las noticias mejores de todas cuando sonó el teléfono con la llamada del médico [...]. Así que la vi una hora después de su muerte, como la vi inolvidablemente una hora después de su nacimiento. Había una adecuación perfecta, era la misma criatura, solo criatura de nuevo, inocente, casta, majestuosa ahora, bellísima, como si la historia —de la que murió, pues que su dolencia mortal fue la historia— no hubiera existido [...]. Se le echó encima, devoradora, una doble depresión, a raíz del diagnóstico que cuidadosamente le dijo el doctor, grande especialista de hematología.

Una forma de neutralizar la pérdida de la hermana —cercana esta a la vez en su tumba en el no lejano cementerio del lugar («la tumba de Araceli me sostiene y alienta»)— y el insomnio que empieza a padecer fue, quizá, el viaje que María Zambrano hace a Grecia en 1972, invitada por su amigo el pintor inglés Timothy Osborne y su mujer. De este viaje no solo regresará con algunas postales-símbolos de los templos de Apolo y Sunión, Eleusis y la Acrópolis con el Partenón, sino con ese *espíritu* que dejarán traslucir los últimos capítulos de su libro *El hombre y lo divino*. Postales que también enviará de esos lugares tan emotivos, como los Propileos, a aquellos amigos que sentía como más cercanos en esos momentos.

María, antes de este viaje y para contrarrestar también la muerte de su hermana, había vivido un tiempo en el apartamento de los Osborne en Roma.

Los catorce años en La Pièce solo se verán alterados por algunas visitas puntuales que ella hace a Ginebra, a veces superando la niebla o la nieve; o por las que le hacen algunos amigos (Valente, las familias de los profesores de la Universidad de Ginebra López Molina y Sanz Pinilla, Paloma Prados, sobrina del poeta Emilio Prados, Aquilino Duque o Rafael Martínez Nadal). Con Nadal había reanudado los encuentros que este había interrumpido a raíz de su último encuentro en julio de 1936. Ahora, más allá de la guerra y del exilio, vemos también esa evolución de ambos hacia la concordia y hacia una amistad que venía de muy atrás, de sus paseos por el Madrid de los Austrias.

Hubo también una circunstancia que enfrió o atemperó esta amistad: en 1934, Martínez Nadal se va como corresponsal a Londres y desde allí informará sobre la evolución de la inminente Guerra Civil. En esta ciudad se quedaría a vivir luego como profesor, y alguno de sus libros, como *Republicanos y monárquicos en el exilio, 1944-1956* (a los que trató), nos hablan de su carácter equilibrado y mediador que mantuvo a lo largo de su vida. El que tuviera consigo el original de *El público*, la obra teatral inédita de Federico García Lorca, o las cuatro lecciones que sobre él dio en la Fundación Juan March de Madrid en 1980, poco antes de su muerte en Londres, apuntan muy directamente hacia esa proximidad a la persona y a la obra del autor de *Poeta en Nueva York*.

Nadal conservará también, de los encuentros con María Zambrano en La Pièce, el recuerdo especial de Mariano, el primo y protector diario de María, el cual, ya caída la noche, al llegar a la casa o en las despedidas, esperaba al visitante y lo sorprendía atento, pero escondido, semioculto detrás de algún árbol. Ello prueba también su papel de «ángel guardián» de su primas. Es opinión generalizada, y así lo comprobamos los que lo conocimos, que Mariano tenía también un don especial para distinguir en las visitas las personas deseadas de las que no lo eran, aunque la acogida por su parte siempre fuera educada. En este sentido, le dijo un día a Nadal con gran sutileza: «Aquí, claro, viene mucha gente a ver a María. Algunos traen luz. Otros vienen cargados de sombra. Pero lo peor es que cuando estos se van, dejan la sombra en la casa».

Sí, la sabiduría siempre leve, de pocas palabras, natural, de Mariano Tomero, «su fiel acompañante, feliz miembro de aquellos bienaventurados pobres en espíritu, limpios de corazón, mansos, misericordiosos, de quienes nos hablaron en aquel monte», dirá Nadal. Mariano también presente durante los primeros días en aquel lugar, vagando fantasmal a solas por el bosque, impaciente, a la espera de que llegaran de Roma las dos hermanas con sus ocho gatos y de que superaran en la frontera las pruebas relativas a los informes negativos que sobre ellas la policía italiana había pasado a la francesa, la cual ya tenía sus propios informes previos.

María Zambrano irá a veces a Ginebra para asistir a algunos conciertos, como el que ofreciera el guitarrista español Andrés Segovia, a la ópera o no sabemos si a la versión orquestal de *El príncipe Igor* de Borodín, a la representación de un grupo teatral sevillano o, excepcionalmente, para dar una conferencia («he tenido que disponerme a subir a la tarima de un aula. [...] No lo hacía desde La Habana, como otras cosas». La inquietud musical de Zambrano partía de muy atrás, de los días de Segovia, cuando sus padres llevaban a las dos hermanas al concierto mensual de la Sociedad Filarmónica; sobre este tema nos ha dejado algunos textos muy iluminadores, entre los que yo destacaría el titulado «El concierto», incluido, precisamente, en su libro *Claros del bosque*, y dedicado expresamente a Andrés Segovia.

La música fue para María Zambrano secreto deleite y poseemos algunos datos sobre sus gustos, que seguían una doble dirección; por un lado —quizá por su nostalgia de España—, las melodías de Turina, Falla y Albéniz, pero también encontramos citados compositores como Mahler o Mozart, especialmente este último («uno de mis dioses»). En ocasiones valora melodías nada fáciles, como las de la música atonal y dodecafónica, en compositores como Schönberg o Alban Berg. Así, los coros trayendo la «muerte sórdida» en *Lulú*, la ópera de este último. A veces, solo cuatro notas de este tipo de músicas le bastan para alcanzar «el puro gemido» o lo «inaudible». Algo parecido le sucede con la música de Stravinski. («Lo único imprescindible es tener el alma como esa música de Stravinski, por lo menos»).

Tenemos también el testimonio de algunas de sus audiciones musicales radiofónicas, como las que escuchaba de los cantos gregorianos («la infinita esperanza del cristianismo primero») y ambrosianos («las vísperas en la profunda dulzura sin nombre del canto ambrosiano»), o de piezas musicales medievales; melodías unidas a su vez a las transmisiones religiosas, que ella seguía fielmente por la radio, tanto en el rito católico como en el protestante y en el ortodoxo, especialmente en los días de la Semana Santa y de la Pascua. En otros momentos, junto a su hermana, cuando su «giradiscos» funcionaba bien, escuchaban la música gracias a sus propios discos. Según Enrique de Rivas, la afición por el canto gregoriano ya le venía a María desde sus días en Roma, si tenemos en cuenta este testimonio: «Recuerdo haber estado con María en las misas gregorianas que se daban en San Anselmo, a las cuales asistíamos con Cristina Campos y Elémire Zolla. Antes íbamos los domingos a casa de estos y luego a misa».

Va, pues, muy unida la música a la estancia en soledad de María Zambrano en La Pièce, especialmente en lo que ella reconoce como «canto litúrgico o canto sagrado». De él nos dio la opinión más honda al decirnos:

Yo he tenido la suerte de oírlo. Es apenas nada, una nada del paraíso, ya que solamente la música, unida a la palabra, la palabra asistida por la música, nos puede dar el Paraíso mismo, y nos da los ínferos, los abismos, los senos de la creación [...]. Y es así porque el canto litúrgico es canto sagrado. El canto sagrado subsistía en algunas lenguas, entre ellas el arameo, la lengua de Nuestro Señor Jesucristo.

Tal identificación con la música en ese periodo de su vida explica la función de absoluto que ella le atribuye, materia que a la manera de los maestros de Extremo Oriente llega a fundirnos con la naturaleza y por extensión con el Todo. Zambrano alude a la *música callada* de nuestro místico o a la de los órficos, una música que no se escucha, pero que se *siente* o incluso se ve:

> En *Claros del bosque*, cuando yo estaba tan liberada de la palabra sin música, de la palabra sin canto, de la palabra abstracta, aunque de la litúrgica nunca lo estuve, oí la hierba cantar... Todas las primaveras crece la hierba, lo he podido comprobar, son los cabellos de la Magdalena que envuelven la tierra.

Una de las características del cristianismo zambraniano es su constante interés y fidelidad hacia la liturgia de los orígenes, que viene señalado también por sus reparos a la eliminación del latín en la misa a raíz del Concilio Vaticano II. En este sentido contamos con un testimonio muy sorprendente, el del manifiesto dirigido al papa Juan XXIII, que María Zambrano firma en 1964, junto a una treintena de muy importantes intelectuales europeos. («Pedimos al Papa que preservara cuanto fuera posible, la liturgia y el uso del latín», precisa ella en una carta a Alfonso Roig de 1968). Parece ser que la iniciativa del manifiesto fue de sus amigas Elena Croce y Cristina Campo, aunque entre los firmantes se encontraban personalidades tan sobresalientes como Auden, Bergamín, Borges, Pau Casals, De Chirico, Madariaga, Julien Green, Quasimodo, Mauriac, Montale, Toscanini, Toynbee y, por supuesto, otro amigo de sus días romanos, Elémire Zolla.

Ha tenido que pasar medio siglo para que comprendamos mejor y en su justa dimensión la aparentemente conservadora actitud de esta serie de grandes intelectuales, para que valoremos su interés por la liturgia latina, avalado hoy por el profundo y progresivo desinterés que Europa parece tener hacia las lenguas clásicas, señalado y lamentable indicio de la progresiva deshumanización y desacralización de nuestro continente.

En cuanto a la conferencia que María Zambrano dio a petición de Luis López Molina, jefe del Departamento de Estudios Hispánicos de la Universidad de Ginebra, a la que ya hemos aludido, ella misma nos ofrecerá una síntesis en una carta a Lezama Lima de 1976:

> Al cabo de milenios, el viernes 30, di una conferencia. Fue en la cátedra de español de la Universidad de Ginebra. Fue sobre los supuestos históricos de mi introducción a «Hora de España» XXIII y sobre el momento previo al 14 de abril y el mismo 14 de abril. Fui dando saltos de acróbata por lo mucho que llevaba que decir y al fin ya terminé, como pensaba, con la lectura de «Masa», de César Vallejo. El centro: Unamuno, Ortega y Machado.

«Masa» es un poema claro y fuerte de Vallejo. Fue escrito en 1937 y remite de lleno a los años de la guerra, aunque María Zambrano quizá lo eligiera por esa estrofa final en la que expresa que solo la solidaridad de todos puede hacer que resucite el muerto por el odio. Recojo aquí la primera y la última de sus estrofas:

> *Al fin de la batalla*
> *y muerto el combatiente, vino hacia él*
> *un hombre*
> *y le dijo: «¡No mueras, te amo tanto!».*
> *Pero el cadáver, ¡ay!, siguió muriendo.*
> ....
> *Entonces todos los hombres*
> *de la tierra*
> *le rodearon; les vio el cadáver triste,*
> *emocionado;*
> *incorporose lentamente,*
> *abrazó al primer hombre; echose*
> *a andar...*

El acto acabó de una forma muy emotiva: cenando en un restaurante con algunos de los asistentes, entre los que se encontraban «españoles de tres generaciones». De la presencia concreta del escritor Herrera Petere dirá: «Era de mi edad, era de aquella hora». En ese momento de reencuentros y de alegría, el grupo acabó cantando la canción popular del folclore leonés *Ya se van los pastores* («que era, no sabemos por qué, lo más cercano a nuestro himno —antes de la guerra—»). Las influencias lejanas de la Institución Libre de Enseñanza, o el interés de las Misiones Pedagógicas por la música popular, aún se dejaban sentir entre aquel grupo de asistentes. Sus primos Rafael y Mariano también estuvieron en esa cena «en la que todo fue poesía».

Algunos de estos datos anecdóticos los conocemos gracias a la correspondencia que María Zambrano mantiene desde La Pièce con el sacerdote Agustín Andreu, aunque está sustentada sobre todo en un intercambio de ideas filosóficas y espirituales muy rigurosas y sinceras, que son claves para reconocer directamente el constante pensamiento trascendente zambraniano, puesto de relieve especialmente desde el fin de la Guerra Civil. María había declarado siempre su fidelidad al tono «griego» de sus creencias, aunque matizando que Grecia «no pudo llegar a esa revelación del hombre, a la revelación del Hombre, sino gracias a Cristo-Jesús». También José Bergamín aludiría a la religión «sin ortodoxia» de Zambrano.

Conocemos las lecturas de los años de retiro en La Pièce, que nos remiten a ese razonar en profundidad de los filósofos de la tradición *iniciada* (presocráticos y alejandrinos, los autores de la patrística, Plotino, Proclo, Ibn Arabí —*La sabiduría de los profetas*—, Eckhart, Böhme, Swedenborg, Titus Burckhardt, Mircea Eliade, Henry Corbin —sobre todo *La imaginación creadora en el sufismo de Ibn Arabí* o los tomos de *En Islam iranien*—, Louis Massignon, Guénon, Simone Weil, Peterson, Orbe), y siempre a sus poetas de cabecera: Juan de la Cruz y Antonio Machado, este último más recordado por medio de los textos de sus heterónimos Juan de Mairena y Abel Martín. También de aquellos días de radical retiro fue la lectura comparativa que hace, en ediciones francesas, de tres místicos: Juan de la Cruz, Teresa de Jesús y Teresa de Lisieux («una de mis santas queridas»).

En ocasiones hará otra lectura muy especial, la de Miguel de Molinos y su *Guía* («De Molinos y de su *Guía* hay huellas en casi todos mis libros. Hasta pensé un momento en hacer mi tesis sobre la *Guía*»). En este tiempo de lecturas especiales recibe en La Pièce los libros de la muy original colección Biblioteca de Visionarios, Heterodoxos, y Marginados (Editora Nacional), que en Madrid dirige su amigo Javier Ruiz. Ella los lee, comenta y recomienda. Pronto lamentará la desaparición de dicha inusual colección. (Con ella también desaparecería la colección Alfar de poesía, de la misma editorial, en la que yo publiqué mis *Poetas italianos contemporáneos* (1978). Afortunadamente, los restos de estas colecciones fueron a parar a las bibliotecas públicas del Estado y en ellas todavía podemos encontrarlos).

María Zambrano tampoco dejará de leer y de consultar, cada noche, junto a su cirio encendido, la *Biblia* de Cipriano de Valera («aunque no en el ejemplar de mi padre, ni el de mi abuelo», nos precisa). ¿Qué había sido de aquel volumen familiar? Quizá se había perdido camino de la frontera francesa, durante el obligado escrutinio que tuvieron que hacer de los «papeles» en Barcelona. ¿O acaso había desaparecido durante el saqueo de su casa de Madrid? A veces, impulsada por el poema de Quevedo, será en las estrellas en donde ella *leerá* en sus noches en La Pièce «letras de luz», aunque en otras ocasiones se contentará «con solo contemplar las letras hebreas. Qué poderosas son y cómo ya nunca podremos recobrar ese misterio».

María Zambrano se encontrará con algunos de esos autores coetáneos citados y que ella lee —como Corbin, Caillois o Eliade— en los Coloquios de la abadía cisterciense francesa de Royaumont. Se conserva una foto del grupo de los participantes en la jornada de 1962, a la que ella asistió. Conocemos algunos detalles de estos encuentros gracias a una amiga de María en los días de Roma, la escritora venezolana Reyna Rivas, a la que había conocido en 1959 y a la que trató hasta su muerte. Reyna la animó a hacer el viaje y le tradujo al francés la ponencia que Zambrano presentó, *Les rêves et la création littéraire*.

Se trataba, por lo que podemos apreciar, de unos encuentros muy en la órbita estética y heterodoxa del arabismo y del orientalismo, de los que también celebraba el Círculo Eranos junto al lago Mayor, en Ascona (Suiza). El texto para el Coloquio de Royaumont será seguido con gran interés por otra gran amiga de sus días romanos, Cristina Campo, la cual le escribe en julio de 1962: «Espero sobre todo que te quedes allí mucho tiempo, hasta poseer esos lugares y ser poseída, es decir, hasta poder escribir. Tu estupendo sueño de la cruz [lo veía encerrado en un círculo, como la cruz templaria] me hace desear que esto ya haya pasado. Estoy indeciblemente impaciente por leer tu texto de Royaumont».

El tema general fijado para aquellas jornadas en Royaumont había sido «Los sueños en las sociedades humanas», tan afín a Zambrano hasta el punto de que luego acabaría dándole forma completa en su obra *El sueño creador*. El sueño, otro poderoso símbolo de sentido doble que, para la pensadora, desdoblaba y enriquecía la realidad. Un tema para comentar y revivir en aquella atmósfera monacal, en «aquellos parajes virgilianos —escribe Reyna— para la oración, para la meditación, para el disfrute de las soledades». La poeta venezolana también subraya en sus recuerdos y en estas jornadas, de una manera muy clara, la espiritualidad zambraniana, tan unida de manera particular, como ya hemos dicho, a la liturgia: «Para ella era sagrada la hora de la oración, y en Royaumont encontró un lugar, un ámbito para esos cumplimientos, rodilla en tierra tantas veces como era su costumbre, para invocar desde lo hondo de su alma la misericordia divina».

De aquel encuentro, María Zambrano regresó con un solo pesar: no haber podido conocer a su «verdadero maestro», el arabista Louis Massignon, que moriría poco después. Una grave enfermedad le había impedido acudir a Royaumont, razón por la que Zambrano tampoco creyó oportuno acercarse a París para conocerlo. Ella tuvo, sin embargo, conversaciones con otro gran arabista, Corbin, mientras que Reyna conversó más con Mircea

Eliade. Un libro de Massignon, *Parole donnée* —«lo leo y releo, lo releeré mil veces»—, lo tenía María como libro de cabecera, y a pesar de su dificultad nos dijo que siempre encontraba en él «semillas» luminosas, mensajes de una especial sabiduría.

Volvamos a la clave central de esos años vividos por María Zambrano en La Pièce, que a mi entender no será otra que la de la *contemplación*. ¿No pensó acaso ella en un principio ponerle a su nuevo libro *Claros del bosque* otro título, el de *Memorias de la contemplación*, a la vez que reconocía los textos que iba escribiendo como «correspondencias o sincronizaciones»? ¿No había subrayado el preferente «placer estético, el gusto de ver y oír»? También pensó añadir en la dedicatoria del libro a su hermana Araceli el sobrenombre de «La hija de Eckhart», pero al fin no lo hizo. ¡El Maestro Eckhart!, probablemente el más profundo y sublime de los místicos cristianos de Occidente. No podía haber denominación más alta que ver a su hermana como «hija» del místico renano; «hijo» a su vez de Séneca, de Escoto, del Pseudo Dionisio.

Esta clave central de la contemplación, de profundo sentido órfico, nace del silencio y de la soledad, pero implicaba para ella un doble fin: por un lado, la observación física de la naturaleza (de la que el bosque será el símbolo por excelencia), y luego, la contemplación *interior*, es decir, de cuanto emana de los sentimientos y del conocimiento de la persona, del continuo indagar del iniciado para *saber*. De ambas actitudes será fruto maduro ese libro que ella escribe en esta época, *Claros del bosque*. Pero no hay que olvidar que esta etapa también fue muy provechosa por otros libros, pues trabajó en *De la aurora, Los bienaventurados, Notas de un método* o *Los sueños y el tiempo*, a la vez que edita en ese mismo periodo *El sueño creador* (1965), *España, sueño y verdad* (1965) y *La tumba de Antígona* (1967). En lo que se refiere a la contemplación directa, disponemos de algunos testimonios muy vivos, propios del «paseante solitario», pero que a veces se detiene en el sendero estrecho y pedregoso, se sienta junto a él y observa:

Fui sola a dar un paseo. El día era maravilloso: el aire dulce y ligero, la luz en un discreto esplendor. Sentada estuve en un recodo del camino del que he hecho mi pequeño oratorio [...]. La fragancia del heno recién cortado penetraba los poros, carne y alma se fundían y la vida tan simplemente se hace santa [...]. He visto encenderse la luna, encenderse como una rosa. Y me seguía por el caminito. Y ahora está aquí enfrente. Una luz increíble de la que algo he absorbido. Luz de pensamiento, Luz de pensamiento. ¡Oh Señor, Señor! Solo una palabra ha salido de la Letanía, donde la introduje en algunas otras: AURORA CONSURGENS.

A este concepto final también hará referencia María Zambrano en una carta a Lezama Lima del año 1973: «Y como el amor une, se siente así día y noche ese mar de llamas o más bien de fuego oscuro no eterno, no. La *Aurora consurgens* siempre se presiente y aun se siente». El recuerdo de esta expresión se lo suscita ahora una conversación que tuvo en el pasado con su «amigo italiano» Elémire Zolla, profesor en la Universidad de La Sapienza de Roma.

Así que esa «luz de pensamiento» que nace de la contemplación en la soledad del bosque, del «templarse-con», que diría nuestro fray Luis de León en su retiro salmantino de La Flecha, conduce directamente a la palabra, a la creación literaria a través de un proceso en el que mucho tienen que ver los símbolos, pero también los logros, los hallazgos que ella le va arrancando al *más allá*. Se trata de un proceso, en verdad iniciático, que toda la tradición inspirada halla y basa en el medio puro de la naturaleza. María Zambrano lo dejará ya definido desde el primero de los capítulos de su libro, al que le dará el título de «Claros del bosque».

Los símbolos son los del bosque y sus claros, el sendero, los animales fugaces, la luz; pero de ese contemplar surgen también Ideas. Hay algo de círculo que se abre y que se cierra en esa iniciática contemplación, que se abre en el bosque y que en el bosque se cierra antes del regreso a la casa por la senda. Pero el claro del bosque no es solo el lugar espacioso al que se accede tras seguir la senda, sino un «centro» —escribe ella— en el que «no siempre es posible entrar». Aquí radica la prueba para el iniciado: solo se entra si se *conoce*. Ese carácter de «centro» del claro del bosque nos remite a ideas de Mircea Eliade, a ese espacio *fundacional* que puede llegar a ser, nada menos, un «centro del mundo» y que luego un poeta como Miguel Torga reconocería como lo más local y elemental «universalizado».

Contemplación y símbolos son pues presencias ineludibles en los días de La Pièce. Estos dos conceptos también los ha valorado mucho Adele Ricciotti en su estudio sobre la amistad entre María Zambrano y Cristina Campo, a los que ella añade otros que también se dan en esta etapa de la vida de Zambrano, como la búsqueda de un lenguaje puro, la liturgia o el rito:

> La *definitiva* conquista de la revelación es imposible. Es entonces cuando entra en juego el *símbolo*. Tal como en la fábula, a través de los símbolos, la consciencia accede a otro mundo en el que están contenidas las realidades *sobrenaturales*. La misma palabra debe recurrir al símbolo para descubrir el «lenguaje puro» de la revelación. Pero para llegar a esto, es necesaria la obsesiva repetición del *rito*, la *liturgia* que predispone a la *atención*, es decir, a la *contemplación* de la verdadera esencialidad que a través del símbolo puede de esta manera ser expresada [por Zambrano]: «de tal manera que junto al contacto con los símbolos, tan absolutos y particulares, tan excelsos como tangibles, la palabra no puede destilar sino su sabor más puro».

El «puro sabor» del lenguaje del libro que está escribiendo. Pero el claro del bosque —además de un «centro del mundo»— conduce mucho más allá en la indagación al contemplativo; es para quien logra penetrar en él, gracias al conocer inspirado, un lugar donde este se encuentra con la *nada*; mas no con una nada vacía de contenido, sino con una nada *fértil*, con contenido trascendental. Y ante este término nos llegan abrumadoramente ideas y conceptos que vienen de muy atrás: del pensamiento primitivo oriental, de la patrística («y al ir a Roma comprendí que soy de la religión del desierto»), de nuevo de las místicas de todas las culturas y, en concreto, de manera muy señalada, de la cristiana de san Juan de la Cruz.

El místico abulense nos hablaría en plural de las «nadas» y nos diría que es con lo que él se encuentra cuando hace su dibujo del monte; es lo que halla no en un bosque, sino en la cima de un monte en la que también, sí, hay que ascender por una «senda» que no se debe dejar («Tardé más y subí menos porque no seguí la senda», escribe Juan al lado de su dibujo). María Zambrano, quieta pues, en el claro de su bosque, da con esa «nada» que en san Juan es fruto de un ascenso por lugar escabroso y posteriormente de un descenso. «Nada, nada, nada, y aun en el monte nada», dirá el místico español con una radicalidad extrema.

En el claro del bosque se le revela a María Zambrano otro símbolo poderoso: el del templo. Así que el «claro», el «centro en toda su plenitud» es también un lugar *sagrado*. Ello nos conduce a la consideración de que, para quien vive en plenitud y contempla la realidad con ojos de piedad, todo es sagrado en el mundo. Es la forma de dar la «voltereta» para salvarse, como los condenados en el *Inferno* dantesco, como también ella me recordó en nuestra entrevista. Lo que se busca, sí, acaba siendo la *nada*; pero a la vez, paradójicamente, el iniciado no debe ser «devorado por la nada» y por «la propia alma asfixiada por el preguntar» (y por las propias, dolorosas, pruebas del padecer la Historia, pensamos nosotros). El ser humano debe hacer por ello de su vida una activa «conciencia insurgente».

María Zambrano tendrá para Dante Alighieri —en ese momento de la contemplación— un recuerdo muy especial. Ahora será no para la *Commedia,* sino para aquel fragmento de otra obra del florentino, la *Vita Nuova,* que dice: *Io tenni li piedi in quella parte de la vita di là da la quale non si puote ire più per intendimento di retornare* (XIV). Esta misma prueba en los límites, decimos nosotros con palabras del mismo libro, la supera Zambrano *dopo la battaglia de li diversi pensieri.*

Ese encuentro con la nada plena supone ante todo el ejercicio de dejar a un lado los pensamientos, el razonar estéril. Y, sin embargo, tendrá que seguir haciendo uso de las palabras para continuar su diálogo con los símbolos salvadores. En ese momento del *non retornare* —del vacío de los límites del ser y del estar en el mundo— ella lo hará remitiéndonos al de la *luz*. Símbolo doble e ideal por excelencia, porque le conducía a esa luz oblicua que filtraban las ramas del bosque, pero también a la luz del conocimiento, al medio para seguir yendo todavía *más allá*.

Zambrano recuerda esas palabras de Dante a comienzos de los años setenta y las da a conocer con la edición de su libro en México en 1977, pero tendría que pasar una década para que yo las comentara a mi vez con ella en una de nuestras conversaciones en Madrid. ¿Las recordaría yo como palabras debidas a su influencia? No: solo por simple coincidencia y *sintonía*. Porque yo había evocado dos temas de Dante en dos de los cantos (el VIII y el XIII) de mi libro *Noche más allá de la noche* (1983). Se los había enviado a ella cuando aún estaba en Ginebra, pero fue motivo de lectura y comentario entre nosotros tras su regreso a España en 1984.

En el Canto VIII había dado mi interpretación poemática de la versión dantesca del viaje de Ulises, el que no regresó a su patria sino que se extravió frente a la infinitud marina. En el Canto XIII había recreado el ideal de belleza y verdad de la amada, el que además es un medio hacia lo trascendente, un ideal divinal o de un amor también en los límites. Es ante a esta situación que plantea el ideal amoroso por lo que yo había utilizado el mismo fragmento de la *Vita Nuova* que ella. Ya he aludido atrás a alguno de los comentarios que Zambrano hizo de estos cantos míos, a medida que yo los había ido escribiendo, o ya después de publicados y dedicados.

Ella podía haberse quedado en su contemplación e indagación en el bosque con ese símbolo de la luz, en ese límite del que no se puede retornar *per intendimento*. Sin embargo, teniendo acaso en su mente la imagen del monte sanjuanista, desciende de este, pues sabe que, en el fondo, en la vida lo importante no es ascender en pruebas y logros, sino *descender* utilizando vías como las de la piedad frente a los imposibles. Por eso, esa luz física que no es rígida como una espada se irisa ante sus ojos y en su interior, y al hacerlo da lugar a nuevos símbolos; unos reales, evidentes, como los colores del campo o los animales del bosque; otros más metafóricos, como el del fuego.

Deshace así ella lo que ya dijimos atrás y que Juan de la Cruz reconoce en su comentario a la *Llama* como una «lucha de contrarios contra contrarios». Deshace la terrible dualidad. La pensadora parece conocer bien ese pasaje sanjuanista si reparamos en algo que le dice en una carta a Ramón Gaya: «Agua que no ha perdido su carácter manantial, ambrosía sin irisaciones, porque en ella se han desleído algunas parejas de contrarios [...]. Y ahora sí, me acuerdo de ti a través de algunos "puertos y fronteras". Mas no se advierte que los hayas cruzado, porque tal vez no los hayas tenido que cruzar». A la llama aludirá Zambrano en otro capítulo de su libro. La llama que para ella es «belleza misma, pura por sí misma. La belleza que es vida». Esa misma llama que se le aparece en un sueño «maravilloso» y en el que ve «una vela blanca fosforescente, con luz interna y blanquísima, una llama como nunca he visto».

María Zambrano ya nos lo había dicho casi todo sutilmente, sabiamente esquematizado, en el primero de los capítulos de *Claros del bosque*, pero —como la luz— nos irá irisando sus hallazgos por medio de nuevos símbolos. En unos casos, secundarios; en otros, de nuevo muy valiosos, como el ya mentado de la llama, los ínferos, el delirio, la palabra, la noche, la meta. Símbolos o palabras como semillas, como signos, como los astros en el verso del gran poema de Quevedo «Himno a los astros», que ella admira: *letras de luz, misterios encendidos*. Con este verso quiere ir más allá de sus propios hallazgos sobre los símbolos, aquellos que siempre reconoció como «el lenguaje de los misterios». Irisarse de la luz en palabras con las que «dividir las dificultades: el cartesiano método», nos había dicho en otro de sus textos. De la contemplación se da, en último extremo, el «extraer la esencia de las esencias».

De regreso a la vida por medio de la *luz*, ahora hallada gracias al proceso de iniciación, deberá ser *vida nueva*, y por ello María Zambrano vuelve a Dante para transmitirnos las primeras palabras de la *Vita Nuova*, que paradójicamente contienen lo que ya es mensaje primordial: *Incipit vita nuova*. Todavía en esta situación de heridas ya cerradas, en posesión de las semillas de la luz del conocimiento, la escritora seguirá manteniéndose alto en la *cima* a la que ha llegado. Estado de ánimo pleno en la misma cima, pero también en el momento del ascenso y del descenso. Ese estado de ánimo perenne para el iniciado viene regido por otros tres símbolos prodigiosos: el respirar, la alegría y el amor. El Amado se ha mantenido ahora no en el claro del bosque, sino en su profundidad impenetrable, donde se puede hallar al Único, el que se esconde de los humanos detrás de la claridad. Como el ciervo sanjuanista, había huido hacia la fuente originaria.

Prodigioso es que, de regreso de lo que ella reconoce como los «ínferos» —de todas las pruebas pasadas y de la desnuda del silencio en soledad—, nos deje otros dos símbolos preciosos tras su indagación contemplativa: la alegría y el *respirar*. Son, en principio, dos recursos sencillísimos para los humanos, pero que —ciegos en su mayoría estos a lo largo de los siglos— no saben o no pueden valorar. Uno, el del respirar, nace en el pecho de los humanos incluso tan natural como inconscientemente, pero resulta maravilloso en sus resultados para el ser que ya vive sin dudas.

Por ese afán del respirar consciente —aquí un recuerdo de nuevo para la cadena iniciática de Extremo Oriente—, yo situaba a María Zambrano, en el artículo que publiqué en *Revista de Occidente*, en el último eslabón de esa cadena en el tiempo de los que han dado con la luz de ser en la *luz*. Auxilio precioso el del respirar que no solo nos da la vida, sino que nos unifica y nos funde con el mundo-bosque. «Respirar es lo más amenazado hoy», había escrito ella. «Respirar en el silencio de la luz interior», decía yo en ese mismo artículo y lo he vuelto a recordar en algunos de mis poemas, así como en los aforismos de mis *Tres tratados de armonía* (2010). Respirar en la *nada-plena*.

Ella valora mucho esta práctica al regresar de su paseo, ya de vuelta a casa, en la cama, bajo la luz de la lámpara de su hermana Araceli: «Luego seguía echada viendo la tarde hermosa cómo caía, y acallándome en su silencio y en el mío me dije: hay que dejar al alma que respire en lo sin nombre». Lucidez extremada la suya en esta frase, que suma un sentir y un pensar absolutos. Suma sabiduría del ser unificado con el Todo por medio de la palabra.

En ocasiones, ya de regreso a casa —después de haber seguido la aventura «de ir recorriendo bosques, de claro en claro, tras el maestro que nunca se dio a ver, tras el Único, el que pide ser seguido y luego se esconde detrás de la claridad»—, la ventana de su habitación la llevaba de nuevo a la contemplación, pero ahora de visiones paranormales, como las dos que nos recuerda en su texto «Dos visiones objetivas». En el momento en el que los perros se callaban y llegaba el silencio, podía aparecérsele incluso la figura de una diosa, que según ella bien podía ser Diana.

Era ya de noche y hasta la luna se había callado: «Era morena y allí estaba ella reclinada en un torrente». La segunda de las visiones es mucho más perturbadora: nos dice que asiste «al entierro de Adán, un ser alto de color cobrizo». «Yo vi cómo lo depositaban en aquella tierra. Y era muy triste que Adán se hubiera suicidado». Esta visión parece, sin embargo, aludir a algún hecho tan real como misterioso, pues añade: «Me lo callé y ahora lo digo: en estos lugares fronterizos la policía encargada de vigilar la frontera se fija en todo; habían estado los gendarmes y habían cubierto aquella tierra, aquella tumba, aquella tumba que no tenía ningún signo de serlo». ¿Ensoñación de la visionaria o constatación de un hecho real, del que ella es testigo y del que no quiere darnos más pistas?

Mas lo normal es que cuando regrese a la casa mire hacia su interior, encienda «un cirio o una pequeña vela y rece un poco delante de la llama». Estas son palabras que revelará años después en una carta a la viuda de José Lezama Lima. Secreto que ella le comunica al saber que el matrimonio cubano despedía el día con dos salmos, que María busca enseguida en su *Vulgata*. Luego, vuelve «ante una vela encendida» y los lee, entrando en sintonía con la amiga que está muy lejos, al otro lado del océano. En otro momento de su correspondencia con María Luisa Lezama, insistirá en esta presencia del cirio en su vida: «María Luisa, yo rezo poquito, pero rezo. [...] A veces delante de un cirio encendido que tengo en mi cuarto, cuando no soy vista» (carta 12). Tal como recomienda el pasaje evangélico.

Como más adelante señalaremos, cuando cierro este libro, me llega noticia de que es de publicación inminente la correspondencia entre María Zambrano y Ramón Gaya. Pues bien, en una carta que María Zambrano le envía al pintor desde La Habana, el 13 de junio de 1949, se nos adelantan las siguientes palabras, que dicen, por otra vía, pero con el mismo espíritu trascendente que resuena en las palabras de Mateo 6, 6 («entra en tu cuarto, cierra la puerta y ora»), cuanto atrás acabamos de recoger de manera tan clara en su carta a la viuda de Lezama:

Ya sé que tú no eres para precipitarte en la acción; como tampoco yo. Pero mira: tenemos nuestros Dioses y, si sabemos hablarles y escucharles, las cosas se hacen ellas solas, y entonces las cumplimos casi sin responsabilidad y sin esfuerzo —me refiero al esfuerzo de la voluntad—. Éntrate donde están tus Dioses y habla con ellos, que será hablar contigo, y entonces verás muy claro lo que necesitas hacer o que se haga y... después de un poco de padecer y aun de gritar, se acaba cumpliendo.

«Entré», «éntrate», «recógete»... Más allá de esos momentos contemplativos exteriores en La Pièce, solo está ese otro sublime de cerrar la puerta del cuarto, de cerrar los ojos y dormir; pero dormir, dice ella en otro texto, «para despertar inmensamente feliz en el centro de la noche, por esta felicidad que no se sabe de dónde viene. ¿Esta felicidad tendrá parentesco con este silencio que llega por sí mismo?».

Son precisamente estos días de retiro, de soledad y de profunda introspección vividos en los años pasados en La Pièce los que le han servido a la profesora Juana Sánchez-Gey para poner de relieve no solo el sentido espiritual y de fidelidad a lo sagrado de María Zambrano, sino que, según ella, aún se puede ir más allá en el análisis y hablar de significación estrictamente religiosa y teologal de la obra. En este sentido nos ha dejado un libro en el que este enfoque aparece como sumamente razonable y lúcido: *El pensamiento teológico de María Zambrano* (2018). En este libro y en sus sucesivos apartados, va fijando los puntos claves de su valoración: «La razón poética y la trascendencia», «El sentido cristiano de la mística», «Sus obras maduras acerca de la religión«, «La religión entre filosofía y religión», etc.

A veces lo hará a través de subtemas concretos de la teología zambraniana, como «La mística como humanización», «El Espíritu Santo», «La Virgen» o la «Oración». Como apéndice especial a esta obra nos ofrece un texto inédito de Zambrano de 1963, titulado «El perdón» —otra forma de la piedad, diría yo—, un «tema religioso por cristiano». Muy especial en su visión es también la valoración que hace de una obra como *La agonía de Europa* (1944), que nace de nuevo en la fecha clave de 1940, iniciado su exilio y su afán de crear con un sentido *nuevo*. Y resume Sánchez-Gey cuanto ha expuesto con este juicio: «El legalismo solo permite una miope justicia, que no potencia la esperanza humana, que desea cambiar y comenzar de nuevo. El perdón nos sitúa siempre en el futuro y se aleja de cualquier resentimiento del pasado». Una buena medida también para quienes sufren el resentimiento político.

Hasta aquí cuanto para mí hay de esencial en la relectura que he hecho de *Claros del bosque*, libro que se publicó en Barcelona, en 1977, tras una demora por parte de los editores que había enervado a la autora: «Al fin está a punto de salir mi libro *Claros del bosque*, entregado a la editorial —a petición de ellos— hace más de tres años. Pedí que me lo devolvieran, pero no quisieron porque tenían enorme interés en publicarlo». Su libro, visto desde la desposesión del creador, como «un recién nacido, que no sé, claro, si nacerá o crecerá». Este libro central en la obra de Zambrano ha sido y es sometido a otras interpretaciones, algunas de ellas fundamentadas, como en la edición crítica que Mercedes Gómez Blesa ha preparado de él (2011). Interpretación tras el recorrido por la vida y el resto de las obras. Cierto es que estos libros de la segunda etapa de Zambrano no pueden ser entendidos sin comprender que suponen una renovada, *nuova,* fase del *conocer.*

No es posible dividir vida y obra de esta escritora en dos etapas radicales, más o menos ideologizadas, sin comprender que ambas son el resultado de lo que Jung reconoció como «proceso de individuación»; es decir, el sometido a pruebas innumerables, pero que conduce a la persona a lo que esta debe y tiene que ser en la vida con la ayuda o influencia del destino. En el caso de Zambrano, a una plenitud del conocer por medio de la superación de la Historia y de la razón sistemática. En esa dilatada y penosa andadura la ayudarán no poco la palabra de los poetas y el hallazgo, por ella tan bien fijado, de su *razón poética.*

No hay que olvidar tampoco, en la valoración del libro, factores complementarios que Gómez Blesa aprecia, que, a mi entender, sobre todo son cinco: el apoyo que en la indagación supone el reencuentro con determinadas imágenes de la tradición griega (la Medusa, Apolo, Atenea, la cicuta, la Luna); el uso «explicativo» que ella hace de dichas imágenes o paradigmas de la tradición clásica; «una recapitulación de la teoría ontológica, metafísica y epistemológica desarrollada en las obras anteriores»; la carta de autoayuda, diríamos con el tópico de hoy, que hay en este libro, de qué manera quiebra el dogmatismo de los géneros y en él hace la autora otra cosa que prosa y otra cosa que poesía, aunque el sustrato poético de este es indudable y, como ha dicho Ana Bundgård, sea necesario interpretarlo muy bien. Por ello, Gómez Blesa equipara este libro a otros paradigmas creativos, como la *Guía espiritual* de Miguel de Molinos. (Yo estaba también pensando, mientras lo releía, en *La lámpara maravillosa. Ejercicios espirituales,* de Valle-Inclán, otro libro inusual y sabio donde los haya).

Por último, hay un factor muy valioso en esta aproximación crítica a *Claros del bosque* y es que, después de su lectura, el lector se ve obligado a pensar en una «nueva antropología» y en una «nueva razón *íntegra*», puntualiza Blesa. Aquí radica en realidad ese gran don que supone el mensaje de los que yo valoro como los grandes libros de Zambrano. En definitiva, al agudizar su sentir y su pensar, la simbología de este libro se va resumiendo visual y significativamente, hasta el punto de que el bosque y sus claros acaban siendo «semilla», «punto», «meta».

No es raro por ello que el proceso usual de la meditación contemplativa deba comenzar para el profano en un punto: ese que normalmente no vemos, pero que existe entre nuestras cejas, entre nuestros ojos (cerrados). Porque al final el que contempla no contempla, pues hasta la misma noche se lo impide. Los ojos, sí, se siguen sumergiendo en la oscuridad de esta, para penetrar en otra luz, «la que centellea en los ojos de la noche», en el misterio de la inmensidad celeste. Quizá entonces, ante esa imposibilidad, la contemplación deba convertirse simplemente para María Zambrano en «adoración». Y de ella es un medio contemplativo otro símbolo celeste más cercano a nosotros: la luna.

No hay que olvidar tampoco cuanto en *Claros del bosque* hay de profunda rehumanización. Para ello la autora desciende de la idea de Unidad y escribe el más extenso de sus capítulos, «La metáfora del corazón», que no sin un hondo sentido dedica a su primo Rafael Tomero. Lo hace pensado en la ayuda prestada por este antes y después de que su hermana Araceli se agrave y muera. Y así nos lo reconfirmó: «La metáfora del corazón de *Claros* […] lo escribí cuando Ara partió; algunas páginas, mientras estaba en la clínica». También sabemos que a continuación escribe otro de los fragmentos del libro, que por su significación ella sitúa hacia el final, «El sol que sigue»; texto que «salido está de la muerte de Ara y de lo que sentí la tarde aquella en casa de Rafael». En ese momento, la misma muerte será para ella motivo de contemplación:

La muerte, como todo lo inconcebible, hace así con el que la contempla. Y ¿cómo puede dejar de contemplarla el que ha perdido el uso de los sentidos, que han ido a reunirse todos en la sordera ciega, refractaria a toda voz, al llanto mismo? […] Es el sol al día siguiente el que hace abrirse a los ojos, unos ojos que pueden mirarlo de frente, cara a cara, como el ojo inconcebible de una visión sin aurora. Un sol que no alumbra, que simplemente despierta. El escudo de la muerte que da la señal de la vida.

El sol —la vida, que sigue— como símbolo que salva el día de la muerte de la hermana. Tras este sabio hallazgo, Zambrano cerrará el libro tornando al mito, a uno de los más fecundos, el de Atenea, «sabia a su vez y astuta», y a las furias de Orfeo, «las que destrozaron por antagonista la presencia luminosa, inerme, poética». Pero como hemos dicho, reclamando antes el humanismo, María Zambrano ha debido retornar al origen de «la sangre», a la familiar que ayuda y vivifica, no a la derramada por el odio fratricida de una guerra.

Por eso, el corazón, en sintonía con la piedad, puede ser en este libro el símbolo de los símbolos, pues que el corazón es el «vaso del dolor». «Vaso y centro el corazón, unidamente», precisa. Vuelve así a cerrar el círculo de la contemplación indagatoria, en ese otro centro que ya no es el del claro del bosque ni el del mito, sino el del corazón, «unidamente», bajo el amparo de la Unidad.

El libro que ella estaba escribiendo y el libro que ella había escrito tiempo antes. Los días de soledad y de creación en La Pièce y ese libro que envía a sus amigos de Roma, a Elémire Zolla y Cristina Campo: *El hombre y lo divino*. Lugar y libro, amistad perenne, fluyen a través de la distancia y se nos muestran con ternura en este fragmento de una carta que ella recibe de ambos:

Es maravilloso tener entre las manos, como un pequeño precioso icono, cargado de vivencias y de afectos, el volumen de *El hombre y lo divino*. ¡Cómo lo ha enriquecido el tiempo, en todos los sentidos, María! (¿Hay algo en el mundo más bello que la madurez?) Elémire me pide que te diga que este libro ha llegado a nuestras manos justo cuando él intentaba inútilmente expresar un pensamiento alto e insobornable (como dirías tú): tu libro le ha dado las palabras perfectas [...]. Gracias, pues, María por este regalo de soledad a soledad. Gracias por estar de tantas maneras presente en estos momentos. Si puedes, háblame de tu bosque sagrado, de la gran mesa en la que trabajas...

Retorno tras el paseo a esa mesa, a la vida diaria, por el sendero del bosque, para encontrarse de nuevo con la casa, con lo humano, con esa lámpara encendida que utilizaba su hermana Araceli; lámpara física, real, junto al lecho, que adormece y trae el doble sueño a la solitaria doliente. ¿Y no será esa lámpara la misma que trae la luz del conocimiento en el libro prodigioso de Valle-Inclán? Este también hizo un esfuerzo luminoso para decirnos, con las palabras que siguen, cuanto Zambrano nos dejó escrito de esencial. Escribe Valle en *La lámpara maravillosa*: «Toda forma suprema de amor es una matriz cristalina y eterna. Ser bello es hacerse centro de amor y morar otra vez en el himen divino» (VII).

Algunas claves de Antonio Machado
y de María Zambrano en Segovia

Por la sintonía en el conocimiento sabio, iniciado, de que he venido hablando, por el proceso de su experiencia vital en María Zambrano, deseo entrar ahora en un tema que trato por ser muy afín a su vida y que quizá por razones cronológicas yo debiera haber situado en el comienzo de este libro, pero, como ella misma me dijo en la entrevista que grabamos, tiempo y memoria, poesía y pensamiento, van «saltando de una a otra sin capricho alguno». Observará el lector que en este libro no se impone el relato cronológico, sino que he ido pasando de un tema al otro, de un tiempo a otro, según me lo imponían la emoción y las lecturas. Ahora de nuevo volvemos muchos años atrás y antes de reparar en otra etapa clave: la de sus años en Roma.

Deseo por ello volver los ojos hacia el Antonio Machado que vivió en dos ciudades castellanas —Soria y Segovia—, lo que supone enfrentarnos al menos con una de las claves de la vida y de la obra de este poeta. Ojalá esta revisión concreta de su relación con Castilla (y al hilo de su sintonía con la familia Zambrano) suponga una ocasión para liberarlo de algunos análisis tópicos y, sobre todo, para subrayar el que, a mi entender, es el Antonio Machado esencial. A su persona y a la ciudad de Segovia va unida María Zambrano niña y adolescente en sus días de iniciación hasta llegar a ser la que fundamentalmente debía ser después de las sucesivas pruebas por las que habría de pasar su vida.

Frente a un Machado desgarrado entre dos extremos —el cantor de Castilla, en la órbita de un mero «costumbrismo», como lo han visto a la ligera algunos de sus negadores, y un Machado claramente comprometido en lo social y en lo político—, se alza un tercer Machado, de resonancias simbólicas y órficas. Ello nos lleva a pensar que, con cierta frecuencia, nos encontramos con un poeta que ha sido muy mal leído, en la medida en que se nos ha ocultado —de manera consciente o inconsciente— ese otro creador que hay que leer, ante todo y sobre todo, entre líneas y por medio de sus símbolos. Antonio Machado será para María Zambrano una persona entrañable por muy variadas razones. De ahí el que tanto le molestara a ella, como hemos visto, la opinión que Luis Cernuda tenía sobre la poesía del poeta sevillano.

Reparo, sobre todo, en el Machado de la lira órfica, por ejemplo, que ya aparece de una manera clara en su primer libro, *Soledades*, en uno de los poemas más bellos que escribiera y que ya hemos recordado: «Tal vez la mano en sueños/ del sembrador de estrellas…». Entre este poema y algunos versos de sus *Nuevas canciones*, que aluden a la «vasta lira», al «burilad lira y arco» o a «sigue en el silencio/ la pitagórica lira vibrando», el Machado órfico va apareciendo y desapareciendo, tiembla en su obra de manera evidente, para revelarnos esas verdades que solo la fusión ideal del sentir y del pensar de algunos grandes poetas nos suele ofrecer. Es de nuevo el Machado más profundo, el que reconocemos también en uno de los fragmentos de un poema que escribe no mucho antes de llegar a Segovia. Me refiero a «Olivo del camino»:

> *Olivo solitario,*
> *lejos del olivar, junto a la fuente,*
> *olivo hospitalario*
> *que das tu sombra a un hombre pensativo*
> *y a un agua transparente.*

Son, por cierto, unos versos que mucho le gustaba citar a María Zambrano. Cuando en la entrevista que grabamos le pregunté por el Antonio Machado esencial, ella no me respondió con teorías, sino que se ciñó a «definirlo» recitándome solo estos versos iniciales del poema «Olivo del camino». Como Machado publica sus *Nuevas canciones* en 1924 —cuando ya se encuentra en Segovia, y a la sazón María Zambrano tenía veinte años—, es muy probable que ella leyera este poema en dicho libro, acaso en un ejemplar que el poeta le pudo dedicar a su padre. (Quienes se sientan interesados por los aspectos órficos y por el *sueño creador* en el poeta sevillano, para nosotros primordiales en su poética, no deben dejar de leer el libro de Santiago Pérez Gago *Razón, «sueño» y realidad en Antonio Machado* (1984), fruto de la tesis doctoral en Filosofía del autor).

Antonio Machado había llegado a la ciudad del Eresma en 1919 para ocupar la cátedra de Francés del instituto. Ese mismo año, Mariano Quintanilla funda la Universidad Popular y pronto recupera para su sede la iglesia de San Quirce, que hasta entonces había sido una especie de almacén militar. Los Zambrano habían llegado a Segovia en 1909, cuando María tenía cinco años. En esta ciudad residirá la familia hasta 1924, fecha en la que se instalan en Madrid. Por tanto, María vivirá en Segovia entre los cinco y los diecinueve años, una etapa muy importante para cualquier ser humano —la de la infancia, la de la adolescencia—, pero particularmente para una persona destinada a iniciarse en la sabiduría del pensar inspirado. Esta etapa la marcará profundamente.

Como ven, ya hemos entrado de lleno en el recuerdo de ese «triángulo» formado por Antonio Machado, Blas Zambrano y su hija, María. Y en Segovia. De aquellos días segovianos esta guardará en su memoria tres nombres aún más precisos, excluyéndose ella: el de su propio padre, don Blas, el de Machado y el de Juan de la Cruz, cuyo cuerpo descansa en una de las hondonadas de la ciudad, en el monasterio de Carmelitas, a orillas del río Eresma:

Allí mismo, junto al lugar de san Juan de la Cruz, más como lugar cualitativamente diferente, las peñas se alzan aún más, se hacen altas e inaccesibles. En ellas se abren cuevas, secretas galerías [...]. Como la palabra, el pan alcanza la plenitud de su ser, dándose.

Sorprende la utilización por la pensadora y por Antonio Machado de un mismo símbolo revelador: las *galerías*. ¿Son estas, también, las mismas galerías y cavernas que vivió el autor del *Cántico espiritual* en sus días segovianos, las que hay detrás de su monasterio y que, a mi entender, recordaría así en una de sus bellas liras: «y a las subidas/ cavernas de la roca nos iremos,/ que están bien escondidas»?

Don Blas Zambrano, catedrático de Gramática Castellana a partir de 1909 en la Escuela Normal de Maestros —su esposa Araceli Alarcón ocuparía en 1910 una plaza de maestra en la Escuela de Niñas—, confluye con Antonio Machado en la aventura que supuso la Universidad Popular en Segovia, en la que Unamuno vino a dar, como ya hemos recordado, una conferencia en 1922. Machado y Blas Zambrano también coinciden en la tertulia que se celebra cada día, después de comer, en el taller del ceramista Fernando Arranz y por la que pasan Julián María Otero, autor de *Segovia. Itinerario sentimental*, Álvarez Cerón, Ignacio Carral, Mariano Grau, el pintor Eugenio de la Torre y el profesor de filosofía en el instituto Mariano Quintanilla.

Tampoco debemos olvidarnos del escultor Emiliano Barral, quien tallaría la cabeza de Antonio Machado que aún podemos ver en el Instituto Fernán González. Barral, que moriría luchando en el frente de Madrid, también esculpió la cabeza de Blas Zambrano, de aire romano y florentino, como nos recuerda Machado en una semblanza preciosa y profunda, página póstuma —con entrada de versos manriqueños— de su *Juan de Mairena* (1938):

Era don Blas Zambrano, cuando lo conocí en Segovia, hombre maduro, frisando en los cincuenta, figura varonil, aunque nada imponente, la cabeza entre romana y florentina, muy noble. Algunos pensábamos al verle en el Niccolò da Uzzano de Donatello.

Emiliano Barral la esculpió en piedra durísima y le llamaba a don Blas y a su busto en piedra *El arquitecto del Acueducto* [...]. Era don Blas Zambrano maestro de profesión y, sobre todo, de vocación, una vocación de la cual ni él mismo parecía darse cuenta. Reparad en que los hombres más finos no suelen preciarse ni de *llamados*, ni de *elegidos*.

Al parecer, Barral lo reconoció así porque el propio don Blas se había negado modestamente a que el escultor inscribiera su nombre en la base del busto. Muchos años después, los nombres de Blas Zambrano, María Zambrano y Antonio Machado volverán a aparecer fundidos en una carta llena de ternura y de dolor que este último, el poeta, le escribe a María desde Rocafort (Valencia), el 22 de diciembre de 1937. Ya camino del exilio, el poeta tiene un sueño y en él se ve junto a Blas Zambrano, a los pies del Acueducto, que reconoce como «su único amigo», el único amigo en aquellos difíciles días:

> Estábamos al pie del acueducto y su papá, señalando a los arcos de piedra, me dijo estas palabras: «Vea usted, amigo Machado, cómo conviene amar las cosas grandes y bellas, porque este acueducto es el único amigo que hoy nos queda en Segovia».

Antonio Machado se encontrará con Blas Zambrano por última vez en Barcelona, poco antes de atravesar la frontera con Francia camino del exilio. Ese último encuentro fue evocado por el autor de *Campos de Castilla*:

> Vi a don Blas, por última vez, en Barcelona, acompañado de su hija —esta María Zambrano que tanto y que tan justamente admiramos todos—. Pláceme recordarlo así, ¡tan bien acompañado!

Los encuentros pudieron celebrarse en el lugar donde Machado se alojó durante su estancia en Barcelona, en la Residencia de Intelectuales Republicanos, en Villa Castanyer, en el paseo de San

Gervasio. María dio por aquellos días un curso en la universidad barcelonesa. Blas Zambrano morirá en Barcelona el 29 de octubre de 1938, en su provisional domicilio de la calle Diagonal 600, y fue sepultado al día siguiente en el cementerio de Les Corts.

La tumba quedó ilocalizable y, casi treinta años después, su hija se seguía preocupando por encontrar el certificado de defunción para dar con ella y arreglarla gracias a la colaboración de Agustín Andreu en las gestiones. Significativo es también que tal petición se la haga al poeta Antoni Marí, residente en Barcelona, quien da con la lápida, la limpia y la fotografía, según nos cuenta en un pormenorizado artículo en el que resume su relación con la pensadora («Un acercamiento», *La maleta de Portbou*, n.º 16), posteriormente recogido en su libro *Siete aproximaciones a María Zambrano y un acercamiento* (2016).

De los últimos momentos que vivió María Zambrano en Barcelona, de la tensión y dudas que mantuvo ante los papeles y documentos que la acompañaban, da cuenta el siguiente fragmento de su libro *España, sueño y verdad* (1965). Como ante la pequeña maleta que portaba Machado al cruzar la frontera y que se vio obligado a abandonar, también aquí nos preguntamos ¿qué habrá sido de aquellos escritos zambranianos abandonados por ella en Barcelona debido a la urgencia de la partida?:

> Cuando llegó el momento de abandonar la casa en la que viví en el último periodo de mi estancia en España, encaminada ya hacia la frontera, hube de elegir unos muy pocos objetos, más simbólicos que útiles, para que me acompañaran. Allí estaban, cuidadosamente ordenados en cajas de fácil transporte, todos mis apuntes, algunas notas mías, modestos ensayos, esquemas de trabajos futuros, todo mi pasado y lo que se me figuraba entonces ser mi futuro filosófico. Nunca he logrado explicarme hasta ahora por qué corté mi gesto de recogerlos, por qué los dejé abandonados allí en aquella casa sola, cuyo vacío resonó al cerrarse la puerta de modo inolvidable. [...] Fue un acto de renuncia, de desprendi-

628

DON BLAS JOSE ZAMBRANO

○ MAESTRO ○

✳ FEBRERO 1874
✝ 30 OCTUBRE 1938

© Antoni Marí

Tumba de Blas Zambrano en Barcelona

miento, un auto-despojo de todo mi trabajo de tantos años, como si hubiese querido ofrecer al destino la completa libertad de destruirlo por entero.

Entre los «pocos objetos simbólicos» María Zambrano decidirá llevar consigo solo tres libros. Sabemos cuáles fueron: *La guía de los desesperados*, de Maimónides, una edición de las obras de san Juan de la Cruz y la *Ética* de Spinoza. En una carta enviada posteriormente, en 1973, desde La Pièce a Enrique de Rivas, volverá a recordar estos libros seleccionados con urgencia, haciendo algunas precisiones concretas sobre aquel autor sobre el que ella no pudo llegar a redactar su tesis doctoral, «La salvación del individuo en Spinoza»:

[La *Ética* de Spinoza] es uno de mis libros salvadores. Presidió toda mi juventud y es uno de los tres que saqué de España. [...] Spinoza es uno de los filósofos puros que muestran la eterna validez del pensamiento filosófico. Y no digo que pudo pasarse de la poesía, pues que hizo un Poema, según he repetidamente dicho y escrito. Acompañó a Nietzsche hasta el último momento.

Probablemente, el ejemplar de la *Subida del monte Carmelo* de san Juan de la Cruz fue el que la estimuló en esos momentos críticos de la partida para escribir su ensayo sobre el místico español, texto que escribiría sobre papel timbrado de la revista *Hora de España*, que acabaría de redactar en Morelia (México) y que publicaría en la revista *Sur* de Buenos Aires.

Hemos visto como hasta sus últimos momentos en Barcelona y desde los primeros de infancia y de adolescencia en Segovia, la figura de su padre fue ejemplar y entrañable para María Zambrano. Ella lo reconoce expresamente como «perenne maestro», porque siempre lograba «extraer de lo oscuro lo claro»; también en algunas dedicatorias y en las iniciaciones a determinadas lecturas. En una de las dedicatorias, le aplica el calificativo de «filósofo» («A la memoria de mi padre, filósofo y guía»). O, ya muerto, lo recuerda en uno de los ensayos del libro *Andalucía, sueño y realidad* («A la memoria de Blas José Zambrano, mi padre»).

Esa devoción hacia el padre se manifiesta también en un hecho significativo: entre los catorce y quince años, ella fue copiando en un cuaderno los artículos que el padre iba publicando. Debió de salvar dicho cuaderno de los días de Barcelona, o recuperarlo por otras vías, pues años después lo tendría en sus manos, lo abriría y dentro se encontraría con el recordatorio funerario de la muerte de su padre.

Ya hemos ido viendo cómo ya antes, en sus años universitarios, se había dado otro magisterio crucial, el de Ortega y Gasset, a quien Zambrano nunca privó de la denominación de «don José», a pesar de sus discrepancias teóricas posteriores:

> Y de ahí parten algunos de los malentendidos con Ortega, que me estimaba, que me quería. No lo puedo negar. Y yo a él. Pero había… como una imposibilidad. Es obvio que él dirigió su razón hacia la razón histórica. Yo dirigí la mía hacia la razón poética.

No quisiera detenerme en exceso en los detalles de la más que significativa amistad entre Machado y los Zambrano, entre otras razones porque se ha publicado un libro del pintor Jesús González de la Torre, *María Zambrano en Segovia*, en el que se podrán encontrar más datos de fiar sobre esta relación. Guarde también el lector en su memoria el recuerdo de aquellos días, de la honda significación que la ciudad de Segovia tiene para María Zambrano, acudiendo a la lectura de los dos bellos textos escritos por ella: «Un lugar de la palabra. Segovia» y «De la noche oscura a la más clara mística». Otros lugares no muy lejanos, como los pinares de Valsaín o el pueblo de Fuente el Olmo de Fuentidueña, lugares de cita obligada para el descanso estival de la familia, ampliaron el paisaje segoviano de los Zambrano. Un lugar muy especial de la memoria fue para ella este pueblo segoviano, en el que su tía Asunción Alarcón era maestra.

María Zambrano
adolescente en Segovia

Las visitas en el verano debieron de ser vivencialmente muy intensas si tenemos en cuenta una de las cartas de María Zambrano a Mariano Quintanilla —publicadas por José Luis Mora en 2010— en la que le da cuenta de un viaje a Fuentidueña de su primo Rafael Tomero Alarcón en 1963, del que este regresa con

> cuadros, fotografías, bordados segovianos de mi madre, muchas cuartillas de mi padre, el original de su *Historia de España* inédito [no llegó a ser editado en 1936] y muchas más cosas [...]. Vienen también unos sobre míos conteniendo originales y algunos apuntes, y cómo viví la amistad y el compañerismo en modo tan hondo y serio, y vienen también algunos originales de amigos y compañeros: unos poemas de Cela, que entonces nadie tomaba en consideración, el original a máquina de dos poemas hermosísimos de Miguel Hernández, uno por identificar, quizá inédito, el otro con variantes respecto al publicado.

Volviendo a Segovia a comienzos de siglo en una pequeña ciudad castellana, nombres como los de san Juan de la Cruz, Antonio Machado, Blas Zambrano, María Zambrano, se entrelazan no solo para hablarnos de la Historia, sino también de la *intrahistoria*, de los lugares y de los espacios, y sobre todo de las sensaciones del alma. En el Instituto Nacional de Segovia, a un paso del Acueducto, Machado imparte sus clases. Entre sus alumnos, solo hay dos mujeres; María Zambrano es una de ellas. Nunca los nombres de maestro y discípula tendrán una significación tan honda como en aquellos momentos y en aquellas dos personas.

Han pasado casi diez años desde la llegada de Antonio Machado a Segovia. Ahora estamos en 1928. Es el mes de junio y a la ciudad llega desde Madrid, con una tarjeta de presentación, una fervorosa lectora y admiradora del poeta, Pilar de Valderrama, a la que, a partir de ahora, reconoceremos como Guiomar, el nombre que el poeta le da en sus cartas y poemas. El encuentro se lleva a cabo en el vestíbulo del hotel Comercio.

Guiomar era la autora de un libro de poemas, *Huerto cerrado*, que trae con ella y que le regala al poeta. Este promete corresponderle enseguida con la segunda edición de sus *Poesías completas*. Machado se enamora encendidamente de Pilar de Valderrama y el mejor testimonio de ello serán las cartas que se han salvado de tal relación —desgraciadamente, se han perdido muchas de las que él escribió y todas las que ella le escribiera—, primero recogidas en el libro escrito por Pilar de Valderrama *Sí, soy Guiomar (Memorias de mi vida)*, en el que se recogen 36 cartas del poeta y que aparece tras su muerte. El libro fue presentado en Madrid por José Luis Cano, biógrafo de Antonio Machado, que había seguido de cerca esa relación entre el poeta y su «diosa». Luego, de manera más cuidada y completa, aparecieron *Cartas a Pilar* (1994), edición de Giancarlo Depretis, que consta de 26 cartas sin fechar.

La relación de Machado con Pilar de Valderrama ya había sido anunciada por su confidente, Concha Espina, en *De Antonio Machado a su grande y secreto amor* (1950) y, poco después, en un artículo de Justina Ruiz de Conde, «Antonio Machado y Guiomar» (*Ínsula*, 1954). José Luis Cano también tenía información de la misma —como me hizo saber de viva voz a mediados de los años sesenta—, que había obtenido por medio de una de las hijas de Pilar de Valderrama, aunque con muchas reservas todavía por parte de esta. Al parecer, una infidelidad de su marido y el deseo de descanso, así como la gran admiración que sentía hacia Machado, fue lo que llevó a Guiomar a Segovia. Y, por supuesto, que allí se encontrara con su admirado Machado («Yo, que nunca tuve en la memoria ni los versos míos, pero me sabía los suyos de tanto repetirlos en silencio»).

Del primer encuentro en Segovia, quedará sobre todo vivo en la memoria del poeta el paseo que los dos dieron desde el hotel, la noche siguiente, después de cenar, hasta el Alcázar. Pero no solo este segundo gran amor en la vida de Machado dejará esas encendidas cartas de las que hemos hablado. El poeta —seguramente en el tren, entre viaje y viaje los fines de semana a Madrid, para verla en un secreto café de los alrededores de Cuatro Caminos—

ha comenzado a escribir poemas. Son los que reconocemos como «Canciones a Guiomar» y «Otras canciones a Guiomar». En ellos vuelve a soñar, pero despierto, para escribir uno de sus poemas más melódicamente bellos:

> *En un jardín te he soñado,*
> *alto, Guiomar, sobre el río,*
> *jardín de un tiempo cerrado*
> *con verjas de hierro frío.*
> *Un ave insólita canta*
> *en el almez, dulcemente,*
> *junto al agua viva y santa,*
> *toda sed y toda fuente.*

Más desgarrador sería el soneto que le dedicó años después, dentro de la serie «Poesías de la guerra». Separados los dos para siempre, ella en Galicia y él en Valencia, vuelve Machado, en el primero de los poemas, a recurrir a los originarios y significativos símbolos de *Soledades* para revelar lo mejor de su poesía: la fuente, el jardín, la mar, la plaza, la noche, el limonero… El soneto lo recuerdo en su totalidad porque es muy revelador de aquella angustiosa separación y de la marcha que también María Zambrano emprendería hacia el exilio. Pero, en otras ocasiones, es la plácida ciudad del Eresma la que asoma en la correspondencia y en aquel tiempo pasado en el que renacía amorosamente el ánimo del poeta:

> *De mar a mar entre los dos la guerra*
> *más honda que la mar. En mi parterre,*
> *miro la mar que el horizonte cierra.*
> *Tú asomada, Guiomar, a un Finisterre,*
>
> *miras hacia otro mar, la mar de España*
> *que Camoens cantara, tenebrosa.*
> *Acaso a ti mi ausencia te acompaña,*
> *a mí me duele tu recuerdo, diosa.*

La guerra dio al amor el tajo fuerte.
Y es la total angustia de la muerte,
con la sombra infecunda de la llama

y la soñada miel de amor tardío,
y la flor imposible de la rama
que ha sentido del hacha el corte frío.

Pero antes es la plácida ciudad y sus paseos por ella lo que asoma en la correspondencia con Guiomar, en aquellos días en los que renacía amorosamente el ánimo del poeta:

El martes amaneció un día tibio y casi de primavera. Tuve tiempo, antes de ir a la estación, de pasear por la alameda del Eresma, releyendo tu carta y, después, por el camino nuevo entre pinares. Me hice la ilusión que caminaba contigo, solitos los dos, como dos novios en domingo, que apenas se hablan, porque de puro quererse nada tienen que decirse.

Se trataba quizá de aquel mismo día de 1919 en el que, de vuelta a su humilde pensión de la calle de los Desamparados, Machado compuso aquel poema tan claro en el que también conocemos la importancia que para él tuvo la *contemplación*, la misma de la que haría uso Zambrano y que atrás hemos señalado. Expresiones en el poema como el «balcón de la mirada», o el verso que lo cierra —«es un acto de fe toda mirada»— denotan ese afán contemplativo que fue absoluto en el autor de *Campos de Castilla*:

En Segovia, una tarde de paseo
por la alameda que el Eresma baña,
para leer mi Biblia eché mano al estuche de las gafas
en busca de ese andamio de mis ojos,
mi volcado balcón de la mirada.

Los años pasados en Segovia serán, pues, decisivos para el poeta, y no solo por lo que revelan, sino por lo que vaticinan. Por un lado, ese sentido entrañable de la amistad y del amor renacidos, pero también esa concentración que le permite el apartamiento en la provincia, y esas inspiradoras idas y venidas en tren atravesando el Guadarrama. No olvidemos que estos años son además de una gran creatividad teatral junto a su hermano Manuel. Días de estrenos en Madrid, pero sobre todo de reflexiones profundas, de cambios creativos, de forcejeos interiores en una etapa —la del *mezzo del cammin* de la vida— que obligarán a dar a su poética un cambio brusco hacia la síntesis en el pensar.

He escrito que, a mi entender, el poema verdadero es aquel en el cual el poeta siente y piensa al mismo tiempo de una manera ideal. El Machado que piensa, que razona, que ahonda en sus lecturas filosóficas, se da sobre todo en estos años, los que van de 1919 a 1932, cuando está en contacto con la ciudad de Segovia. En los poemas de dicha etapa, no nos encontramos con un poeta «con pretensiones de filósofo», como algunos afirman a la ligera, sino con un poeta que presta al pensamiento la atención debida. Por ello, en esta etapa segoviana, los poemas dejan de ser «estampas rurales» —otro gran tópico lamentable— para ofrecerse como sabias y sintéticas reflexiones sobre los más graves problemas del ser; problemas extremados a veces, como los que revela ese poema que es su «Soneto al gran cero». Evolución, pues, natural hacia el pensar, como la que se da con naturalidad en los grandes poetas (Hölderlin, Leopardi).

Para ese sentido último y primero de la poesía machadiana, también disponemos de la opinión de María Zambrano, cuando nos dijo:

En él conviven pensamiento poético y poesía. Machado hombre acepta lo que dice Machado poeta, y pretende en último término darnos las razones de su poesía; que la poesía no es cosa de la que se pueda responder; que ello es cosa de misterio, cosa de fe, milagrosa revelación humana en que no interviene el Dios, pero sí lo que cerca del hombre sea más divino. Para Machado la poesía es cosa de conciencia.

Así que este poeta siente y reflexiona, ama y razona, de manera extremada, pero sin renunciar nunca a esa voz *interior* que revela el misterio desde la soledad profunda, de la que también nos habla el primer verso de otro de los sonetos de aquellos días: «¡Oh soledad, mi sola compañía...». Por eso la diosa de su nuevo amor debe ser, a la vez, «la musa» que le conduzca por los caminos del conocimiento:

> *Oh musa del portento, que el vocablo*
> *diste a mi voz que nunca te pedía.*
> *Responde a mi pregunta: ¿con quién hablo?*

En aquel «medio camino» segoviano de su vida, le llega también a Antonio Machado la llamada de la Historia, siente la inquietud social como tantos españoles de entonces, el deseo de un tiempo nuevo y de un nuevo país que se materializará en otra anécdota, en otro hecho plenamente segoviano: la proclamación de la República desde el balcón del Ayuntamiento de la ciudad, en donde Machado iza la bandera, y, antes, en febrero de 1931, en el mitin en el que participa, en el Teatro Juan Bravo, junto a Ortega, Marañón y Pérez de Ayala.

Nacía —con una gran ilusión y esperanza por parte de los intelectuales más prestigiosos— esa primera etapa republicana que luego conduciría a una segunda desencantada sobre la que precisamente previno Ortega en su conocido discurso en las Cortes con aquel «No es esto, no es esto». Palabras que venían después de la quema de iglesias y conventos de los días 10 y 11 de mayo de 1936, solo un mes después de la proclamación de la República; hechos que tanto iban a influir en no pocos republicanos ilustres de primera hora, especialmente en los del sector liberal.

Hasta el padre de María Zambrano parece participar de este mismo desencanto posterior, de las justificadas ilusiones primeras, cuando afirmó en el retrato que de él nos dejó su hija: «Renunció para siempre a toda actuación política cuando advirtió que las palabras "libertad, justicia, derecho" eran dichas por él con un sentido y entendidas en otro, o en ninguno».

Volvamos, en esta semblanza de vidas paralelas, a María Zambrano en Segovia, a los años que van de 1917 a 1924, de sus trece a sus veinte años. Como en cualquier adolescente que entra en su primera juventud, ella *re-nace* a muchas cosas en esta etapa, pero sobre todo a dos: al conocimiento y al amor; al conocimiento a través de determinadas lecturas muy tempranas, a su naciente vocación para el análisis y la meditación, en esa atmósfera que la rodea, familiar y amistosa, tan cercana a la vez a un tipo de cultura popular y viva. También al comienzo de sus estudios universitarios «por libre» y a su proximidad a los grandes maestros de la Universidad Central.

Pero poco se ha subrayado la importancia de su nacimiento al amor a través de dos relaciones vividas en Segovia, en verdad tan inusuales como apasionadas. La primera de ellas es el amor que ella siente y padece hacia uno de sus primos, Miguel Pizarro Zambrano (Alájar, Huelva, 1897-Nueva York, 1956). Lo siente impulsada por su sensible pasión adolescente —ella tenía trece años, y él, veintiuno— y lo padece porque su padre se opone al mismo radicalmente por considerarlo un amor claramente «incestuoso».

Pero, además de su afecto hacia Miguel Pizarro, en Zambrano se dio una sintonía cultural muy viva con él. Así lo reconoce ella en una carta a Jorge Guillén: «Cuando lo conocí, yo era una niña y él un joven brillante y lleno de cualidades que yo admiraba, y él me llevó al mundo de la poesía y de la belleza». En efecto, su primo Miguel la iniciará en lecturas y más tarde le presentará en Madrid a varios escritores. Sin embargo, las presiones paternas, sus estudios universitarios y sobre todo la partida de Pizarro hacia Japón en 1921, para ejercer el cargo de profesor de español, desharán la pasión de María; aunque, con el retorno de él a España —sobre todo en el año 1933 y ya en Madrid—, seguirán manteniendo, quienes eran primos, una relación más en una órbita intelectual, pero siempre afectuosa, y ahora incluso con la aprobación y la comprensión del padre.

Algo más debemos decir sobre la figura excepcional de Miguel Pizarro Zambrano, al que antes del encuentro con María encontramos estudiando en la Universidad de Granada y asistiendo en 1915 a la tertulia de El Rinconcillo, junto a Federico García Lorca y otros poetas granadinos. Isabel García Lorca lo reconocerá años más tarde como uno de los primeros amigos y más cercanos a su hermano, junto a Manuel Ángeles Ortiz. Pizarro también fue poeta y autor de un libro, *Versos*, prologado por Jorge Guillén. Pero él poseyó sobre todo una gran capacidad para el estudio de las lenguas, y como tal ya fue reconocida su maestría en algunas, como el griego, el latín, el árabe o el hebreo.

Significativo —por estar expresamente dedicado a María Zambrano— es el siguiente poema de Miguel Pizarro, que transcribimos y que de manera muy sutil, sentida, misteriosa, pone en evidencia la relación a la vez tan entrañable como imposible que hubo entre ambos primos:

> *Dime, por qué huyes de mí*
> *con amor aún en la boca,*
> *¡ay, Casandra, junco, fábula,*
> *verso sin posible glosa!*
>
> *¿No clama tu pecho al mío,*
> *necesidad, sangre sola,*
> *corazón a corazón,*
> *sin más pozo que tu boca,*
> *sin más agua que tu lengua,*
> *sin más pan que tus palomas,*
> *suave ligazón extrema?*
>
> *«¿Cómo no salir de mí*
> *si dentro estás sin salida?*

Si te vas en noche oscura,
mañana estaré vacía,
ya no hallaré yo el camino
que me conduce a mí misma
por tus labios y mi boca».

El cielo, negra guarida.
¡Ay, las cosas sin remedio
qué malas de contar, niña!

Miguel Pizarro, residiendo ya en Japón, sobrevivió al terremoto de Osaka. Posteriormente, en Madrid, le presentará a García Lorca a su prima María. Entre Lorca y Pizarro hubo una buena amistad y conservamos una risueña foto de ambos en una playa. Pizarro padeció la muerte del poeta granadino y, como su prima, emprendería —tras lo que él reconoció como el «momento auroral» republicano— el camino de Francia y luego el de Nueva York, donde murió, en Brooklyn, en 1956. *Miguel Pizarro, flecha sin blanco* es un libro editado por Águeda Pizarro (2004). No podemos olvidarnos de lo más significativo: Federico García Lorca fue autor de un temprano poema dedicado a su amigo, «La voz de flecha sin blanco», recogido en su libro *Canciones*:

¡Miguel Pizarro!,
¡flecha sin blanco!,
¿dónde está el agua
para un cisne blanco?
El Japón es una barca
de marineros antipáticos.
Una luna y mil faroles.
Sueño de papel pintado.
Entre la roca y la seda,
¡la roca! Miguel Pizarro.
La seda reluce ausente
y a la roca vienen pájaros.

Todavía más de veinte años después Maria Zambrano recordaría a su primo Miguel Pizarro en una carta a Jorge Guillén. Él en Estados Unidos, ella en Roma, pero no se volverían a encontrar nunca. Sí sabe que él se ha casado con Gratiana Oniciu, una rumana de la que ha tenido una hija, Águeda Pizarro. Lo recuerda con nostalgia pensando en las cartas y en la documentación que de él tenía. Todo ello se había perdido en el saqueo que había sufrido su casa en Madrid, la de la plaza del Conde de Barajas, poco después del estallido de la guerra.

Muy distinta —por más apasionada y desconocida hasta 2012 por los estudiosos— fue la relación amorosa que María Zambrano mantuvo con Gregorio del Campo Mendoza, un alférez de la Academia de Artillería de Segovia con el que, aproximadamente entre 1921 y 1928, mantiene una progresiva e intensa relación de «novios». Tres personas han sacado a la luz esta relación gracias a 70 de las cartas que Zambrano dirigió a Gregorio en momentos en los que él se encontraba fuera de la ciudad, en la guerra de África, en varios destacamentos de Marruecos.

Dos de ellas son las hermanas María Teresa y Gloria Villa del Campo, sobrinas de Gregorio, y la otra, la profesora María Fernanda Santiago Bolaños, que preparó la edición de dichas cartas en el volumen *María Zambrano. Cartas inéditas de Gregorio del Campo* (2012). Conocemos las cartas de ella, pero no las de Gregorio, que probablemente fueron destruidas al finalizar su tan inquieta como angustiosa relación, especialmente por la distancia geográfica que luego hubo entre ellos y por el consiguiente y dilatado intercambio epistolar.

¿Quién fue Gregorio del Campo? Había nacido en Ambel (Zaragoza) en 1901, en el seno de una familia que sería muy duramente represaliada antes y después de la guerra. Él mismo, como capitán de la República, fue fusilado en Pamplona en 1936. ¿Cómo se conocieron María y Gregorio? Seguramente en alguna aproximación a la academia de cadetes, o en algún encuentro en las calles donde la familia Zambrano vivió, primero en la calle de la

Muerte y la Vida 1 y posteriormente en la calle Grabador Espinosa, edificio el de esta que sería derribado en 1964.

Al tener María Zambrano noticia del derribo ensueña en la distancia lo que podía haber aún dentro de la casa y lo hace mientras está leyendo un libro que pudo ser evocador de su barrio cercano a la Judería, *Las grandes tendencias de la mística judía* (1941), del filólogo y cabalista Gershom Scholem. Es muy probable que a raíz de la evocación de este hecho triste ella se puso a escribir una novela o ensayo corto, de unas 40 páginas, de la que le da cuenta en una carta a Camilo José Cela, que se titulaba *Después de entonces,* y que al parecer ha desaparecido.

Pero volviendo al encuentro o primer conocimiento de Gregorio y María pudo deberse sobre todo a que él había entrado en la tertulia del grupo de intelectuales de la ciudad, del que era asiduo Blas Zambrano. Nada añadiremos sobre la importancia y el intenso carácter de esta relación amorosa por cuanto vamos a decir y porque se dan en ella dos poderosas pruebas que la avalan con gran claridad. Una son esas cartas que María Zambrano escribe llenas de ternura y pasión, de palabras traspasadas de cariñosos diminutivos. La otra es que la pareja tendrá un hijo que morirá a los pocos días de nacer.

Pero, a mi entender, este epistolario es importante por otras razones. En primer lugar, por transparentar su incuestionable relación amorosa, evidenciada en frases de ella previas al nacimiento del hijo, como «cuando nos casemos» o «cuando tengamos un hijo»; o por la progresiva y natural relación que llega incluso a establecerse entre las familias de ambos.

Además, en dichas cartas, ya aparece también el gran amor de la joven hacia la filosofía, su gran capacidad para la reflexión intelectual evidenciada sobre todo en sus tempranas y variadas lecturas, entre las que se encuentran en esa etapa las de Platón, la *Metafísica* de Averroes, Schopenhauer, la novela *Resurrección* de Tolstoi o la poesía de Rubén Darío, en la que ella ya valora sagazmente los *Cantos de vida y esperanza* como el mejor libro del poeta nicaragüense. Lecturas primeras cercanas a temas del Arte, materia con la que, después de la Filosofía, ella se siente más en sintonía. Igualmente rastreamos en estas cartas la permanente espiritualidad zambraniana, irrenunciable a lo largo de su vida y ahora, tempranamente, de manera muy explícita:

> Si no hay más que una verdad para todos, tú estás en ella y la sabes ver, y si es que hay varias, entonces *tu verdad* es la mía que yo no he sabido descubrir y que tú me has mostrado. Por eso te quiero como se ama a Dios y creo en ti como las almas creyentes creen en los misterios de la religión. Yo que creo ser esencialmente religiosa, que creo ser solo eso, he encontrado en ti la verdad, la salvación, la redención. Di, ¿comprendes tú ahora cómo ha de ser mi amor por ti, te das cuenta?

En dicha correspondencia observamos cuatro espacios temporales que ponen muy bien de relieve —unas veces de manera sutil y discreta, otras de manera abrumadora— la historia amorosa vivida entre María y Gregorio. En el primer espacio temporal ya apreciamos la diferencia de caracteres de ambos; el de él, más fuerte y seco («ese desapego, lo seco que siempre fuiste conmigo»); el de ella, más apegado a la cultura, sustentado en un proceso amoroso que ella desea que lleven a cabo mediante una relación normal y progresiva («cuando estemos juntos estudiaremos, trabajaremos juntos en estos conocimientos tan noblemente intelectuales». El noviazgo parece consolidado, aunque ella comente dolida que él la define como un «amasijo de ideas»; pero el enamoramiento entre los dos aparece prolongado y seguro en el tiempo de Segovia. Apreciamos, sin embargo, en esa primera etapa la evidencia de dos caracteres claramente distintos.

Un segundo tiempo anímico en el epistolario es el que parece tener su origen en el embarazo de María. Algo había sucedido por lo que ella se lamenta y por lo que paradójicamente él parece acusarla. María le escribe entonces una carta —la número IX, del mes de abril, unos ocho o nueve meses antes del parto— con reproches por ese mal trato recibido y que parece ser muestra de una

Carta de María Zambrano a
Gregorio del Campo, e indirectamente
al hijo de ambos

fuerte tensión emocional debida a la noticia («aquella crisis tan enorme», dirá en otro momento). ¿No contaba él con el embarazo y deja caer sobre ella el peso de la responsabilidad de la noticia? Algo contradictorio sucede pues en ese momento crítico, que el tono de las cartas revelan con claridad y que a la vez ocultan.

Las cartas XVI y XVII, del mes de diciembre, ya nos demuestran que el niño ha nacido, aunque es el tiempo de la Navidad y ellos siguen separados:

> ¿Será posible, mi nenico, que estemos juntos alguna vez como maridito y mujercita, con nuestro bebé chiquitín [...]. Que Dios te bendiga a ti y proteja el sueño de nuestro nene hasta que otra Nochebuena más dulce nos junte a los tres. ¿Recuerdas el año pasado? ¡Quién nos diría que tan pronto íbamos a tener un nene!

Viene enseguida la sobrecogedora carta en la que María Zambrano se dirige a su hijo ya muerto, y que conservamos gracias a que ella se la envía a su novio. Le habla a su hijo muerto a los pocos días de nacer y, junto al intenso afecto maternal, asoman las graves preguntas consustanciales al ser —alguna de tono leopardiano, como esa de la «eterna oscuridad»—, sobre las que ella volverá en libros futuros. (No olvidemos que tanto María como su hermana descubren y leen a Leopardi ya en estos años de Segovia):

> Nene, ¿por qué te has ido sin despedirte de tu madre, por qué te has ido sin que tu padre te dé un beso? Hijito, ¿por qué te has ido donde tu madre no te puede ver, donde vas a estar solo? Aunque hayas ido al cielo, ¿qué te importa a ti Dios y esa gente? No estarías mejor con tu madrecita, que pronto iba a estar contigo. Nene, ¡qué solito estarás! ¿Tendrás frío debajo de la tierra, echarás de menos tu cunita y tu manta y tu toquillita blanca? Ay, si yo estuviera ahí te lo pondría todo, todo para que no tuvieras frío: tus faldoncitos que tu madre te hizo, toda tu ropita y te metería en tu cunita para que te siguiera arrullando y meciendo. ¿Me traerá mi

madre un pelito tuyo, ese pelo tan negro que tenías, como el de tu padre? ¡Qué pena, si me aprieto los pechos aún sale leche, la leche que era para ti y que no llegaste a tomar! Nene, hijito mío, nene pequeñito, ¿dónde estás?, ¿por qué te has ido?; di, ¿por qué te has ido si eras muy guapo y tenías unos ojitos negros muy grandes llenos de inteligencia?; todavía los tendrás, nene, ya cerradicos; tu carita tan mona parecerá de cera, tus manitas chiquininas que sostenían tu cabecita cuando tenías un día, aquellos ojos que iban a la luz, nene, pobrecito nene, ya no verán más la luz, la tierra caerá sobre ellos, y una eterna oscuridad.

En la siguiente carta (XVIII), gracias a un día de hermoso sol, regresará a ella el recuerdo del niño, pero matizándole a Gregorio con despecho su propia soledad con una muy directa alusión al padre de la criatura; seguramente debido a la angustiosa separación y al retraso del correo muestra este estado de desesperación:

El nene, pobrecico, ya se ha muerto —no sé por qué los días de sol me acuerdo más de él—; ahora me muero yo y ya te quedas tranquilo. Eso que ahora no te quejarás, vamos. Con este sol, te supongo, sin hacer nada, ni pensar en nada, ni sentir nada, en la doble *sofros-ne* de los dioses griegos, que parecen ser ahora tu ideal.

En fin, la cuarta etapa de este emocionado y emocionante epistolario —ocupa casi dos tercios del mismo— está compuesta por cartas en las que María Zambrano sigue mostrando un amor constante y obsesivo hacia Gregorio del Campo. Uno tiene la sensación de que toda esa catarata de diminutivos que ha usado con la figura del hijo muerto ahora la ha trasladado al padre, hasta el punto de que nos parece que, en ocasiones, ella se sigue dirigiendo al propio hijo.

Razonar lucidísimo, ternura extrema y sensibilidad muy dolida se reflejan en esas cartas que, a su vez, por la separación, siguen llenándola de angustiosa espera. Dos años viene a prologarse esta tensión entre un constante amor y la separación inagotable. Hacia septiembre de 1928, ella termina su carta con un dato que quizá nos informa sobre el tiempo y la distancia de la relación; también sobre una nueva y estimulante situación en su vida, la del mundo universitario e intelectual y la pasión política: «Hoy hace dos años que me marché a Madrid..., y esta es la recompensa de todo cuanto sufrí entonces». Ella ha vuelto a releer las «últimas cartas» de él, pero ahora ha sentido en ellas algo «extraordinariamente seco y duro»:

[...] me han dejado helada, más helada que cuando las leí al recibirlas; no he podido menos de pensar que esa gran indiferencia que para todos tienes debe extenderse a mí también; ya ni te debo preocupar lo más mínimo, ni debes quererme nada, así ¿para [qué] voy decirte nada más, así de mis sentimientos, ni de lo que me pasa? Nada te interesa!...

En el mismo sentido apuntan las palabras que ya antes le había comunicado en una carta del 30 de enero de 1924: «Te has equivocado de firme. ¡Yo soy la que me da la gana ser». Zambrano, más allá de su sincera y juvenil pasión amorosa, había recuperado el ser que ella debía *ser*. Se acabaron, pues, de golpe los diminutivos cariñosísimos y los arrumacos. María Zambrano —seguramente estimulada y entusiasmada ya por la nueva vida universitaria e intelectual de Madrid— ha reconocido la imposibilidad de seguir amando de manera tan apasionada y tenaz en la distancia.

Así que se rompe la relación. Atrás ha dejado su «proyecto» común amoroso, el que le dictaba su razonar lúcido, su proyecto familiar, sus comentarios literarios: el afán de cambiarlo a él. Por eso, usa la razón en estas claras y escuetas palabras que anuncian el fin de la relación. Atrás, sí, mucho dolor. Seguramente acrecentado luego por las noticias del nuevo matrimonio de él y de su fusilamiento. Se cerraba una etapa muy profunda y grave en su vida. Se abría otra. El destino seguía actuando por ella.

Así que hemos aludido a una etapa segoviana de la vida de María Zambrano que creíamos más circunstancial en lo que a las relaciones amorosas se refiere, pero que sin embargo viene a aumentar la complejidad enriquecedora de una existencia demasiado tensa y dolorida en muchos de sus momentos. Desaparece, pues, «el secreto que esconde un secreto» en esa etapa segoviana. Ochenta años después de escritas, las cartas plantean a los estudiosos nuevos y enriquecedores enfoques de una vida tan sometida a sobresaltos y a padecimientos. Las herederas de estas cartas dirigidas a Gregorio del Campo —cuidadosamente conservadas por la madre de él y luego por la hermana y por las sobrinas— han demostrado una gran sensibilidad al conservarlas con exquisita objetividad, puesto que a otra gran sensibilidad —la de una mujer tan especial— se refieren.

Como ha afirmado María Fernanda Santiago, «¿supo María Zambrano que ocho días antes de su boda con Alfonso Rodríguez Aldave habían asesinado al que, durante más de un lustro, fuera su novio en Segovia?». Corría ya el año 1936. Había estallado la Guerra Civil. El Destino seguía conduciendo a los españoles, pero ahora no precisamente por caminos de amor.

Con el pintor Jesús González de la Torre, el autor de *Zambrano en Segovia* (2007), paseé no hace mucho, en un día muy soleado, hasta la calle que lleva el nombre de la que fue pensadora en profundidad de esta ciudad. También él ha sabido traspasar a su pintura algo que ella dijo: «Una esfera cristalina contiene la ciudad sin aprisionarla, sin sustraerse a su destino humano». Tiene algo de transparente, de cristalina, la pintura de Jesús, pero también de nocturnal, sobre todo en algunos cuadros en los que interpreta los poemas sanjuanistas, como el titulado *La noche oscura* (1964).

Como sucedió en mi conversación con ella —como una obsesión—, María Zambrano también le recuerda a Jesús de la Torre en varias ocasiones la escultura yacente del Cristo de Gregorio Fernández que hay en la catedral de Segovia («blanco, blanco el cristo blanco como una luna, como del que habló Unamuno en *El Cristo de Velázquez*») y le pide al pintor que le traiga, cuando vaya a la ciudad, una reproducción de la imagen, y también «una tarjetita del santo» [Juan de la Cruz], con su firma, tan vigorosa en el trazo; firma sobre la que María escribiría uno de sus textos, «san Juan de la Cruz: figuras de su firma y tres palabras», recogido en *Los bienaventurados*. En esa firma ella ve que el poeta «dibuja sin color la figura del *pobre de espíritu*» y que «bien pudo irla reduciendo hasta prescindir de ella, como le sucedió a santa Teresa, que en tantas de sus cartas la dejó sola, en el aire». La firma, la persona, eran así para ambos místicos solo signo, solo símbolo fértil.

Sorprendentemente —de nuevo su invariable fidelidad a lo sagrado—, la escritora valora sobre todo los días segovianos por medio de determinados símbolos muy humildes de la vida diaria. Como si se tratara de semillas del pasado y del presente en las que confía aún en sus últimos años para que sigan dando fruto, con ellas recuerda el tiempo de su infancia y adolescencia: la «Cruz de Mayo», «los puestos de avellanas», «los fuegos artificiales», «el canto del *Pange Lingua*», la ciudad «donde hice la Primera Comunión», las grutas del «huerto de los Carmelitas», las «procesiones de Semana Santa», el «agua de la ermita de la Fuencisla», «la terraza del Alcázar que mira hacia esta ermita», «el Nacimiento que hacíamos, y la misa y su inmenso misterio la noche de Nochebuena».

Estos símbolos de la infancia y de la adolescencia son muy llanos y remiten plenamente a lo sagrado, son arquetipos de lo sagrado, como le remitía aquel canto eucarístico junto al poeta Emilio Prados («Dios está aquí»), que los dos cantarían durante sus paseos nocturnos por el Madrid de los años treinta. Significativo es que ella vuelva a recordar el mismo canto, en una carta a Alfons Roig, cuando coincide de nuevo en Barcelona con Emilio Prados, muy poco antes de cruzar los dos la frontera hacia el exilio: «[Prados] me dijo, como quien dice un secreto: "María, qué hermoso el himno *Amor por siempre a ti, Dios del Amor*"». Y añadía: «Éramos, somos, hermanos».

También es sorprendente cómo María Zambrano, ya de regreso a Madrid y en el límite de sus ochenta años, le recuerda a Jesús de la Torre con precisión entrañable los nombres de sus vecinos y de varias de las personas de Segovia, detalle revelador no solo de su memoria, sino de su cercano y afectuoso humanismo. Incluso entre esos recuerdos encontramos también a los padres del pintor Jesús de la Torre. Que esta etapa fue muy significativa en muchos sentidos y por otros hechos lo prueba también el artículo de José Luis Mora «A orillas del Eresma y el Clamores» (2004).

Más pesimista en la visión de aquella etapa es la que nos dio otro artículo del primo de la pensadora, Rafael Tomero, «María Zambrano niña y adolescente», pues en su opinión «poco o nada se sabe de aquellos tiempos de su adolescencia, de su vida en Segovia», cuando ahora ya tanto y tan importante conocemos. Sabemos de lo humilde-esencial en símbolos como los que ella le recuerda a Jesús de la Torre, pero también de la gran importancia de sus dos relaciones amorosas. Rafael sí alude a algún dato que conduce a la esperanza en un mundo más justo y que ya se intuía en aquella atmósfera provinciana; por ejemplo, que María fuese «la única chica que cursaba los estudios de bachillerato en el Instituto de Segovia entre una manada de muchachotes...». Eran, en realidad, como hemos dicho, dos las muchachas que acudían a las clases.

Recuerda también Rafael la alegría que para ella había supuesto, siendo una niña de siete años, el nacimiento de su hermana Araceli, aquella mujer que «araba en los cielos», «la hermana Antígona condenada a vivir en los ínferos». Ya hemos visto que el momento de la muerte de Ara ella lo unirá al del nacimiento de su hermana. Segovia: ciudad que, por cercana, vuelve una y otra vez a la memoria de los últimos días de María Zambrano en Madrid, poco antes de morir y sin que ella, deseándolo, pudiera llegar a visitarla. Segovia: el *origen* quizá de todo cuanto posteriormente sucederá en su vida y en su obra. No me refiero a acontecimientos, sino a sentimientos esenciales por germinales. ¿Acaso por aquello de que nada es como fue, que no se debe volver al lugar donde se ha sido feliz, u otra cosa que feliz? ¿O acaso porque el tiempo vivido en Segovia también tenía para ella, sobre todo por sus relaciones amorosas, algo de herida no cerrada?

Muy cerca de la adolescencia de la futura filósofa, en la atmósfera de la ciudad, avanzaba en madurez la vida de Antonio Machado, que se propaga en cartas y en citas secretas con su gran amor imposible, buscando también nuevos caminos para su poesía, probando con la prosa y con la reflexión de su *Juan de Mairena* lo que acaso la forma del verso no le podía dar. Pero el Destino trazaba también sus caminos —como en el amor de María hacia su primo y el posterior hacia el alférez Gregorio del Campo— por encima de las decisiones de los seres humanos.

Solo tres años después de dejar Segovia, estalla la Guerra Civil, que llevará a Machado y a Guiomar, de forma obligada, a orillas de mares diferentes, como ya hemos recordado: «De mar a mar entre los dos la guerra/ más honda que la mar», le escribe a Guiomar desde Villa Amparo, en Valencia. Ella se encuentra en Galicia. Precisamente esa presencia de la mar es para el poeta un espejo en el que se abisma para fijar la íntima y última dualidad de la que hablan estos versos:

> *Todo hombre tiene dos*
> *batallas que pelear:*
> *en sueños lucha con Dios;*
> *y despierto, con la mar.*

Atrás quedan los paseos en Segovia. Estamos ya en otro tiempo: octubre de 1937. Ahora la guerra avanza, el tiempo vuela, la derrota o la muerte asoman. Y el poeta sigue escribiendo, hace todavía lo posible por resumir, de espaldas a la guerra, sus sueños, y el sentido profundamente órfico de sus versos:

> *vastas liras*
> *de piedra y sol, por sus llanuras pardas*
> *y por sus campos verdes,*
> *sus ríos hondos, sus marinas claras,*
> *bajo la negra encina y el áureo limonero,*
> *junto al clavel y la retama,*

de monte a monte y de río a río,
¿oyes la voz de España?

Ya vemos que tanto Antonio Machado como María Zambrano, utilizaron la palabra *España* sin reservas, con la naturalidad que les daba el creer en ella como destino de profundo y fundamentado sentido humano, pues según nos recordó Agustín Andreu en el prólogo a su libro: «España se encuentra entre las naciones que hacen Historia, pues para María, como para don Antonio Machado, España es necesaria para la Humanidad». Y es así porque «la historia espiritual de España seguía».

Esta sintonía entre lo español y lo espiritual es inamovible en Zambrano y creer en ella le supuso, como hemos visto, otras fricciones que derivaron de hechos graves en la segunda etapa republicana, los acaecidos en 1934, como la Revolución de Asturias o la constitución del Estat Català, que condujeron a nuevas divisiones y a extremadas tensiones. Los textos de Ortega y Gasset, de Marañón, de Pérez de Ayala y de Manuel Azaña así lo prueban con claridad. La esperanzada república «auroral» ya no era la presente, pues ahora la deriva revolucionaria y el enfrentamiento radical de la guerra la habían condicionado fuertemente. María Zambrano será testigo —antes de cruzar la frontera, en la Barcelona que vivió— de en qué había desembocado aquel Estat Català, fragmentado y con dos gobiernos, que había dejado las calles de Barcelona desoladas.

Faltaba ya poco para que se diera el último encuentro de Antonio Machado con María Zambrano: será al cruzar en día invernal la frontera con Francia y en unas condiciones lamentables para el poeta, su madre y algunos miembros de su familia. El primero de los días, al ver a Antonio Machado y a su madre abrazados y caminando con dificultad entre la multitud, María Zambrano desciende del coche y los invita a subir, pero el poeta no acepta. Se dice que Machado adujo «que su lugar estaba con el pueblo». Ella entonces cruza a pie la frontera acompañando a Machado los últimos kilómetros.

María Zambrano había salido de Barcelona, del piso de la calle Muntaner, en compañía de su madre, de su hermana Araceli y de sus primos José y Rafael Tomero. Lo hacen en un coche proporcionado por el compañero de Araceli, el militar y diputado Manuel Muñoz Martínez, director general de Seguridad (de septiembre de 1936 al 30 de diciembre de 1937), siendo Ángel Galarza ministro de Gobernación. Se dice que ni Galarza ni Pozas lograron imponerse a los «elementos incontrolados» de las sacas de prisioneros en Madrid de los días 7 de noviembre y 4 de diciembre de 1936. El cese de Martínez en este mismo mes indicaría el rechazo por su parte de dichos hechos sangrientos, pero qué duda cabe que el cargo oficial que había tenido le traería muy duras consecuencias.

«Aquello selló su futuro», piensan hoy algunos estudiosos del tema en su pueblo natal, Chiclana. Otros creen que los hechos fueron responsabilidad de «comunistas asesorados por militares rusos» (I. Gibson) y que en noviembre Manuel Muñoz ya se encontraba en Valencia. Estando precisamente en Valencia, Muñoz tiene noticia del asesinato de sus padres y de la muerte de un hijo suyo de dieciséis años de tuberculosis en la cárcel de Sevilla. Es evidente que también en él se dio una progresiva evolución de su pensamiento político, acorde con las convulsiones de aquellos meses, pues abandona el Partido Radical Socialista para afiliarse a la Izquierda Republicana de Manuel Azaña.

De hecho sabemos que Azaña había cruzado la frontera con Francia días antes en el mismo coche de Manuel Muñoz. Prueba de ese cambio ideológico o disidencia de última hora entre republicanos fue que Muñoz no acudió a la última reunión de las Cortes republicanas, a las que dirigió Juan Negrín su último discurso; sesión celebrada en las caballerizas del castillo de Figueras el 1 de febrero de 1939. Disidencia, pues, entre los sectores republicanos en este momento tan concreto como desesperado; disidencia por supuesto clara entre Zambrano y Negrín que se iba a manifestar todavía durante la etapa del exilio de ambos, en Morelia, en México, donde ella se sintió perseguida por Negrín, que vivía en Jalisco, «y los de su grupo».

Juan Negrín fue quizá el personaje más controvertido de la República, el «más odiado al terminar la guerra», según el historiador Stanley G. Payne. Para algunos fue considerado como un «resistente», para otros, «un fiel servidor de la permanente conspiración a sueldo de Moscú». Fue presidente de la República entre 1937 y 1945, pero su mismo partido, el Socialista, lo expulsaría al año siguiente, en 1946. Una persona como María Zambrano no podía estar pues más alejada de alguien como él. (Dos años antes, en este mismo castillo de Figueras, se habían acumulado parte de las cajas que salían hacia el extranjero con los cuadros del Museo del Prado).

El nombre de Figueras me lleva también a recordar que las vidas de los que habían sido y habrán de ser entrañables amigos —María Zambrano y Ramón Gaya— resultan paralelas en varios momentos. Así, durante las conversaciones que tuvieron en Barcelona y por la muerte del padre de Ramón, como el de María, también en esta ciudad. La esposa de Ramón, Fe Sanz, muere durante un bombardeo de la estación de Figueras. Igualmente, cruzada la frontera, la familia de Gaya se dividirá, pues su pequeña hija Alicia es acogida en París por la familia de Corpus Barga mientras su padre, tras pasar unos días en el campo de refugiados de Saint-Cyprian, embarca rumbo a México en el Sinaia, una nave que transportaría a no pocos refugiados españoles.

Según recoge en un estudio el profesor Fernando Sígler Silvera, las familias Zambrano y Muñoz habían partido en dirección a Le Perthus en dos grupos y en días diferentes. El 28 de enero de 1939 pasan a Francia Manuel Muñoz, Araceli y María, sus primos José y Rafael, la madre de ellas y un hijo del primero, Agustín. En un segundo momento parten los padres de Manuel Muñoz, su esposa, María Dolores Pérez Martínez-Arroyo, sus hermanas y una hija pequeña de él.

Algunas fuentes señalan que María Zambrano pudo haber dispuesto en ese momento de un pasaporte diplomático, bien proporcionado por el Gobierno republicano, o porque le correspondía por el cargo que su marido había tenido en la embajada de Chile como diplomático. Ello pudo facilitar las cosas tras cruzar la frontera e incluso salvarse de un campo de concentración. Sin embargo, la presencia de Manuel Muñoz y de su coche oficial facilitaron el paso de la frontera y la entrada en Francia. Era el mismo Hispano-Suizo negro, como hemos dicho, con el que Manuel Azaña había cruzado la frontera días antes.

Otra visión de aquel momento dramático de la entrada en Francia la prueba la extensa carta autógrafa que María Zambrano le escribe a José Prat, diputado fracmasón y miembro del Consejo de Estado, el 14 de septiembre de 1939, desde el hotel Café du Tourisme, en Sabres, un lugar de los Pirineos Orientales. En dicha carta muestra la angustia que siente por el riesgo de tener que acabar, ella y su familia, en un campo de concentración francés. Reproducimos fragmentariamente esta larga carta que prueba la angustia sentida en aquellos momentos:

La fuerza de los acontecimientos me obliga a dirigirme a Vd. para exponerle mi situación actual y alguna de sus causas, para ver si es posible que por algún medio el Gobierno me ayude [...]. Salí de España con mi madre casi paralítica y yo misma enferma y sin dinero. Con una pequeña ayuda particular he podido sostenerme en estos días en un «Hotel» —así lo llaman— que ya no puedo seguir pagando [...]. Hoy me encuentro en la calle sin saber si mi marido ha muerto [...]. Mi deseo es ir a América, a Argentina o México, donde creo podré vivir. Mas ¿cómo llego? En fin, yo no sé. Si el Gobierno insiste, también por cualquier medio puede enviarme a América o a París.

Desconozco si hubo respuesta de José Prat a esta carta, lo cierto es que poco después María Zambrano, su hermana Araceli y su madre salen para París. No tardando mucho María seguirá viaje a América. Su hermana y su madre permanecerán en la capital francesa, muy condicionadas y preocupadas por Manuel Muñoz Martínez, al que muy pronto buscará la Gestapo.

La situación fue dura, pero quizá de aquellos días sea la poesía de Antonio Machado la que a veces, con una gran concisión, con un solo verso, nos dé muestras esencialmente de cuanto pasaba por el interior de las personas que estaban viviendo la tragedia. En el poeta se había dado, más allá del exilio y reclamado ya por la muerte, una transformación muy honda. En lo físico, porque lo vemos consumido, agotado, casi irreconocible en sus últimas fotografías, pero también por una metamorfosis que se transparenta en su lenguaje y que incluso le lleva a desconfiar del propio canto, de la escritura, como evidencia este otro grande y grave verso suyo de aquellos días:

Ya solo reza el corazón, no canta.

En realidad, su último verso sería el que él llevaba escrito en un papel en el bolsillo de su abrigo al cruzar la frontera. Apunte quizá para un poema imposible, huida desde la desesperación bélica hacia un pasado remoto: el de su niñez en los jardines de Sevilla. ¿Acaso un único verso-poema? De nuevo un verso con el que, de una manera extremadamente sintética, intentaba rescatar el poder salvador de los símbolos primeros:

Estos días azules y este sol de la infancia.

Entre la revolución
y el humanismo trascendente

María Zambrano ya había tenido una fecunda colaboración en las revistas españolas antes y después de la guerra, desde *Manantial*, la editada en Segovia en los años 1928-1929, a *Cruz y Raya, Revista de Occidente, Hora de España*, o, ya en la Habana, publicando un artículo decisivo en una fecha no menos temprana: «Sobre san Juan de la Cruz» (*La Verónica*, 1942). Este artículo —publicado nada más acabar la Guerra Civil y durante el primerísimo exilio— denota que María Zambrano no había olvidado su permanente interés por la mística, su cristianismo, y la absoluta ausencia de sectarismo en este sentido. No mucho antes ya había publicado en la revista argentina *Sur* su ensayo «San Juan de la Cruz: De la "noche oscura" a la más clara mística» (Buenos Aires, 1939). Son solo dos muestras de la inflexión hacia un pensar trascendente que se dio en esa etapa tan concreta como crítica de su vida (1939-1942).

Pero al margen de sus raíces infantiles y juveniles ¿cuándo se inicia en ella ese proceso consciente y a la vez sutil hacia lo trascendente, hacia lo sagrado? Tenemos que remontarnos más atrás, a partir del año 1928, como complemento a cuando ella participa vivamente en los medios universitarios y políticos con un grande y apasionado activismo social e ideológico. Señalemos aquí algunas de sus tareas más comprometidas de entonces: su participación en los movimientos universitarios de la Federación Universitaria

Escolar (FUE), en la creación de la Liga de Educación Social, en su asistencia a las tertulias de *Revista de Occidente,* en sus clases en la cátedra de Historia de la Filosofía de Zubiri, así como en las que imparte en el Instituto Escuela y en la Residencia de Señoritas. No hay que olvidar que de esta etapa de gran actividad intelectual y didáctica es también fruto el primero de sus libros, *Horizonte del liberalismo* (1930), texto que deben tener presente quienes se empeñan en situar a María Zambrano en la órbita del más radical y exclusivo pensamiento político.

Intelectuales republicanos más maduros y jóvenes estudiantes y doctorandos formaron «avanzadillas» que dialogan o se interpelan en sucesivos encuentros. Entre ellos nos encontramos con Gregorio Marañón, Jiménez de Asúa, Álvaro de Albornoz, Indalecio Prieto, Pérez de Ayala, Manuel Azaña, Valle-Inclán o el crítico Andrenio. Fundan la Liga de Educación Social y es la propia María Zambrano la encargada de preparar un nuevo encuentro en la casa del doctor Marañón. Se suceden aquellos provechosos actos públicos o privados, siempre buscando más el diálogo que la confrontación. Su condición de intelectuales, más que de políticos, parece obligarles a ello, tanto a unos como a otros.

Son los días en los que el doctor Marañón tiene palabras muy elogiosas para la inquietud zambraniana: «De haber en España doce actuaciones como las de aquella, España sería cambiada sin necesidad de ninguna revolución». También en estas palabras asoma aquel dilema que avanzaba voraz —liberalismo o revolución—, que luego se decantaría hacia la segunda de estas opciones. Apasionada juventud política que Julia Castillo ha fijado con lucidez en lo que había de esencial en los comportamientos: «En estos años de su juventud, a María Zambrano se le plantea la aceptación de la historia como continua transmutación poética, como realización total, lo que le llevará, ante el estallido de la guerra, años más tarde, a considerar a la poesía como "testimonio extremo del hondo suceso de España"».

La poesía y sus amigos los poetas siempre como contrapeso a las turbulencias que pronto habrían de venir. Intensa actividad también de la pensadora con sus colaboraciones periodísticas; primero, en publicaciones como *El Liberal de Madrid*, *La Libertad* o *Nueva España* y posteriormente en *Los Cuatro Vientos*, *Azor*, los *Cuadernos de la Facultad de Filosofía*, *El Mono Azul* o, ya en Valencia, *Hora de España*.

Fruto de los primeros e inquietos días de la República, fue un hecho que por un lado alude a la fidelidad zambraniana al magisterio de Ortega y, por otro, a la inmediata disidencia. De estas dudas o divisiones —lejos aún del enfrentamiento radical— pudo nacer en 1932 un manifiesto redactado por José Antonio Maravall, unido a la creación de un partido político de efímera duración, llamado Frente Español. Surgido bajo la influencia de Ortega, María Zambrano firma el manifiesto de este partido junto a otros intelectuales, pero enseguida lo reconoce como «un gran error», y —valiéndose de su gran influencia dentro del grupo— ella misma lo disuelve de inmediato.

Se trataba de un partido que en sus ambiciosos fines pretendía «vertebrar España», evitar las nacientes «luchas por la religión», los desencuentros y tensiones para «salvar a la República de los dogmas de la derecha más intransigente, de la izquierda radical y del centro doctrinario». Pero era ya demasiado tarde para la creación de un partido tan ideal como abarcador en sus fines. Seguramente cada cual —sobre todo a partir de la deriva de 1934 con la Revolución de Asturias y el Estatuto de Cataluña— ya había elegido su propio camino, lejos pues de la moderación en algunos.

María Zambrano, en su encendida pasión política —«mi adolescencia era política, fue política», pero «era sentirme vivir»—, recrimina luego a su maestro Ortega su tibieza republicana, aunque enseguida rectificará para renovarle su incuestionable admiración, que mantendrá hasta la muerte de ambos. Lo mismo le sucede con sus reparos iniciales hacia el doctor Marañón, que mucho matizará posteriormente en su texto «Anexo. Un liberal»; publicado el 19 de mayo de 1987 en *Diario 16* (Culturas) y añadido tras su muerte a la nueva y más completa edición que tenemos de *Los intelectuales en el drama de España* (1998).

Zambrano atenúa en este nuevo texto la dureza de su primer escrito y no solo reconoce a Marañón como «paradigma quizá de lo que es un liberal», como «intelectual preclaro» y «liberal que escuchaba», sino que lo recuerda junto a los amigos afines en sus días de doctoranda; o incluso por haber sido paciente suya en el tiempo en que María padece una tuberculosis y por haberle facilitado Marañón el acceso para que ella se hiciese unas radiografías, no siempre fáciles de conseguir en aquellos días.

Es en este tiempo de enfermedad, hacia 1928, cuando ella conoce a otro médico, Carlos Díez Fernández, que llegará a ser el marido de su hermana Araceli. Este le recomienda, ante el mal que padece, que tiene que elegir «entre un año de reposo en un hospital o un único año de vida». Parece que el internamiento de María no fue necesario y que superó la enfermedad con un largo año de reposo en casa. Sí tuvo que recluirse, por la misma enfermedad, Camilo José Cela en un sanatorio del Guadarrama. Fruto de esta estancia, sería más tarde uno de sus libros más líricos, *Cuaderno del Guadarrama* (1959). Otro adelantado en la enfermedad de tuberculosis había sido el poeta Leopoldo Panero, quien en el otoño de 1928 también había sido internado con esta enfermedad en el Real Sanatorio del Guadarrama. Fruto de aquella estancia y del amor hacia otra enferma en aquel centro, Joaquina Márquez, sería su futuro libro *Versos del Guadarrama* (1945).

Cela había aparecido en las tertulias zambranianas, como luego veremos con detenimiento, guiado precisamente por el doctor Díaz Fernández, marido de Araceli. Así nos lo cuenta él en su novela *San Camilo, 1936*:

> … tú fuiste a la dominical tertulia de María Zambrano llevado por tu médico, Carlos Díaz Fernández, cuñado de María, que te pone el neumotórax, te da ánimos y te prestará algunos libros caros o difíciles de encontrar…

Un leve cambio ideológico de María Zambrano, sutil y progresivo en el tiempo, nos lo viene a probar de manera contundente otro hecho tardío. Gracias al profesor Gonzalo Santonja he tenido acceso a la amplia y detallada correspondencia de María Zambrano con la editorial Hispamerca, una osada empresa editorial que en los días de la Transición salió al mercado sobre todo con dos valiosas colecciones: una de poesía, Cuatro Vientos, y otra de Textos Recuperados. En la primera, aparecieron rescatados libros tan señalados como *Poetas de la España leal, Cancionero menor para los combatientes, Teatro para combatientes, Romancero de la guerra civil* o *La hija de Dios y la niña guerrillera*, este último de José Bergamín, obra teatral que había sido editada en México en 1944 con ilustraciones de Picasso y representada en Montevideo en 1953.

En la segunda de las colecciones, se publicará en 1977 una nueva edición de *Los intelectuales en el drama de España* de María Zambrano. Sin embargo, antes de llevarlo a la imprenta —en la citada correspondencia con Hispamerca, en carta desde La Pièce del 7 de septiembre de 1976—, Zambrano muestra al editor sus muchas reservas hacia algunas zonas de su libro con las siguientes palabras, al tiempo que rechaza la propuesta de que la prologuista de la nueva edición sea Rosa Chacel:

> Nada tengo que objetar a su propósito de publicar mi librito *Los intelectuales en el drama de España*. Hace muchos años que lo dejé de ver. Está formado por artículos que publiqué en un periódico de Buenos Aires, mientras estuve en Santiago de Chile, porque mi marido desempeñaba un cargo en la Embajada de España, y que respondían a la necesidad urgente de dar a conocer la verdad. No creo tengan ningún mérito.

Estas opiniones son significativas por su progresiva revisión del pasado —sobre todo la de la última frase—, pues precisamente en la Primera Parte del libro se encuentran los textos suyos más cargados de ideología. Por otra parte, considerar la obra como un «librito» y sin «ningún mérito» muestra un cambio radical, sorprendente, en su visión y valoración de cuanto escribe desde Chile, nada más estallar la guerra. «El releer aquellas palabras mías me nubla la visión de la gramática», añade en una carta del 19 de octubre, un mes después. Pide luego al editor de Hispamerca «retirar la Segunda Parte del libro», deseo que este le reconfirma contestándole:

> En fin, nos parece excelente todo lo que decide respecto a su libro, porque solo Ud. tiene derecho a hacerlo, y le ruego me disculpe por estas matizaciones que seguramente habrá tenido ya muy en cuenta. Por eso, a no ser que nos indique lo contrario, retiramos definitivamente esa Segunda Parte [en esta se encuentra, por ejemplo, el artículo sobre el doctor Marañón].

María Zambrano parece seguir dudando mucho con la reedición de este libro, pues solo meses después, en mayo de 1977, envía a la editorial Hispamerca el prólogo, que ella misma había deseado escribir. En esta carta insiste en algo ya dicho a los editores: que al recopilar los artículos «no se olviden de encontrar los de san Juan de la Cruz y el de *La reforma del entendimiento*». Todavía en otra carta de abril matiza: «Haré una breve nota explicando el motivo de incluir el ensayo sobre san Juan de la Cruz. Debo de tener unas hojas de papel timbrado de *Hora de España*, donde comencé a escribirlo en Barcelona». Posteriormente, ruega retirar también de la nueva edición el artículo «publicado en Atenea» —Universidad de Concepción, Chile—: el prólogo a la *Antología* de García Lorca, Ed. Panorama, que aun así, al parecer, estaba ilocalizable.

En carta de agosto de 1937 a la editorial Hispamerca, todavía duda con el texto que había escrito sobre el doctor Marañón y ruega se le envíe, pues lo «necesita especialmente» para hacer en él alguna corrección «que me es absolutamente indispensable». Dice luego a los editores (septiembre de 1977) que ha «extraviado la segunda parte de este librito mío», que «contiene noticias recogidas apresuradamente y algunas de ellas rectificables», y pide que se le remita de nuevo. E insiste en que la reedición hay que darla «en medio de la confusión que reina hoy [eran los días del "cambio" en España, 1977], de la manera más nítidamente posible».

Y continúan sus muchas dudas sobre este «librito»: «Tras haber reflexionado, encuentro innecesaria la reimpresión ahora de la titulada Segunda Parte de este librito, fruto entonces de simples artículos periodísticos». Pero el 16 de septiembre vuelve a cambiar de opinión y dice: «Tiene Ud. permiso para publicar íntegramente mi librito mencionado». Le recuerda al editor que los textos sobre Antonio Machado y san Juan de la Cruz [los] «considero absolutamente imprescindibles», y duda otra vez de si publicar el escrito sobre García Lorca, pues cree difícil dar con su paradero.

Ya en imprenta el libro, ruega se le envíe el sumario del mismo y proporciona una lista de personas para que se les haga llegar un ejemplar a su aparición; lista en la que no aparece ningún político y sí amigos (ocho de ellos de los años de Italia) y algunos periodistas españoles. También ruega el envío de algún documento acreditativo de la edición, pues la traductora Consuelo Berges, «gran amiga y escritora», le está tramitando en España lo necesario para que María «obtenga una pensión de jubilación de escritor, que me corresponde en una mutualidad que depende del Ministerio de Sanidad y de Seguridad Social». (No sé en qué quedaría esta pensión de María Zambrano, a la vista de la situación por la que ¡todavía hoy! pasamos los escritores autónomos jubilados).

El tono de esta correspondencia sobre su libro más cargado de ideología, sus muchas dudas al respecto, el afán de corregirlo, de quitar partes del mismo o de poner otras, el considerarlo reiterativamente como un «librito sin ningún mérito» muestran ese claro afán de revisión, por parte de María Zambrano, de unos textos escritos en plena Guerra Civil (1936-1939) y que quizá empiezan a tener poco que ver, ¡a la altura de 1977!, con esa evolución de su pensamiento hacia lo sagrado y lo trascendente, ya visible a partir 1939. Quienes sustentan el centro del ser y de la obra de la autora en este libro verán, a la vista de estos reparos que la María Zambrano «política» había quedado no solo muy atrás, sino cuestionada por ella misma. La María Zambrano *esencial* estaba y está ya para sus lectores en otros libros suyos.

Lo cierto es que la visión histórica e ideológica queda muy matizada en los últimos textos que conocemos de ella, como en la entrevista concedida para *Cambio 16* a la periodista Rosa María Pereda, a punto ya de regresar a España. Así, su incuestionable españolidad («Nunca, nunca he dejado de ser española, ni siquiera a nivel de pasaporte, aunque haya vivido la tragedia de una España doble y terrible»; o «No, no me he ido nunca de España», diría nada más aterrizar en suelo español); o la universalidad del ser español («sea en Venezuela o en Filipinas, en Cuba, México o Puerto Rico»); o el reconocerse como «italianizante» («debo mucho a Italia, me dieron mucho»), así mismo muestra su gratitud hacia Grecia («en donde me encontré como en casa, como de vuelta, lo mismo me pasará cuando regrese a España»); su fidelidad a determinados clásicos (Garcilaso, Juan de la Cruz, Cervantes), o a coetáneos como Bergamín o Aleixandre («persona esta a la que venero»).

María Zambrano, cuando hace estas declaraciones, ya había recibido en España, sin regresar aún, el Premio Príncipe de Asturias de Humanidades y el Premio Pablo Iglesias. Al respecto, ella será muy explícita ideológicamente en dicha entrevista con Rosa Pereda, como lo será cuando veamos luego su semblanza de Miguel Hernández y aluda a «nosotros los *sin partido*»): «[El primero de los premios] lo acepto porque venía del primer rey republicano, [y el segundo] aunque yo no sea socialista» (*Cambio 16*, 26-IX-1983, págs. 101 y ss.).

La expresión «primer rey republicano» parece provenir de Ferrater Mora, el presidente del jurado que le concedió el premio en Asturias. En el momento previo y preceptivo de comunicar la noticia a María Zambrano, parece que fue él quien le dijo esta frase —¿para vencer quizá alguna duda o reticencia?— que ella aprueba de inmediato y hace suya, y que luego repetirá. La segunda matización —«aunque yo no sea socialista»— nos remite una vez más a su progresiva evolución política y a su muy profunda e insobornable independencia intelectual.

Lo cierto es que, regresando a los años treinta, algo había sucedido tras aquella primera y liberal fase republicana y era evidente el desencanto de algunos de los grandes intelectuales de entonces, entre los que se encontraba, en primer lugar, su maestro Ortega y Gasset. Como ya hemos dicho, la fidelidad de Zambrano a Ortega será subrayada por ella, muy especialmente tras la muerte de este en 1956. Entonces publicará su obituario, titulado «Don José», en la más prestigiosa revista literaria española, *Ínsula* (n.º 119), y le escribirá a Rosa Chacel: «Su muerte me ha hecho ver que le amaba aún más de lo que creía, que le amaré siempre... Seré su discípula siempre».

Los reparos que ella había puesto a Ortega o a Marañón por su tibieza ante la evolución revolucionaria republicana, seguidos de su posterior rectificación, se repiten también con otros valiosos intelectuales que no están de acuerdo con el posterior desarrollo de la República. Nombres como los de Albornoz, Valle-Inclán, Pérez de Ayala, Azorín, Baroja o Juan Ramón Jiménez tienen también mucho que ver en ese cambio de actitud más cercano a una visión liberal de la política que revolucionaria; visión que llegaría a su cenit con los lamentos de Manuel Azaña en su discurso de Barcelona, poco antes de su exilio. Algo había pasado en su mente y en España entre aquella frase suya de 1931 («Todos los conventos e iglesias de Madrid no valen la vida de un republicano») y sus declaraciones y escritos posteriores sobre la deriva de la República a partir de los graves acontecimientos separatistas de 1934 en su libro *Mi revolución en Barcelona* (1935) y sobre todo ese «testamento político» de 1939 que es *La velada en Benicarló. Diario de la guerra de España*.

Evolución, pues, del pensamiento republicano especialmente a partir de los hechos de 1934. Curioso es también que Zambrano, en su Anexo al texto que en su día había dirigido a Marañón y que publicó en *Diario 16*, reconozca incluso a Julián Besteiro como «el venerable con fondo liberal», que había abandonado sus estudios en Alemania para entregarse a la política con poca sintonía con los más radicales de su partido. Zambrano había sido «la última alumna examinada por libre» por Besteiro, catedrático de Lógica, y de él recibiría como nota una Matrícula de Honor. Tantos años después, ella recordará con afecto su persona, así como su lamentable muerte en prisión.

Este sutil y progresivo cambio de actitud en algunos republicanos de primera hora, pertenecientes a la reconocida como «generación mayor», parece asomar también en la semblanza que Rafael Martínez Nadal hace de María Zambrano. Fue amigo de ella, pero antes y después de los años de la guerra, no durante. El rito de sus encuentros y paseos en Madrid se interrumpe la última vez que se ven en su juventud, precisamente en julio de 1936. A partir de entonces, escribe Martínez Nadal: «No vi a María porque quería evitarle el dolor de creerme traidor a la causa republicana socializante, en la que yo había estado, años antes, tanto o más comprometido que ella. Así que nuestro próximo encuentro tendría que ser cuarenta años después en La Pièce» (*Postdata*, n.º 26, 2004).

Rechazar la oferta que el prestigioso jurista y socialista Luis Jiménez de Asúa le hizo a María Zambrano para que esta se presentara como candidata a las Cortes Constituyentes también apunta en ese sutil sentido de evolución de lo político hacia un humanismo intelectual, quizá desde sus dudas interiores por la marcha de la situación política; pero, sobre todo, por los ataques a la religión, a sentimientos muy arraigados tanto en la personalidad de Zambrano como en una gran parte de la sociedad española; ataques en los que la República cometió uno de sus errores más palmarios al confundir lo sagrado, la espiritualidad, con la ortodoxia de cierto clericalismo. Zambrano siempre recordará posteriormente que nunca aceptó cargo alguno oficial que fuera contra su personal forma de ser y de pensar («No soy catedrático, es decir, no me doblegué a nada oficial allá en mi tierra», dirá tras los reparos que le pusieron en la Universidad de Michoacán, en México).

Su regreso a *Revista de Occidente* y el comienzo de sus colaboraciones en *Cruz y Raya* —la revista de pensamiento, más confesional, de José Bergamín, amigo suyo hasta los últimos días— apuntan también en ese sentido de cambio interior. Igualmente ponen tibieza en su pasión política, en ese tiempo socialmente convulso, las lecturas que sabemos que hizo: órficos y pitagóricos, Platón y Plotino, san Agustín, Miguel de Molinos, Spinoza (sobre el que ya dijimos que no hará su tesis), hasta novelistas como Dostoievski, Proust o Kafka. Y siempre su proximidad a los compañeros poetas y a la poesía de todos los tiempos. Para valorar también esta sutil evolución interior de Zambrano, hay que ver el ya señalado contraste con sus escritos de entonces, los que ya señalamos muy bien en su libro *Los intelectuales en el drama de España y escritos de la guerra civil*, los más cargados de ideología en el tiempo inicial de la guerra, y el paso posterior al tratamiento de temas estrictamente filosóficos y literarios.

Otra muestra de su sentido profundamente comprometido por humanista, como veremos, fue la participación de María Zambrano en la loable tarea de las Misiones Pedagógicas, en las que tanto tuvieron que ver, por cierto, algunos poetas y artistas. Tiempos pues de compromiso a la vez que en ella se daban hallazgos como el de la *razón poética*, que ella fija en el momento preciso en el que Ortega muestra reservas a su artículo «Hacia un saber sobre el alma»; aunque luego el maestro le publique este ensayo en el número 132 de *Revista de Occidente*, e incluso otro: «¿Por qué se escribe?». Son varias las razones que aluden a esa metamorfosis hacia el humanismo que el fin de la guerra acrecentaría de manera sorprendente en la que había sido una intelectual comprometida tan señalada.

Actitud sincera la suya, al mantenerse en la órbita del socialismo paterno, aunque también en Blas Zambrano se daría un progresivo descreimiento hacia la radicalización republicana que la propia hija señaló. Después de su juvenil anarquismo, Blas Zambrano había ingresado en el Partido Socialista en Segovia, en 1916, de cuya Agrupación Socialista Obrera llegaría a ser presidente, para al final acabar siendo considerado, como nos dice Julia Castillo, «un liberal de grandes inquietudes sociales y políticas». Su evolución ideológica, el noble afán de justicia social y el posterior desencanto fueron también acordes con su gran preocupación por la pedagogía, ya muy tempranamente expresada desde sus días en Granada, como veremos al ocuparnos de su tempranísima relación con Miguel de Unamuno.

No, no le iba a resultar ajena esta sutil metamorfosis del pensamiento y de las creencias a María Zambrano. Ni siquiera tras el estallido de la guerra, después de su regreso con su marido de Chile, que le obliga a dirigirse a Valencia, donde, según le comunicó a Rafael Dieste, sufre una «crisis» psicológica, aludiendo a la angustia que suponía para ella tener que dejar de escribir cuanto ella quisiera, sumergida como estaba en la tensión política y bélica («los llamados intelectuales, al no crear, estamos dispersos»). No hay duda de que en la sutil metamorfosis por la que está pasando tienen mucho que ver sus estancias en Valencia y en Barcelona, en la lenta marcha hacia la frontera que, a la vez, está siendo en ella un desesperado *viaje* hacia su interior.

Otro dato revelador en ese momento crítico de la estancia de Zambrano en Valencia fue su reencuentro en 1937 con la escritora Simone Weil, vestida de miliciana, a quien ella había leído y admiraría siempre, así como su participación en el II Congreso Internacional de Escritores (4-7 de julio de 1937). Los miembros de la revista *Hora de España* presentaron una ponencia colectiva, probablemente para distinguirse de otras tendencias políticas que en el Congreso hubo y como queda muy bien expresado en los «fines» de dicha revista, que enseguida veremos recordados por la voz de la propia pensadora. Se trataba de una sutil pero significativa muestra de la escisión entre los intelectuales republicanos en esos momentos.

Prueba de esa «ponencia colectiva» —más moderada y autónoma, en la que figuran los grandes amigos de Zambrano en esa etapa— es la relación de participantes en el Congreso. En un apartado del programa, como representantes españoles, aparecen A. Machado, J. Benavente, J. Bergamín, Álvarez del Vayo, M. Nelken, María Teresa León, Rafael Alberti, Corpus Barga, Navarro Tomás y León Felipe. Pero al final del programa —separados, en un apartado que se titulaba «y *otro* grupo concreto»— figuran Zambrano, Prados, Serrano-Plaja, Gil-Albert, Miguel Hernández, Varela, Sánchez Barbudo, Herrera Petere, Antonio Aparicio, Eduardo Vicente y Ramón Gaya. Esta distinción o separación, de los participantes en el programa del Congreso Internacional de Escritores es muy indicativa de la división que ya latía tempranamente en las izquierdas, no solo tras el alzamiento militar, sino sobre cuanto había sucedido en Madrid en los meses anteriores con los episodios de tensión callejera.

Por otra parte, según algunas fuentes, a María Zambrano «se la denuncia como fascista por haber participado en el F. E.», Frente Español, aquel partido de inspiración orteguiana que ya vimos que inmediatamente ella misma deshizo. Son semanas en las que Zambrano es vista con reservas por los sectores más radicales de la República. Parece que en eliminar esa acusación concreta mediaron Bergamín y Alberti. Luego, su participación en una asamblea de la Alianza de Intelectuales y la firma del manifiesto (corregido y recortado) de la AIDC, por ella y por Ortega, parecen deshacer estos contrastes. Sin embargo, su peculiaridad intelectual e ideológica ya se deja ver en estas interpretaciones sesgadas y en esos tres meses críticos de 1936, antes de su partida para Chile y, de manera más acusada, tras su regreso.

Así que después de la estancia de nueve meses en este país con su marido y ya de regreso en Valencia, ese momento, históricamente crítico y angustioso del abandono de Madrid, irá sobre todo unido al nacimiento de la valiosa revista *Hora de España*, de cuyo consejo de redacción formará parte María Zambrano, aunque, según sus propias declaraciones, los fundadores fueron Rafael Dieste, Antonio Sánchez Barbudo, Ramón Gaya y Juan Gil-Albert, asistidos por el poeta-impresor Manuel Altolaguirre, y estando también presente Emilio Prados como «constante amigo», siempre cerca «en la hermandad entera», diría ella.

¿Cuáles eran los fines primeros y últimos de dicha revista? ¿Cuál era su *singularidad?* María responde con valentía y una claridad extrema a estas preguntas: «Obedecer hasta el final el mandato de la luz y del tiempo. Lo que es moral sin duda y antes aún faena poética, religiosa, política; revelación, por tanto, del suceso total». Tiempo ya de derrota en el que, según ella, había que pasar «del grito a la palabra para hacerse entender», y siempre con un enorme compañerismo entre los escritores. Pero observemos la prioridad de los objetivos que ella —sumida en la tensión de la guerra— nos señala para la revista: ¡los poéticos y los religiosos!

Una situación de crisis parece despertarse también en su interior al año siguiente, en 1938, ya durante su estancia en Barcelona —ciudad en la que, con muertes e incendios indiscriminados, se había acabado con cualquier huella de religiosidad—, pero especialmente agudizada ahora por la muerte allí de su padre. Determinadas lecturas (Séneca y los estoicos, retomar el estudio de la relación entre el estoicismo y el cristianismo, comenzar a escribir allí mismo su ensayo sobre san Juan de la Cruz —aunque, como hemos dicho, lo terminará y lo editará en *Sur* de Buenos Aires—), así como una carta que le escribe a Rosa Chacel, vuelven a apuntar en ese sentido de evolución interior, de cambio, de lo que ella reconoce como la necesidad de «descreer»: «parece ser que ha llegado la diáspora», pero añade: «[sigo] *con* mi pueblo, en el que creo al par que en Dios». Su pueblo y Dios. Difícil dualidad de mantener en la Barcelona de aquellos días.

Pero ella lo logrará. Momentos desesperados, pero siempre iluminados por la fuerza intelectual, cerca de algunos compañeros, como cuando visita a Corpus Barga en la «ya inexistente» Casa de la Cultura o los encuentros con su gran amigo el pintor Ramón Gaya. Por aquellos días también se había editado en la imprenta del monasterio de Monserrat un libro clave, *España, aparta de mí este cáliz*, de César Vallejo, que acababa de morir en París. Zambrano y Vallejo solo se habían visto alguna vez en Madrid y en Valencia. A este poeta lo recordará también a través de lo esencial y no de lo propagandístico: «El misterio de su poesía peruana contenía, para mí, el misterio de la quena, ese antiguo instrumento que tocan allá y que encierra algo mágico, iniciático, religioso, verdadero...».

Pero en Barcelona vivirá hechos más graves que influirán en su ánimo, como la muerte de su querido padre. Mientras fallece Blas Zambrano, abajo, en la avenida, desfilaban las tropas de las Brigadas Internacionales, que se despedían de la ciudad. En el epistolario, ya citado, de María Zambrano a Mariano Quintanilla hay una página muy sensible del 6 de enero de 1939 sobre la significación que tuvo la muerte del padre:

> Hoy hace dos meses que lo enterramos. Su muerte fue muy serena, como él la hubiese deseado: tranquilamente, sin estridencias, sin casi dolor se nos fue. Quisiera que quienes le han conocido en su madurez y le han querido hubieran podido ver su cabeza con la serenidad de la muerte, de la paz. Nos dejó mucho consuelo y las palabras de quienes le ayudan en su memoria también. A la hora de la muerte, amigo Quintanilla, se recoge todo, se realiza todo. ¡Es tan verdad! Mi pena es que se haya ido sin ver el fin de la tragedia.

¿El fin de la tragedia? ¿Vaticinaba lo que habría de acaecer solo unos veinte días después, la culminación de la marcha final hacia el exilio el 28 de enero de 1939, cuando cruce la frontera con Francia en compañía del resto de sus familiares más queridos?

El irrenunciable cristianismo zambraniano no dejará de asomar en su trayectoria vital, incluso en los momentos más desesperados, como fueron no solo los del final de la guerra y el comienzo del exilio, sino también los posteriores, de agobio por la inseguridad, la enfermedad o los problemas económicos. También aquellos en los que, tras su regreso definitivo a España, evocaba sus días en Segovia, o los que pasó de retiro en La Pièce. En 1973, al recordar el número póstumo de la revista *Hora de España*, reclama la necesidad de atender a «la fe que da plenamente la cara», a «una historia que alguien o algunos deberían salvar en toda su extensión. Y clamando está porque sea conocido el sentir y el pensamiento religioso en poetas y pensadores laicos, católicos y heterodoxos». Una vez más, sus declaraciones valientes, su antisectarismo.

Zambrano cita al respecto los nombres de Antonio Machado y versos de él muy concretos («Y tú, Señor, por quien todos/ vemos y que ves las almas,/ dinos si todos, un día,/ hemos de verte la cara»), a Unamuno, a León Felipe (sus «Oraciones del caminante») o a Enrique de Mesa. También cerrará este texto de 1973 evocando sus paseos nocturnos con Emilio Prados por las calles del Madrid republicano, «en la plaza ancha y redonda al pie de mi casa», y cierta conversación concreta que mantuvieron, así como un sorprendente «himno» que les gustaba cantar a dúo:

Pues yo decía, si me preguntan si creo en Dios, tengo que responder como san Agustín acerca del tiempo: «Si me lo preguntan no lo sé; si no me lo preguntan lo sé». Sí, eso me pasa. Sí, pero ¿te acuerdas de ese himno, el único, hermoso de la liturgia de los tiempos modernos? Es el himno eucarístico, y decía: «Dios está aquí»; sí, eso decía, y luego es así el final, ese es el final: «Amor por siempre a ti, Dios del amor».

Otro testimonio rotundo en este sentido es el que recoge Cintio Vitier, el cual acude en 1944 a la primera lección del curso que María Zambrano impartió en La Habana bajo el título de «Nacimiento y desarrollo de la idea de la libertad». El escritor cubano nos transmitirá las sensaciones que sintió durante aquellas clases en su novela *Peña pobre* (1978), poniendo estas palabras entrecomilladas en boca de Zambrano:

La idea de la libertad nace con el cristianismo... ¿Qué había antes? [...] La libertad que en las religiones anteriores no aparecía sino como liberación, en el horizonte del cristianismo, que pone en limpio la originalidad del hombre, aparece como rescate. Rescate que desde luego tiene sentido en cuanto es una *devolución*. Es decir, que alguien, Cristo, paga con su agonía y devuelve al hombre su libertad y su ser. No se trata pues de algo que le sobreviene al hombre, sino que le es restituido, ya que, en cuanto hijo directo de Dios, es constitutivamente libre.

Palabras como estas las pronuncia María Zambrano solo cinco años después de acabada la Guerra Civil, pues ella sigue sin renunciar a su propia libertad de sentir y de pensar, de *ser*. Ni en los momentos más dramáticos o desolados renuncia María Zambrano a su espiritualidad. En el inmediato exilio, no faltarán libros que aludan al sentido ético y trascendente de su pensamiento, a veces ya desde el mismo título (*El pensamiento vivo de Séneca*, 1941), el autor que lee en los angustiosos días de Barcelona, o *Hacia un saber sobre el alma* (1950). A veces incluso de una manera muy osada, como observamos en el prólogo a la edición de *Filosofía y poesía*, libro para el que, curiosamente, ella en principio había pensado en otro título, *Filosofía y religión*. Se trata de un fragmento muchas veces citado, pero de manera parcial:

> La virtud de la Virgen María fue no el encumbrarse, sino el condescender; eso sí, no sola. Yo no pretendo que en mí se cumpla, ni en este libro especialmente, la virginidad virtud. No podría ser. Pero sí veo claro que vale más condescender ante la imposibilidad que andar errante, perdido, en los infiernos de la luz.

Es *Filosofía y poesía*, como vimos, uno de sus libros más originales y clarificadores, sobre todo por lo que supuso para ella deshacer el «nudo» entre el sentir y el pensar, entre filosofía y poesía, por cuanto atañe al germen de su concepto de *razón poética*; el fragmento citado sorprende por esa radical búsqueda final por medio de lo que ella reconoce como «virginidad virtud» y «misterio de la belleza». Sin embargo, para quien desee conocer con objetividad y en profundidad esta valoración innegable de los aspectos metafísicos de María Zambrano, recomiendo acudir a dos de los apartados del estudio que Mercedes Gómez Blesa antepone a su edición crítica del libro *Claros del bosque* (2011): «La violencia de la filosofía: un éxtasis fracasado» y sobre todo «El eclipse de la piedad».

No se puede fundamentar mejor ese tema que tiende a ignorarse, a veces por meros intereses ideológicos. Otra edición crítica clave, muy especial, es la que Virginia Trueba ha hecho de otro libro revelador, *La tumba de Antígona y otros textos sobre el personaje trágico* (2014). Antígona fue el más trágico de los personajes de Sófocles, pero para Zambrano significó mucho más: sus propias vivencias dolorosas, la «encarnación de toda una época: la suya propia condicionada por la Guerra Civil y algunos de sus allegados, y el consiguiente exilio». Araceli Zambrano representará a la primera de las dos hermanas de la tragedia griega, Antígona e Ismene.

Pero hay otro personaje en la tragedia de Sófocles —uno de los dos hermanos de ellas, Polinices— que en opinión de Rafael Martínez Nadal ha sido menos valorado y que oculta el fondo de la tragedia. Las hermanas Zambrano no tuvieron hermanos, pero sí hermanos políticos. Pero ¿cuál de ellos fue Polinices, aquel al que en la tragedia de Sófocles se le desea negar los ritos fúnebres tras su muerte? Nadal nos deja con la duda en el aire, aunque opina sutilmente: «Pero ni María, ni Antígona, ni Ismene, son concebibles sin el cuerpo insepulto de Polineses. ¿A quién tú y Araceli queríais enterrar?».

¿Quién pudo ser Polineses tras el fin de la guerra civil vivida por las dos hermanas? ¿Aquel hombre que en la de Sófocles las hace debatirse «entre la religiosidad y las leyes del Estado»? ¿Acaso ese político con el que cruzan la frontera, que es perseguido y detenido en Francia, que luego sería devuelto a España y fusilado y que aparece en los libros con letra menuda, en notas leves a pie de página, cuando tanto condicionaría la vida de las dos hermanas? Piense el lector.

Cintio Vitier —como también Lezama Lima, otro gran amigo cubano de aquellos días, «amigo esencial y verdadero», «órfico católico en diversas e indelebles formas» para ella— vio en la escritora española a un ser especial, ya alejada de la mera ideología política cuando se conocieron. Este valora sobre todo «la voz de sibila, de sirena interior de la profesora andaluza», pues «en ella no solo se aliaban sentir y pensar, sino también creer y pensar». Aquella voz que era, añade Vitier, «hilo de luz que se desovillaba por su laberinto, lienzo inconsútil que se tejía y se destejía en la noche de la espera del conocimiento».

Carlos Fuentes subrayaba en una semblanza «la pasión y la compasión de su voz». Dentro de estas opiniones trascendentes sobre Zambrano no hay que olvidar la de Emil Cioran: «Pertenece María Zambrano a ese orden de seres que lamentamos no encontrar más que en raras ocasiones, pero en los que no cesamos de pensar» y siempre alejada de esa visión sectaria de la realidad que Cioran reconoce como «la tara de la objetividad», pues por el contrario la conversación con ella se deslizaba siempre «hacia interrogantes esenciales».

A este sentido especial —órfico— de la voz de Zambrano también aludirá años después Julio Caro Baroja, que había sido alumno suyo en el Instituto Escuela: «Tenía un gran encanto, sobre todo su maravillosa voz». También en su voz, tan especial por fluida y melodiosa, reparó su amiga de los tiempos romanos la poeta Reyna Rivas: «la voz de María Zambrano parecía un ala ingrávida [...], tantas veces su palabra alumbraba al instante, el no tiempo igual a los instantes fulgurantes de la luz de un relámpago».

Siempre aludiendo a su voz, también opinará Enrique de Rivas, uno de sus grandes amigos de los días romanos, en la doble entrevista que le concede a la poeta mejicana Mariana Bernárdez: «María era muy superior en la conversación a lo que es en la escritura [...]. Cuando María Zambrano estaba inspirada era muy superior incluso a cuando escribía. La palabra hablada nace en ella espontánea, no se sentía ante un público, sino ante una persona». Nada menos que como una «filósofa de la religión y de la mística» la reconocerá Agustín Andreu en una de sus cartas. Muy destacada, a la hora de las definiciones especiales, fue la que nos dio de María Zambrano su amiga Elena Croce: «genial figura de filósofa con rasgos intensamente poéticos, de profetisa, que hacía que se integrara en la gran tradición mística española».

Intensa amistad fue la habida entre María Zambrano y el escritor José Lezama Lima, por la proximidad que ambos tienen en los años vividos por la escritora en Cuba y que, con algunas idas y venidas (a México, a Puerto Rico o a París, donde llegará tarde al sepelio de su madre), alcanzará los trece años de duración (1940-1953). Las revistas *Espuela de Plata* y *Orígenes* y su grupo de escritores (Vitier, García-Marruz, Diego, Gastón Baquero, Piñera) estarán cerca de una manera muy viva. Y ella siempre llevará en su memoria las albas y los atardeceres sobre la mar, a la que miraba su apartamento de La Habana. Pero sobre todo la estancia en Cuba refrenda aún más ese cambio interior hacia lo trascendente, hacia el pensamiento inspirado, que ya no abandonará; aunque a la vez no dejará de volver su mirada hacia temas sociales, como los reflejados en libros editados en esta etapa: *La confesión: género literario y método* (1943) y *La agonía de Europa* (1945).

Observemos de qué temas se ocupa María Zambrano, en conferencias y artículos, ¡ya a partir de 1940, nada más iniciar su exilio!: la sabiduría griega, autores como Anaxágoras, Pitágoras o Heráclito, el «nacimiento de la filosofía y de la religión», la ética griega, la moral platónica, el idealismo, «Ética y mística», Séneca, Tristán e Isolda, las ruinas, el misterio de la pintura de Luis Fernández, «Historia de la piedad», el siglo XVIII, Heidegger... Y, por supuesto, de nuevo y siempre, san Juan de la Cruz («San Juan de la Cruz. El *Cántico espiritual*») junto a sus escritos e intervenciones sobre otros escritores españoles que ella seguía sintiendo tan cerca: Antonio Machado, Unamuno, Ortega; o en su conferencia «Historia poética de la España actual», donde se detiene concretamente en las obras de García Lorca, Alberti, Prados, Cernuda y Altolaguirre.

Esta nueva dirección seguida hacia el pensamiento trascendente y la poesía la reafirmará ante algunas cartas que recibe tras su regreso a Europa, como las de Lezama Lima. En una de 1975, este le dice que confía en que su voz «favorecerá la sacralidad de la memoria», pues ella se sitúa «en una noche de electricidad tempestuosa». Y con el hermoso hermetismo que caracteriza al escritor cubano, solo tres meses antes de morir, en una carta de agosto de 1976, le escribe: «Me alegra ver cómo usted siempre resurge en búsqueda de una verdad sellada». La correspondencia de María Zambrano con José Lezama Lima está recogida en el volumen

Cartas desde una soledad, 1939-1976, en edición de Pepita Jiménez Carreras (2008). Un complemento de dicha correspondencia es la que intercambian Zambrano y María Luisa Bautista, la esposa de Lezama, una vez muerto este. Esa amistad, en presencia y en la distancia entre ambos escritores, se materializará de manera muy entrañable en el poema que le envía y dedica el poeta cubano en 1975, que fue publicado en la revista *Ínsula.* En realidad, es un poema sobre las dos hermanas:

María Zambrano

María se nos ha hecho tan transparente
que la vemos al mismo tiempo
en Suiza, en Roma o en La Habana.
Acompañada de Araceli,
no le teme ni al fuego ni al hielo.
Tiene los gatos frígidos
y los gatos térmicos.
Aquellos fantasmas elásticos de Baudelaire
la miran tan despaciosamente
que María, temerosa, comienza a escribir.
La he oído conversar desde Platón hasta Husserl
en días alternos y opuestos por el vértice,
y terminar cantando un corrido mexicano.
Las olitas jónicas del Mediterráneo,
los gatos que utilizaban la palabra como,
que según los egipcios unía todas las cosas
como una metáfora inmutable.
Le hablaban al oído,
mientras Araceli trazaba un círculo mágico
con doce gatos zodiacales,
y cada uno esperaba su momento
para salmodiar «El libro de los muertos».
María es ya para mí
como una sibila

a la cual levemente nos acercamos,
creyendo oír el centro de la tierra
y el cielo del empíreo
que está más allá del cielo visible.
Vivirla, sentirla llegar como una nube,
es como tomar una copa de vino
y hundirnos en su légamo.
Ella todavía puede despedirse
abrazada con Araceli,
pero siempre retorna como una luz temblorosa.

María y Araceli Zambrano abandonan la isla de Cuba en barco, en junio de 1953, solo un mes antes del inicio, en julio del mismo año, de la Revolución castrista. ¿Por qué razón? ¿Empezaba a no ser posible lo que ella había reconocido como la «Cuba secreta»? Coincido en este punto también con la opinión de Adele Ricciotti: «¿Pero por qué la filósofa escoge la ciudad de Roma como sede para vivir y rematar su obra quizá más importante? Obligada a dejar La Habana después de los primeros síntomas de la revolución que estaba a punto de nacer, la elección debía evidentemente tener en cuenta una ciudad cercana a España [...] Pero sin duda también se debió a la necesidad de recuperar su propia dimensión *europea* y a estimularla». (Es obvio que María Zambrano estaba ya curada de experiencias «revolucionarias» extremadas. En este sentido, nos abstenemos en este libro de recoger cuanto ella pensaba de aquellas ideologías que estaban a la izquierda de la suya y de las que nos dijo, que «mentían siempre»).

Se ha aludido a otras razones para el regreso, como al deteriorado estado de ánimo y la mala salud de Araceli, así como a la nostalgia que ambas sentían de Europa, pero es indudable que ese cruce de fechas y de cambios sociales en la isla pudo ser muy influyente. Ella, en una página de *Los bienaventurados*, alude a esta sensación de ir «de destierro en destierro», de marchar «de una patria que se le ofrece corriendo delante de su sombra tentadora; entonces, inevitablemente se es acusado de eso, de irse, de irse sin tener ni tan siquiera a dónde». Según Enrique de Rivas, parece que las dos hermanas partieron de La Habana con una cierta seguridad económica, pues a María Zambrano le había sido concedida una pensión por una institución cultural cubana que se mantendría durante un cierto tiempo, pero que luego se le suspendería.

Afortunadamente, ya en Roma, otra Fundación, esta venezolana, le concedería otra ayuda que le facilitará económicamente los nada fáciles primeros años pasados en esta ciudad. Pero no había sido una decisión arbitraria la del partir de María Zambrano de Cuba hacia el vigoroso símbolo que Roma suponía, regresar a la cultura mediterránea y al territorio de los clásicos grecolatinos en los que ella se formó y para terminar su libro *El hombre y lo divino*, hacia la Europa sobre la que deseaba escribir. Hacia la libertad.

Amistades profundas

No me considero un especialista en la obra de María Zambrano. Por tanto, este libro no cumple con rigor el estilo y los métodos de un especialista, sino el testimonio de una amistad y la visión que yo tuve y tengo de su obra a través de sus libros y de algunos escritos ajenos, a veces muy fundamentados, sobre ella. Sí he procurado que sean su voz y sus opiniones las que sobre todo tengan relieve en estas páginas. Para ello nada mejor que haber consultado las fuentes primeras y, entre ellas, ninguna mejor que la de su epistolario; testimonio precioso el de sus cartas que aún no se han visto publicadas en su totalidad. Es en sus cartas donde María habla con más sinceridad y claridad y, en consecuencia, no admite las mistificaciones.

A la vez, se trata de una amplia semblanza que desea poner de relieve que no hay una María Zambrano aislada y escindida, que pueda ser utilizada parcialmente, sino unitaria y fiel a sus ideas y creencias de los primeros a los últimos días de su vida, con esa neta inflexión de la ideología política hacia el pensamiento trascendente, señalada por los estudiosos, ya desde los primeros días de su exilio. Ello no quiere decir que, en algunas ocasiones, no me haya ocupado de ella y de su obra en artículos y conferencias de manera más concreta, como veremos; reclamado en unos casos por amigos, en otras asomándome a la opinión de algunos especialistas.

También al margen de «Sobre la iniciación» —mi larga entrevista con ella grabada poco antes de su muerte— ha habido algunas dudas o cierta confusión sobre un texto que me dedicó María, que no se recoge o se recoge mal entre sus escritos y aprovecho la ocasión para clarificarlo. Me refiero a «La poesía en Antonio Colinas», las palabras con las que ella colaboró en el doble número monográfico que me dedicó la revista *Anthropos*, solo un año antes de su muerte, y que se conserva en el archivo de su Fundación (*Antonio Colinas. Armonía órfica, una poética de la fusión*, vol. I, pág. 56 y *Antología poética y otros escritos*, números 105 y 106). En él se dice:

> La poesía de Antonio Colinas, de lenta y pausada gestación, se destaca en el panorama de la poesía actual justamente por eso, por haber ido paso a paso, porque el poeta la ha dejado crecer sin forzarla; ha sabido permitir a su poesía su tiempo propio. No ha tenido prisa, tampoco dejadez —es decir, un dejarla para luego—, sino que la ha llevado consigo por donde quiera que va sin sumergirse en ella, ni tampoco andar a solas. Lúcidamente la lleva consigo. No se perderá.

Pero al margen de estos dos vivos testimonios personales, extremadamente subjetivos (y de los que atrás he recogido del epistolario, en tres cartas, una de ella y dos de su primo, Rafael Tomero), no siendo un especialista en su obra, he seguido con afecto, hasta donde me ha sido posible, los estudios que se han ido publicando sobre ella, ocupándome de algunos de manera particular, como a partir de aquí se verá.

Mi interés hacia su obra fue muy temprano, porque ¿en qué momento escuché yo su nombre y supe de la obra de María Zambrano? Creo que fue allá por 1964, a mis dieciocho años, cuando llegué a Madrid. Recuerdo que escuché su nombre a José Luis Cano, subdirector y alma de la revista *Ínsula*. Asistía yo entonces, por sugerencia de Vicente Aleixandre, a la tertulia que la revista celebraba en un local de la calle del Carmen y en la posterior reunión, más informal, en una cafetería de la zona. Esos ecos o sintonías primeros me llevaron a tres libros suyos que leí deslumbrado, *Filosofía y poesía, El hombre y lo divino* y, sobre todo, sus mal distribuidas *Obras reunidas*. Luego, vendría la lectura del resto de sus libros y nuestro encuentro en Ginebra en 1984, tan decisivo por vivido.

También fue esa comunicación con la revista *Ínsula* la que me llevó a leer algunos artículos de María Zambrano editados en ella. Pensemos que Zambrano colaboró con sus artículos en dicha revista desde 1952 a 1986; por tanto, muy tempranamente y con cierta continuidad. Recuerdo, de esa iniciación lectora en esta revista, artículos suyos sobre Miguel de Molinos, Emilio Prados, Juan Ramón Jiménez, Lezama Lima u Ortega. También otro concreto titulado «Acerca de la Generación del 27». José Luis Cano publicó, unido a la muerte de la pensadora, su artículo «Luis Cernuda y María Zambrano».

Atendiendo de nuevo a las publicaciones sobre Zambrano y más allá de su exilio en varios países, no hay que olvidar sus colaboraciones en otras revistas españolas de posguerra, de las que recordaré casos excepcionales, como sus textos en *Papeles de Son Armadans*, dirigida por Camilo José Cela; autor que tuvo con ella una temprana relación amistosa en los años treinta. En *Papeles* aparecieron importantes artículos zambranianos, como «El vaso de Atenea» o «El libro de Job y el pájaro». También en *Papeles* publicará en 1964 la versión española de su texto «Un lugar de la palabra: Segovia», que el mismo año la editorial Vallecchi había publicado en italiano en Florencia. A raíz de la concesión a María Zambrano del Premio Príncipe de Asturias de Comunicación y Humanidades, Cela publicó un jugoso artículo sobre esa amistad titulado «Lejanos recuerdos», donde escribió:

> Antes de la Guerra Civil, allá por el 33, el 34 y el 35, o sea, teniendo yo diecisiete, dieciocho o diecinueve años, estuve enfermo, incluso gravemente enfermo, y me refugié en la lectura [...]. Ya entonces componía versos y empecé a frecuentar, no sin cierta timidez, los

ambientes literarios. Las tres personas que más me ayudaron en mis comienzos fueron María Zambrano, Pedro Salinas y Pablo Neruda [...]. Pablo me regaló varios libros suyos dedicados, que yo le presté a María Zambrano y que desaparecieron al terminar la guerra, cuando tiraron su biblioteca por la ventana.

Vivía entonces María Zambrano, entre 1931 y 1936, en la plaza del Conde de Barajas 3, esquina a la calle de la Pasa, y por cuanto nos dice Cela su casa fue saqueada. Hoy una placa colocada en la fachada recuerda la estancia de la escritora. A esta casa acudió en ocasiones ese Cela casi adolescente, a veces en una compañía tan significativa como la del poeta Miguel Hernández, de quien se había hecho amigo, «aunque tenía seis años más que yo» («Tenía la cabeza rapada y muy buen color, saludable y como tostado»). En estas visitas a la casa aparecen también los nombres de la pintora Maruja Mallo, «viñetista de *Revista de Occidente*», Ildefonso Manuel Gil, que llevaba la revista *Literatura*, Arturo Serrano Plaja y Luis Felipe Vivanco, «colaborador de *Cruz y Raya*». Igualmente acude a la casa de María Zambrano, guiado por José Antonio Maravall, el poeta Leopoldo Panero (casa donde «se discutía de literatura, filosofía y religión»).

Cela destaca la sensibilidad, la ternura, «la inteligencia aguda y el alma permeable» de María Zambrano. Las dos hermanas, como hemos recordado atrás, aparecen también en *San Camilo, 1936*, la novela de Cela, recordadas con afecto; incluso en algún pasaje del libro el joven escritor de entonces se siente deudor y admirador de ellas:

María Zambrano vive en la plaza del Conde de Barajas y es amiga y consejera áulica de jóvenes poetas y pintores; tú debes mucho a la amistad y apoyo que te presta María Zambrano, que tampoco tenía por qué hacerte caso puesto que no eres nadie ni representas a nadie [...]. María Zambrano invita a té con pastas o refresco, a elegir, su hermana Araceli, la mujer de Carlos Díaz, es muy bella y espectacular, alta, con buen tipo y con lentes, parece una intelectual extranjera, tú lees tus versos a María y María te los aguanta con paciencia y bastante generoso interés...

Cela, en ese momento del verano de 1981 en el que escribe el artículo, reclama también el regreso a España de la escritora:

A lo mejor, alguien arbitra la delicada fórmula necesaria para que una de las mejores cabezas españolas de todos los tiempos pueda volver a ver, antes de morirse, el Museo del Prado, el acueducto de Segovia y los jardines de Aranjuez. Tampoco pido tanto.

Es precisamente el hijo del poeta Pedro Salinas, como vimos, el que atendería en España esta llamada, aunque Zambrano no llegaría a ver los tres lugares de que Cela habla. Sería especialmente doloroso para ella no volver a ver el primero de los lugares, tan especial en su memoria, Segovia. Fracasó el intento de que la escritora regresara a la ciudad de su infancia y de su adolescencia. Estando todavía ella en Ginebra, un grupo de escritores segovianos solicitó a la Academia de San Quirce que María Zambrano fuera nombrada académica de mérito de la misma. Ella respondió amablemente pensando siempre en el regreso y diciendo que le ilusionaría «sustituir en el cargo a Agapito Marazuela, al que organicé uno de los primeros conciertos en los años treinta en Madrid». Ya de regreso a España, recibe en su casa al director de la Academia de San Quirce y este le entrega el facsímil de la revista *Manantial*, en la que ella había colaborado tempranamente y que habían dirigido Julián Otero y Álvarez Cerón. Pero el viaje a la mítica Segovia no lo llevó a cabo. Demasiadas y muy profundas emociones le suscitarían sin duda dicho retorno.

Fruto especial de la relación entre Zambrano y Cela fue posteriormente la correspondencia que ambos mantuvieron, recogida por este en el volumen *Correspondencia en el exilio* (2009), que contiene 839 cartas. Este libro se abre precisamente con una carta de María Zambrano enviada a Cela nada menos que en 1935. En 2004, la Fundación Camilo José Cela dedicó su primera exposición precisamente a María Zambrano y a su obra, que recogía los ricos materiales en posesión de la misma (colaboraciones en papeles de *Son Armadans*, cartas entre 1935 y 1984, etc.).

Tanto *Papeles de Son Armadans* como *Ínsula* cumplieron con sus artículos una evidente función mediadora con escritores en el exilio (recordemos los artículos publicados también en la revista mallorquina de Cela por Prados, Alberti, Corpus Barga, Guillén, Altolaguirre, Ayala o Américo Castro; venciendo incluso, en este último caso, las reticencias primeras que Castro tuvo hacia la revista). Unas palabras de Cela a Emilio Prados fijaban los fines de su revista: *Papeles de Son Armadans* deseaba ser una «sosegada esquina de la historia de España en la que los españoles de buena voluntad podamos hablar sin gritar, y entendernos y hacernos entender».

Amigo muy temprano de María Zambrano al llegar esta a Madrid en su juventud sería Rafael Martínez Nadal, periodista y crítico, gran amigo de Federico García Lorca. Nadal dice que esa amistad comenzó «a mediados de los años veinte» y que la recuerda «siempre vestida de blanco», y cerca de poetas como Altolaguirre, Concha Méndez y sobre todo Emilio Prados (Málaga, 1899-México, 1962). A María le gustaba recordar a Prados en sus conversaciones y citarlo, pues siempre con su inconfundible voz recitaba a veces este terceto de él:

> *Nació y creció sin saber*
> *si estaba dentro o fuera*
> *del dios que nació con él.*

Paseos con Martínez Nadal por el Madrid de los Austrias y de Galdós, por la Plaza Mayor de la Villa, por el Viaducto y los alrededores del Palacio Real. A veces hacen alguna visita juntos al Museo del Prado. ¿Cuáles eran los pintores que preferían? En el caso de María, Tiziano, Velázquez, Goya y Zurbarán —«mi amadísimo Zurbarán», con sus blancos, «el blanco del hábito del santo en contemplación»—, a juzgar por cuanto nos dice en su texto «Una visita al Museo del Prado», que escribiría años más tarde, en 1955. Pero de sus visitas al Prado ella guardaba siempre en su memoria un único cuadro muy especial y lleno de simbología. Me refiero a *Los fusilamientos del 2 de mayo*, de Goya. Ya hemos dicho de qué manera tan especial ella lo tenía presente al recordar el día de la proclamación de la República, pero tantos años después vuelve a reparar obsesivamente en la figura de aquel hombre de la camisa blanca con el que se cruzó en la calle de Alcalá:

> [...] moriría como el hombre aquel de la camisa blanca, figura central del cuadro de Goya, que venían de ver y ante el cual habían pasado sin decir palabra; aquel hombre que abre los brazos en cruz, en lugar de apretarlos sobre su pecho desamparado, en un gesto antinatural, más allá del miedo instintivo de todo animal frente a la muerte, dando esa su alma, que se le sale antes de que las balas lo alcancen: el alma entera con sus brazos clamando al cielo, abrazando al mundo, maldiciendo, bendiciendo. [...] Ese grito, España, de tu animal, de su alma volcándose por encima de la muerte, no va a parar al mar del morir, sino a verterse en vida que no acaba.

Aquellos paseos y visitas con Nadal por las calles de Madrid coinciden en el tiempo —el de la dictadura de Primo de Rivera y los primeros años de la República— con los que dio con Rosa Chacel, siguiendo además rutas parecidas. Paseos que coincidían en verano y otoño «con la parada final gustosa e inalterable en el quiosquillo de la plaza de Santa Ana, donde servían la mejor horchata de todo Madrid». María Zambrano debía de tener por entonces, en aquellos inicios en la capital, poco más de veinte años y sus salidas quizá estaban sometidas al límite paterno de horarios. Nadal afirma que «al percibir que el reloj marcaba las nueve menos cinco», abandonaban la conversación, pues «las nueve era la hora en que ella tenía que estar en casa».

También reconoce Zambrano como «amigo de veras» al poeta Miguel Hernández, que llega a su casa de la plaza del Conde de Barajas más tarde, en 1933 o 1934, con uno de aquellos inquietos «poetas jóvenes amigos» que, por cuanto nos dice Cela, bien pudo ser este uno de ellos. Pero ningún testimonio mejor de la pensadora sobre Miguel Hernández que el que nos ofrecería en un valioso texto que Rosa Mascarell ha encontrado entre las cartas dirigidas a Alfons Roig. María lo escribe y se lo envía y dedica a este en 1974, pero el texto («una especie de memorias de mi amistad con él») sufrió un penoso itinerario por periódicos y revistas, con peticiones incluso a José Ortega Spottorno, hasta que acabó editado en doble página en el diario *El País*. La amistad de María Zambrano con Miguel Hernández fue en verdad muy especial, y de ello nos da cuenta más de un párrafo de ese valioso artículo suyo, como el siguiente:

> Él sufría, estaba sufriendo siempre. Lloraba hacia adentro y reía más que hablaba cuando venía a casa y salíamos de paseo por algunos lugares inmediatos y al par anónimos diría, cuesta abajo calle de Segovia, para sentarnos algún rato en el puente o sobre alguna piedra a la entrada de la Casa de Campo, solos, como si estuviéramos abandonados. Por mi parte, pasaba un momento o época extremadamente difícil y creo fuera ello también lo que nos unió tan diáfanamente […]. Estaba ya casado. De poco había de ser, pues que tan joven era. Y se le sentía sollozar calladamente por la esposa, que había quedado en el pueblo con sus padres. Y más todavía por no tenerla allí a su lado en Madrid. No pudo Miguel Hernández asimilarse a Madrid por estar irrenunciablemente enamorado de su lugar natal.

Este sentido de amistad y dichos paseos me recuerdan aquellos de los que Vicente Aleixandre —otro gran amigo y protector del poeta de Orihuela y luego de su esposa— nos dio cuenta en una de sus semblanzas: aquel Miguel Hernández huyendo de los «rascacielos/rascaleches» de la gran ciudad y buscando siempre la naturaleza, los jardines y descampados; en el caso evocado por Aleixandre, los paseos por el parque del Metropolitano, cerca de la casa de este en la calle Velintonia, saqueada en dos ocasiones por haber sido frente de guerra en la defensa de Madrid. Paseos entusiasmados de Miguel con vistas a la Ciudad Universitaria y a las lejanías de la sierra, hasta el extremo de que, de vez en cuando, los interrumpía para trepar exaltado y gozoso a un árbol de aquel paraje.

Significativo es también que María Zambrano, en el siguiente y hermoso texto, haga un comentario de carácter ideológico. Comentarios de este tipo ella casi nunca quiere hacerlos. Se refiere a la adscripción de Miguel Hernández al comunismo, que ella explica así tras señalar las raíces religiosas de la primera formación del poeta («la religión de la plenitud católica, cosa que igualmente sucede con cualquier otra religión digna de tal nombre»):

> No más distancia entre Dios y el Hombre latía bajo ello. El Hombre, el Adán anónimo y, en esencial, el humillado de siglos, el que padece hambre y sed de justicia y de pan. El comunismo se apareció así para muchos, casi todos los poetas de aquellos tiempos, como el recinto más adecuado y directo. Y apenas se hablaba de otra cosa. [Hernández] había ingresado en el *partido*. No encontró en él cambio alguno. Es decir, sí, el cambio, la *conversión*, a la que la mayor parte de los *sin partido* nos trajo la guerra no buscada y el dolor y la soledad del mundo. Que no creyó, y esto lo sé bien, en Paraíso alguno terrestre construido por el hombre, ni en ningún Paraíso. Fue un creyente en el Reino que no acaba.

Quiero recoger aquí otro recuerdo muy especial de la relación en aquellos días entre María Zambrano y Miguel Hernández. Me refiero al poema que el poeta le dedica a la amiga de sus paseos madrileños. Copio el poema, a pesar de ser un texto complejo en su factura. Lo recojo primero porque María consideraba «La morada amarilla» como «un don precioso que me fue ofrecido»; luego, por ser un poema inusual, en forma y contenido y, sobre todo, un texto radical de transición entre sentires, pensares y pesares, en aquellos días ideológicamente críticos en los que muy pronto la poesía de compromiso de sus *Vientos del pueblo* iba a ocultar la religiosidad hernandiana, todavía muy viva en este poema.

Junto a otros dos poemas de este tono, fue publicado en la revista *El Gallo Gris*, que dirigía su amigo Ramón Sijé. Recordemos, a propósito de este amigo de Miguel Hernández, al que le dedicó su valiosa elegía, otra anécdota evocada por Zambrano: «[Sijé] murió en el momento mismo en que se disponía a tomar el tren para ir a Madrid de visita. Miguel lo esperó en la estación y siguió todo el día esperando, y yo a los dos aquella tarde». Pero Sijé no llegó. El poema dedicado a Zambrano dice así:

La morada amarilla

¡Apunta Dios!, la espiga, en el sembrado,
florece Dios, la vid, la flor del vino.
(Tiró por recoger multiplicada
su fortuna de troj el campesino,
que, como pobre, en ambicioso pica).

Muy pobremente rica,
muy tristemente bella,
la tierra castellana ¿se dedica?
a ser Castilla: ¿ella?

El desamparo cunde —¡qué copioso!—
al amparo —¡qué inmenso!— de la altura.
Inacabable mapa de reposo,
sacramental llanura:
de más la soledad y la hermosura.

Pan y pan, vino y vino,
Dios y Dios, tierra y cielo.
Enguizcando a las aves y al molino
pasa el aire de vuelo.

Sube la tierra al cielo paso a paso,
baja el cielo a la tierra de repente,

[...]
cereal y vinícola en el raso,
Dios, al fin accidente,
hace en la viña y en las mieses nido.

¡Qué morada! es Castilla:
¡qué morada! de Dios y ¡qué amarilla!
¡Qué solemne! morada
de Dios la tierra arada, enamorada,
la uva morada y verde la semilla.
[...]
Páramo mondo: mondas majestades:
mondo cielo: luz monda: mondo olivo:
monda paz: y silencio mondo y vivo:
¡soledad!: ¡soledad de soledades!
con una claridad a la redonda,
viuda, sola y monda.

¡No hay luz! más aflictiva.
¡No hay altura! más honda.
¡No hay angustia! más viva.
[...]
—De casta vendrá lo de Castilla,
¡oh campal ricahembra! castellana,
asunto, como Dios, de la semilla.
No esperes a mañana
para volver al pan, a Dios y al vino:
son ellos tu destino.
Y has de ser resumible ¡siempre!, Amiga,
en un racimo, un cáliz y una espiga.

Volviendo —dentro de estos saltos míos en el tiempo— a las revistas de posguerra en las que Zambrano colaboró, recuerdo otro texto fundamental suyo, «La poesía de Luis Cernuda», publicado en el número que *La Caña Gris* dedicó al poeta sevillano en el otoño de 1962. Luego, de junio de 1969 había sido la publicación en *Índice* de otro valioso artículo: «Pérdida y aparición del último escrito de Juan de Mairena por Antonio Machado». Se refería al entrañable texto póstumo, extraviado, que Machado escribió sobre don Blas Zambrano, padre de la pensadora, y que al fin pudo ser rescatado.

También muy especial fue el publicado en un número extraordinario de *Cuadernos para el Diálogo*: «Un pensador: Antonio Machado. Apuntes», XLIX (1975). En 1981, colaborará en la revista malagueña *Litoral*, con ocasión del homenaje a Emilio Prados (1981). También de 1981 fueron los textos que el diario *Pueblo* le dedicó en sus páginas literarias de los sábados, que dirigía Dámaso Santos; pero sobre todo las de *Los Cuadernos del Norte*, donde en el verano se le dedica el número 8, publicándose, entre otras, colaboraciones de Lezama, Cela, Valente, Cioran, Savater, Moreno o Ayala. En él publiqué yo también «La carta que no envié a María Zambrano», pero que otras manos, y no yo, le hicieron llegar a Ginebra.

Vinieron luego los monográficos de homenaje que le dedicarían las revistas *Cuadernos Hispanoamericanos* (1984), *Anthropos* (1987) o la murciana *Posdata* (2004), así como la selección de textos zambranianos recogidos en Sevilla y prologados por Emilio Rosales y Romero de Solís, *María Zambrano y Ortega y Gasset. Andalucía, sueño y realidad*. Estas monográfias proporcionaron a su figura un nuevo y destacado relieve en España. Pero, por supuesto, se consolidó mucho públicamente su persona con la concesión del Premio Príncipe de Asturias de Comunicación y Humanidades en 1981, cuando ella todavía vivía en Ginebra. Juan Cueto, director de *Los Cuadernos del Norte* y secretario del jurado de este premio, fue otro de los impulsores primeros del nombre de Zambrano en España. Luego, llegaría el Premio Cervantes.

En el primer caso recogió el premio en Oviedo, en su nombre, José Ángel Valente; en el segundo, en la Universidad de Alcalá de Henares, su primo Rafael Tomero Alarcón. En Alcalá, la actriz Berta Riaza leyó el discurso de agradecimiento en un emotivo acto al que fui invitado con otros amigos de la escritora. El Ministerio de

Cultura nos dejó también para siempre, con ocasión de la concesión del premio, su *voz* en una grabación. La editorial Anthropos editó, en tal ocasión —además de un número doble de homenaje en su revista—, el libro *María Zambrano, premio Miguel de Cervantes* (1989), en el que fue editado el discurso y donde también pude colaborar junto a Antoni Marí y a Jesús Moreno; tres textos de aproximación urgente a su persona y a su obra que en él se recogen.

Me ocupé en ese libro del tema «Los símbolos en María Zambrano», para el que recogí una muestra antológica de los más notables: Amor, Nacer, Memoria, Antígona, Bosque, Diótima, Metamorfosis, Dioses, Sagrado, Música, Palabra, Números, Nada, Ruinas, Naturaleza, Aurora, Escribir, Filosofía, Delirio, Tiempo, Alma, Mística, Luz. «Los símbolos son el lenguaje de los misterios», había escrito ella para revelarnos otro de los más decisivos: el Misterio, palabra que no remite a lo evanescente, a lo fugitivo o a lo fantasioso, sino simplemente a lo que el ser humano desconoce, que todavía es mucho. También María Zambrano fijó muy bien este sentido esencial del *misterio* al escribir que no es posible vivir sin un «cimiento de misterio», pues «el misterio no se halla fuera; está dentro y en cada uno de nosotros, a la par que nos rodea y envuelve. En él vivimos y en su atmósfera secreta nos movemos. La guía para no perdernos en él es la Piedad». Un término que debe ser entendido en el sentido puro con el que lo utilizó su maestro de juventud, Antonio Machado, en dos breves versos:

El alma del poeta
se orienta hacia el misterio.

He citado a Antoni Marí Muñoz y debo recordar las muchas y largas conversaciones que tuve con él en aquellos años de transición en torno a la obra de María Zambrano, en los días en que él venía a Ibiza desde Barcelona; unas veces paseando, otras en su casa o en la mía, en las hamacas del porche o bajo el gran algarrobo. Zambrano tuvo, tras su regreso a España, el don de dialogar con una serie de personas que a veces ni se conocían, pero a las que ella puso en comunicación —por *sintonía*— desde su llegada. Comunicación y comunión incluso «desde antes», como ella me escribió en la dedicatoria de *El hombre y lo divino*. En ocasiones —bien por la influencia de terceros, por afán de exclusivismo o por alguna otra razón inexplicable—, algunas de estas relaciones no alcanzaron a ser armónicas.

De 1994 había sido el libro *La literatura como conocimiento y participación*, de María Luisa Maillard. Mercedes Gómez Blesa también aportaría dos obras dedicadas a la autora: *Las palabras del regreso* (1995) y *La razón mediadora. Filosofía y piedad en María Zambrano* (2008). Tres años después, Blesa publicó la edición crítica de *Claros del bosque* (2011), un salto adelante en las ediciones coherentes de los libros de la autora. Nos detendremos luego en la recopilación que esta estudiosa ha hecho de los textos unamunianos de Zambrano.

Muy temprano fue el interés de Chantal Maillard por la figura de María Zambrano, ya desde su proximidad al Aula de Literatura María Zambrano, de la Universidad de Sevilla. A ella le debemos *El monte Lu en lluvia y niebla: María Zambrano y lo divino* (1990) y *La creación por la metáfora* (1992). Pero ahora, cuando coinciden los nombres de Zambrano y Maillard en mi memoria, reparo en algo que siempre me ha intrigado: la posible relación existente entre el pensamiento de la filósofa española y el pensamiento de Extremo Oriente.

También en este tema ha sido una avanzada Chantal Maillard, cuando publicó con ocasión de la muerte de la autora, en la revista *Cuadernos Hispanoamericanos* (1991), su ensayo «María Zambrano y el Zen». Este texto, si es que ya no es definitivo en sus fines, facilitará mucho las cosas a los que deseen seguir con el análisis de dicho tema, con esa sensible aproximación de la vida y del pensamiento zambranianos a una cultura que pudiera parecernos alejada de una autora tan arraigada en la cultura europea y, en concreto, en la grecolatina. Pero todo confluye en el conocimiento de los humanos que buscan la universalidad, cuando dicho afán de saber desea ser absoluto.

Chantal Maillard va al fondo de la cuestión al reparar en una serie de conceptos que son consustanciales al pensamiento de Zambrano y al de Extremo Oriente, y que aquí recojo apresuradamente: el afán de superar las contradicciones o lo que yo he venido señalando como «la extremada dualidad», la anulación de las imágenes en la indagación interior, el «des-conocimiento» de sentido iniciático (ese viaje igualmente interior a las «nadas» sanjuanistas), la renuncia a cuanto es evidente por fácil o seguro («al suelo firme»), la tendencia a lo estático, la resistencia al regreso o, en definitiva, el común proceso de autoconocimiento.

Esta serie de coincidencias, de sintonías básicas pero sumamente evidentes, no podrían ejemplificarse mejor que a través del zen, aunque en la obra zambraniana yo pienso que también podríamos rastrear otras resonancias del manantial taoísta o del budismo no zen. Es, pues, importante esta aproximación a un tema tan profundo, común a ambas culturas y, por extensión, al pensamiento iniciático universal. Pero no deseo terminar esta alusión al texto de Maillard sin recoger en dos frases suyas los que en este ensayo son los fines últimos de su indagación, o las que podrían ser las dos coordenadas básicas de esta: 1) «Siendo María Zambrano una autora totalmente fiel a su propia tradición, no le pasaron inadvertidas las ventajas que Oriente podía aportar al pensamiento». 2) «El resultado [sería] el regreso, tras larga noche, a la aurora de un hombre nuevo devuelto a la pureza de su origen».

Hay una circunstancia personal, muy entrañable para ella, por la que María Zambrano recordará siempre el zen. Me refiero a los textos que para ella había traducido exclusivamente su primo Miguel Pizarro —su primer amor de adolescencia— tras su regreso de Japón. Ella los recordará con nostalgia y los dará por perdidos en el incendio y saqueo sufrido en la casa de sus padres en Madrid. Nos quedamos con la intriga de saber de qué textos concretos se trataba y de la extensión de los mismos.

Como ya hemos venido señalando, más familiar parece resultarle a María Zambrano el misticismo sufí. La admiración que sintió hacia varios teóricos de esta materia así lo prueba. En ocasiones, destaca libros de excepción como *El Islam cristianizado*, del arabista español Asín Palacios, incluso los estudios de este sobre las fuentes islámicas de la *Commedia* dantesca, obra que levantó «una oleada de protestas por sus tesis audaces», pero pronto estas tesis serían progresivamente aceptadas. Zambrano nos recordará, para mostrar esta predilección por el sufismo, una parábola o cuento en el que dos artistas de Bizancio y China son sometidos a un debate estético, en el que triunfa la blancura del bizantino.

La apuesta es por la mirada pura, lo que me ha llevado a recordar el dicho sufí de que la naturaleza es un libro que está abierto y en el que el ser humano simplemente tiene que *leer* para saber y comprender la naturaleza de las cosas. Aceptación del todo que Zambrano reafirma al decir que «nada es feo si se lo mira en otro medio más puro [...], pues la blancura es pura vibración, velocísima vibración que une todas las vibraciones que engendran el color». En definitiva, para ella místicas y religiones ajenas al cristianismo también han sido motivo de estudio por eminentes cristianos, entre otras razones porque en todas las místicas originarias hay confluencias, símbolos comunes.

A medida que la vida de María Zambrano, ya de regreso a Madrid, seguía su curso y, desde su quietud hogareña y sobre todo a raíz de su muerte, se editaron nuevos libros de ella, o sobre ella. Así, sugestivos inéditos como *Entremos más adentro en la espesura*, o los *Dos fragmentos sobre el amor* (1982) y *Para una historia de la piedad* (1989), estos dos últimos editados en la malagueña Imprenta Sur, hoy Dardo, al cuidado de Salvador López Becerra. Ediciones claras y exentas de sus textos que ella tanto me alabó. No hay que olvidar tampoco la bella edición de la revista *Torre de las Palomas*, tirada a mano en la misma editorial que habían fundado Prados y Altolaguirre. En todos los números, y a veces acompañados de una selecta muestra de poetas (Brossa, Gil-Albert, García Baena, Valente, o pintores como Tàpies), aparecieron textos de María Zambrano, creemos que algunos hoy todavía inéditos.

Revista Torre de las Palomas

Colaboraciones número 1
[primavera 1990]
Emilio Adolfo Westphalen
Pedro Casariego Córdoba
Antonio Colinas
Juan Gelman
Francisco Giner de los Ríos
Julien Gracq
Juan Rejano
Eugenio F. Granell
Francisco Pino
Andrés Sánchez Robayna
Jaime Siles
José-Miguel Ullán
José Ángel Valente
y María Zambrano
Separata:
El cartón: con una carta inédita de Antonio Machado
Ilustraciones:

Portada: Eugenio F. Granell

Interior: Brinkmann

Sumario del primer número
de *Torre de las Palomas* (1990)

Dos poemas

[Roma enero 1950
Hotel L 'Inghilterra]

María Zambrano

Portada de *Dos poemas* (1989)

También la escritora malagueña aparece como miembro del Consejo de Dirección de dicha revista. Con los *Dos fragmentos sobre el amor* —en cuya dedicatoria alude a «nuestra inacabable amistad»— me recibió María durante mi viaje a Ginebra, en junio de 1982. Enseguida haremos alusión a la exquisita edición, «en menos de diez ejemplares», de *Dos poemas* (1990), debida también a la altruista iniciativa de López Becerra.

Amor y piedad, dos palabras que, por definitivas, volveremos a recordar en el último capítulo de este libro. Del concepto que Zambrano tenía de la primera adelantamos este:

[Amor] Lo que no conocemos y nos llama a conocer. Ese fuego sin fin que aletea en el secreto de toda vida. Lo que unifica con el vuelo de su trascender vida y muerte, como simples momentos de un amor que renace siempre de sí mismo. Lo más escondido del abismo de la divinidad. Lo inaccesible que desciende a toda hora.

También llegó luego *Algunos lugares de la pintura*, textos recopilados en primera edición por Amalia Iglesias (1991) y posteriormente por Pedro Chacón (2013). Fue muy especial, como ya hemos dicho, el interés de María Zambrano por la pintura, no solo por algunos pintores del ayer que ella admiraba —Giorgione y el «misterio» que supone la tormenta en su cuadro *La tempestad*, Leonardo da Vinci y «el rayo de su ángel anunciador», el «sacrificio del cuerpo a la luz» en el cordero del *Agnus Dei* y la simplicidad propia de los místicos de Zurbarán, o el grito de la carne y de la sangre en Goya—, pues a la vez se interesó por algunos artistas más cercanos en el tiempo, o que ella trató personalmente, o sobre los que escribió: Picasso, Miró, Luis Fernández, Gregorio Prieto, Ramón Gaya, Chillida, Juan Soriano, Baruj Salinas, Amadeo Gabino, Armando Barrios, Ángel Alonso, o el gran amigo de sus últimos años en Madrid, Jesús G. de la Torre. Otra curiosa edición en ese tiempo del regreso fueron los *Fragmentos de los Cuadernos del Café Greco*, al cuidado de Jesús Moreno.

Los años en Roma

El Caffè Greco, al final de Via dei Condotti, al que se dice que ya había acudido el mismísimo Giacomo Leopardi, nos lleva, ¡al fin!, a hablar de los días de María Zambrano en Roma. Leopardi, en sus días romanos, habitó muy cerca de dicho café. (*POETA E FILOLOGO MASSIMO DELL' ETÀ NOSTRA*, reza la placa que hay en la fachada de su casa, entre Via Funari y Via Caetani; casa que era de los tíos maternos de Leopardi, los Antici). María Zambrano también tendrá en el café, junto a la mesa en la que ella se sentaba, una placa conmemorativa, tras una iniciativa que tomó el por entonces director general del Instituto Cervantes y poeta César Antonio Molina, junto a Rafael Tomero, el primo de la autora, que donó un texto para la ocasión. El Caffè Greco había sido en el pasado lugar de descanso y creación de músicos como Wagner, Liszt o Mendelssohn, o de escritores como Byron, Stendhal o Goethe.

En mis visitas a Roma siempre han confluido en mi memoria tres nombres especiales, los de Giacomo Leopardi, María Zambrano e Italo Calvino. Entre los dos primeros hubo una grande y continua concordancia, aunque les separase más de un siglo. De Calvino por su relación con su viuda, mientras preparábamos la edición de su cartas y entrevistas, en el barrio del Panteón. Espacio, por ello, tan especial este de la Roma zambraniana, el del Caffè

Greco, junto a algunos otros en los que siempre ensoñamos su *presencia* cuando visitamos la ciudad, aunque ella ya no esté: la cercana Piazza de Spagna, la Piazza del Popolo 3 (uno de sus modestos domicilios romanos, otros serían los de Via Montoso 8 y Lungotevere Flaminio 46). Bajo el primero de los edificios estaba el Caffè Rosati, lugar habitual de cita con sus amistades, y, al lado, el obelisco egipcio de Heliópolis. Al fondo, el mirador del Pincio con sus pinos y cipreses («cuando ya el naranja del sol poniente enciende los muros del Pincio», nos diría).

Y más lugares zambranianos: Via Mario di Fiori, la Via del Babuino, la Trattoria Giggi y la de Les Colmettes; la estatua de Giordano Bruno en Campo di Fiori, la Porta Maggiore y la Via Prenestina (con el acceso a la siempre recordada por ella basílica neopitagórica); Aracoeli, el Aventino, Via Montserrate («frente a la Iglesia Española») y la Cueva de Via de la Penna; el puente de Santa Trinidad, lugar tan especial también para su amiga Cristina Campos; Santa Praxedes con sus mosaicos, San Giovanni Decollato, Santa Maria in Navicella, Via Ripetta, la Via Appia... Los lugares zambranianos de Roma: símbolos fértiles durante sus años en esta ciudad para ella y hoy para nosotros. ¡El mapa o plano de una geografía del alma!

Las hermanas Zambrano llegan a Roma para una primera y breve estancia entre 1949 y 1950. La etapa más prologada de once años será la que vivirán allí entre 1953 y 1964. Hay, en fin, una tercera etapa en la ciudad, pero cuando ya vive sola María, pues su hermana Araceli había muerto en La Pièce y ella acepta la invitación de vivir un tiempo en el domicilio de sus amigos los Osborne. Parece ser que se introducen en la ciudad gracias a la colaboración de otros dos exiliados españoles que venían de México, Diego de Mesa y Enrique de Rivas. El primero había sido alumno de Zambrano en el Instituto Escuela de Madrid y había conocido y tratado a su familia; el segundo era sobrino de Manuel Azaña e hijo de Cipriano de Rivas Cherif. Ambos se fueron asentando en la ciudad gracias a su trabajo como traductores en la FAO a mediados de los años sesenta.

A su vez, Diego de Mesa es el que pondrá en comunicación a María Zambrano con la que será gran amiga suya y protectora, Elena Croce (Nápoles, 1915-Roma, 1994), hija del filósofo Benedetto Croce. Diego y Elena se habían conocido en la redacción de la revista *Botteghe Oscure*, que presidía la mecenas Margarita Caetani. Y en fin —sutil trama de amistades verdaderas—, Elena Croce presentará a María a otra futura y sensible gran amiga, Cristina-Vittoria Campos y a su marido, Elémire Zolla.

De este primer y entrañable *sodalizio* en la amistad verdadera, Elena Croce nos ha dejado precisamente un testimonio muy especial sobre el profundo sentido del mismo: «[Hablo] de una verdadera y pequeña comunidad de intelectuales españoles emigrados a América y que luego habían ido a Roma. La personalidad más eminente de aquel grupo de amigos era María Zambrano, la discípula predilecta de Ortega». A su vez, la opinión de la pensadora española sobre su amiga es también muy significativa: «Merece haber tenido a ese padre y también se pudiera decir que Benedetto Croce se la merece como hija».

Pero, como con otras personas, lo mejor de esta amistad podemos encontrarlo en la correspondencia que mantuvieron ambas, recogida no hace mucho en Italia en el volumen *A presto, dunque, e a sempre* (2015), en edición de Elena Laurenzi. Elena Croce, sin duda aconsejada por María, hará una visita turística a Segovia en 1959, ciudad tan entrañable para la autora española. Por eso, le escribe una carta a Mariano Quintanilla, amigo de su padre y de ella, recomendándola, anunciando la llegada de su amiga, que hará una rápida visita a la ciudad, pero sin ignorar dos lugares claves: la casa-pensión de Antonio Machado y el sepulcro de san Juan de la Cruz. La visita fue rápida —solo de tres horas—, pero estos dos nombres nos revelan quién fue la consejera que estuvo detrás de ellos y seguramente con la excelente guía de Quintanilla.

Sobre la primera etapa romana de María Zambrano ha escrito un artículo, «Spagnoli nostri a Roma» (2016), Elena Trapese, quien apunta que en realidad las primeras dos personas a quienes Zambrano pudo conocer al llegar a Roma fueron Américo Castro y el padre Miquel Batllori. No nos va a pasar inadvertida la amistad que la escritora española va a mantener, primero en Roma y luego epistolarmente, con tres jóvenes sacerdotes, teólogos y estudiosos del Arte, que allí cursaban estudios, el ya mentado Batllori y los valencianos Alfons Roig y Agustín Andreu.

Junto a Elena Croce, amiga generosa y muy cercana a María en sus días difíciles, ya hemos visto que también aparece entre sus amistades más señaladas de los años romanos otra mujer, la poeta, ensayista y traductora italiana Cristina Campo, heterónimo de Vittoria Maria Angelica Marcella Cristina Guerrini (Bolonia, 1923-Roma, 1977). Ella se traslada a Roma desde Florencia con su madre en 1955, adonde su padre, Guido Guerrini, valioso músico, se había adelantado en 1951 como director del Conservatorio romano de Santa Cecilia.

María y Cristina se conocieron hacia 1958 y fueron presentadas probablemente por Elena Croce, aunque también es posible que se encontraran en Florencia, durante el congreso de la Unesco al que María acudió. (En nuestra entrevista ya nos dejó señales de lo importante que para ella había sido este viaje florentino y, en particular, los solemnes actos celebrados en el Palazzo Vecchio). No sabemos si este viaje florentino coincidió con otro del que ella nos dejó una página espléndida en su libro *Delirio y destino*.

Me refiero al capítulo titulado «Corpus en Florencia», otra de las prosas zambranianas más exquisitas por su intensidad, un verdadero poema en prosa. Ella asiste a la procesión llena de cruces que sale del Duomo en medio de la «alegría antigua del pueblo». María va vestida «con un traje azul muy celeste» que contrasta con «un cielo violáceo de tan azul». Toda la ciudad aparece en este texto como recamada en oro y, «dentro de un sol de oro, la blanca, pura, forma, la incompatible forma del Amor. Amor: nacimiento eterno». Como en el otro viaje que había hecho a Florencia, las antorchas aparecieron al llegar la noche en el Campanile del Palacio de la Signoria, «que dejó de ser piedra para incendiarse, contra el cielo ya negro. Abajo, la multitud improvisaba músicas, cantos».

La escritora italiana Cristina-Vittoria Campo

En Florencia, junto al río Arno

Unos «frailes menudicos, pardos», que aparecen entre el oropel de la procesión, despiertan en ella el recuerdo del hermano Francisco de Asís, la religiosidad evangélica en la renacentista ciudad dorada, y aprovecha para recordarnos que «aquella desnuda pobreza y el Paraíso fueron la misma cosa».

Por el *Diario* y la correspondencia de Ramón Gaya sabemos que María Zambrano estuvo al menos en dos ocasiones en Florencia, en junio y en octubre de 1957. Ambos amigos coinciden en la ciudad toscana. En la primera ocasión él llega de «La Sereníssima», de una de sus siempre deliciosas visitas a Venecia; llega de oír mucha música de Vivaldi y los ensayos de Stravinski en el Conservatorio y nos dice que ya ella está en Florencia «para trabajar en un libro que le *ronda*». En noviembre es María la que llega de Roma y él la recibe en un atardecer «rosa y ocre». Es significativo de qué manera el pintor exquisito que hay en Ramón Gaya va fijando los colores, en especial de los amaneceres y crepúsculos de la ciudad florentina.

En otro momento nos dice que el color del río Arno es «de uva polvorienta», que las viñas de los alrededores son de «oro y carmín» y que el invierno tiene una «humedad malva». Al poco tiempo de llegar María a la ciudad dan los dos un largo paseo hasta Fiesole. Nos imaginamos a los amigos sentados en algún punto del área arqueológica de la ciudad, acaso en los escalones del teatro romano. Él dibujando, como solía hacer cuando se encontraba con las viejas piedras, los pinos y los muros; ella contemplando la lección de las ruinas fértiles, las que, más que de la barbarie del pasado belicoso, le hablaban de un presente en plenitud armoniosa.

La amistad entre Cristina Campo y María Zambrano supone otra prueba más del antisectarismo ideológico que la autora de *Claros del bosque* ejerció sin titubeos a partir de su exilio. El padre de Cristina, Guido Guerrini, fue sometido a una «depuración» al acabar la segunda guerra mundial, tras la entrada de los Aliados. Fue esta, quizá, una de las circunstancias que explican el traslado de la familia de Florencia a Roma. Sin embargo, ni este condicionante político de la italiana ni el republicanismo de una exiliada española fueron impedimento para que creciera con naturalidad entre ellas una gran amistad, y sobre todo unos valores éticos y estéticos que sobrepasaban a cualquier condicionante político; se trataba de ese mutuo renacer a un conocimiento superior al que sus vidas accedían por caminos muy íntimos, pero a la vez paralelos (la enfermedad en ambas, el afán de una cultura interdisciplinar y heterodoxa, la espiritualidad, el exilio, la soledad, los amigos comunes).

Dediquemos unas merecidas líneas a Guido Guerrini, el padre de Cristina. Porque también el amor a ambos padres y a su magisterio son valores que hermanan a las dos amigas. Guido había llevado a cabo una meteórica carrera como pedagogo musical en los conservatorios de Bolonia y Florencia, y en esta última ciudad, entre 1931 y 1933, había sido el organizador del Maggio Musicale Fiorentino. Algunas de estas actividades no debieron de ser bien vistas posteriormente y lo llevaron a ser represaliado, detenido y recluido, entre diciembre de 1944 y agosto de 1945, en un campo de concentración en Terni. («He sido arrestado por motivos políticos que ignoro», afirmó Guido).

Ello no le impidió ejercer la que era otra de sus cualidades: compositor musical. Durante ese internamiento, compone la ópera *Enea* y su *Missa quarta;* estrenada esta última, paradójicamente, en el mismo campo de concentración —cuando él ya había sido liberado— en la Navidad de 1945, lo que prueba que su recuperación social fue plena. Parece que el gran prestigio del músico se impuso inmediatamente a la pena del cautivo. Guido Guerrini fue, como compositor, autor de cinco óperas, de varias cantatas, de poemas sinfónicos, de conciertos para varios instrumentos, de no poca música de cámara y sacro-coral y de cuatro misas, entre las que destaca su *Missa pro defunctis*, dedicada a la muerte de Marconi. Fue autor de varios libros, entre los que destacan *Vivaldi. La vida y la obra, Verdi, las escalas de música* o *Historia de los instrumentos musicales.*

Una malformación cardiaca que sufre su hija Vittoria-Cristina desde la infancia conducirá a esta a una vida de retiro y a una formación autodidacta, en la que mucho tuvo que ver la preciosa influencia paterna, así como sus lecturas y sus posteriores traducciones. La mayoría de ellas fueron de poetas, como las de Von Hofmannsthal, K. Mansfield, Emily Dickinson, Mörike, W. Carlos Williams, John Donne, Virginia Woolf, Eliot o Simone Weil. Pero sobre todo recordamos sus traducciones de san Juan de la Cruz para el volumen *I mistici*, la monumental obra de su compañero Elémire Zolla. Es probable que incluso se atreviera a traducir poemas de Rumi, el poeta sufí persa, pues de él le envía a Zambrano, a La Pièce, ocho poemas en una de sus cartas, acompañados tan solo de una sencilla dedicatoria: «A María, de Vittoria». Se trata de unos poemas muy cargados de simbología con los que Vittoria-Cristina sabía que María se iba a identificar plenamente. De uno de ellos es esta muestra:

> *La danza es el reposo del amor.*
> *Esto lo sabe solo el alma del alma.*
> *Si giran en círculo los danzantes, giran en torno a un santo.*
> *Así es el amor completo, figura del amor más alto.*
> *Y, a la vista de Dios, más alto que toda la razón.*
> *Pero si has consentido que te abandone el amor,*
> *siéntate entonces solo y alegre haz música para el Cielo.*

Cristina Campos también le dedicará a María su obra *Fiaba e mistero* («a María, con timidez y amor»), y en 1977, a la temprana muerte de la primera, Zambrano le corresponderá con la primera edición de su bello texto *La llama/La fiamma* («a Vittoria-Cristina, *in memoriam*»), que se editará traducido por Elémire Zolla en la revista *Conoscenza Religiosa* (1977), que este dirigía. Un texto que, más tarde, pasaría a formar parte del zambraniano libro *De la aurora*. (Antes, en el número 1 de dicha revista, el pintor Ramón Gaya había publicado, traducido al italiano, su precioso ensayo *Velázquez, pájaro solitario*. El sumario de ese primer número nos indica muy bien el sentido intelectual de Zolla y de su revista: en ella aparecen, entre otros, artículos sobre la religión de los magiares paganos, los místicos de Marruecos, la figura del chamán o el sonambulismo y la fantasía en el filósofo Antonio Rosmini).

También mantuvo Cristina comunicación con autores como Ezra Pound (acaso durante las raras asistencias de este a algún concierto o al Festival de Spoleto), Ungaretti, Silone, Moravia o Elsa Morante. Y siempre de manera predominante, especial —como la tendría Zambrano—, con Elena Croce. Cristina será la compañera de Elémire Zolla y vivirá sus últimos años con este filósofo y orientalista. También compartirá amistad con Ernst Bernhard, el discípulo de Jung, de quien ella fue paciente y que la iniciará en el mundo de la espiritualidad oriental. Pero, sobre todo, Cristina será una de las primeras personas interesadas en Italia por la obra de Simone Weil. Fue su traductora al italiano y en ella inició a Zambrano en un conocimiento más profundo de la misma.

Ya recordamos que María Zambrano había reencontrado a Simone Weil como miliciana en Valencia, a su regreso de Chile, aunque al parecer se habían conocido antes en Madrid, a juzgar por cuanto María le dice en una de las cartas que le envía a Agustín Andreu, su amigo de los días romanos: «Durante media hora estuvimos sentadas en un diván en Madrid. Venía ella del frente de Aragón. Sí, había de ser ella. María Teresa [¿León?] nos presentó diciendo: "la discípula de Alain, la discípula de Ortega". Tenía el pelo muy negro y crespo, como de alambre, morena de serlo y estar quemada desde adentro. Éramos tímidas. No nos dijimos apenas nada».

Aquel encuentro entre dos personalidades tan comprometidas socialmente y, a la vez, tan interiormente fuertes, tan espirituales, debió de estar, sí, regido por el silencio. Las coincidencias de sus dos sensibilidades eran tantas que las palabras debieron de sobrar. Luego llegaría esa comunicación más viva de Zambrano con sus obras en los años de Italia. Cristina Campo le recomendará nuevos libros de Weil, en particular los estudios sobre Grecia y *Pensées sans ordre concernat l'amour de Dieu* («una especie —le dice la amiga— de *Imitatio Christi* moderna, tal vez su libro más bello»).

Confluyeron, pues, dos mujeres únicas y dos grandes sensibilidades al conocerse María Zambrano y Vittoria-Cristina Campo. En ellas fueron también muchos y muy coincidentes sus intereses culturales: el afán de trascendencia, «una religiosidad vivida hasta el fondo, en cada plano de la existencia», la fidelidad a la palabra perfecta, a la *atención pura* y a la sacralidad, que también respondía en ambas al mutuo interés por los ritos (para Zambrano, «verdaderas liturgias con un alcance y un sentido cósmico»), el gnosticismo, la iconografía bizantina y latina, las religiones antiguas y mistéricas, la ausencia de cualquier dogmatismo, la fidelidad a los símbolos, la plegaria o a la adoración.

Precisamente por las cartas de Cristina Campo a María Zambrano —recogidas y anotadas por María Pertile en *Si estuvieses aquí. Cartas a María Zambrano* (2014)—, sabemos de algunas prácticas zambranianas al respecto, como la lectura diaria del *Breviario*, la devoción hacia una reproducción del icono ruso de la Paternidad que se encuentra en Moscú y que Cristina le regaló, los cantos y músicas gregorianos, lecturas como la *Filocalia* o prácticas naturales e improvisadas como la que Vittoria-Cristina le menciona a María en una carta de agosto de 1965 que le envía a La Pièce: «Te abrazo fuerte, querida mía. Anuncian el mediodía todas las campanas del Aventino. Si estuvieses aquí, rezaríamos el ángelus».

Esta comunión en el sentir y en el pensar lo sagrado también se nos muestra con ocasión de la muerte de otro amigo común, el poeta y ensayista argentino Héctor Murena, de la que Cristina le da cuenta a María tras una visita a la iglesia ortodoxa rusa de Roma: «Sé que conocías a Murena, le querías. Murena entró en nuestra vida en el mismo periodo en el que entraste tú [...]. No he podido hacer más que, la misma tarde y todos los días siguientes, huir a la iglesia rusa y encender velas por él, llorando sin vergüenza. Los monjes rusos han puesto su nombre en la lista de los amigos que regularmente se recuerdan en el Matutino de los Muertos».

María Pertile es también autora de un ensayo sobre la amistad entre ambas escritoras («Segundas notas para la historia de dos amigas: María Zambrano y Cristina Campo», 2005). Pertile nos puso de relieve otro concepto clave y poderoso —la poesía— para valorar la sintonía entre las vidas y las obras de las dos amigas: «Los textos de Cristina Campo revelan la misma interpretación sacra de la poesía que caracteriza a la filosofía de María Zambrano y que deriva de la común certeza de que solo la palabra poética es capaz de abrir las puertas a *otra* dimensión que contiene el auténtico sentido de lo humano».

Igualmente, la amistad entre ambas autoras ha sido tratada con precisión por Adele Ricciotti en su ensayo «María Zambrano e Cristina Campo: amicizia e destino» (2014), la cual ha fijado las claves básicas de esta amistad, al escribir: «María Zambrano y Cristina Campo, en particular, se asemejan por la intensidad espiritual de su pensamiento, ambas fieles inspiradoras de una dimensión que se sitúa en otros planos de la realidad: los trascendentes, *sobrenaturales* e incluso místicos». Y en un breve prólogo al epistolario de Campo matiza: «Alejadas de los elegantes salones donde se reúnen los más importantes intelectuales de la época, las dos mujeres optan por una discreta soledad: heterodoxas y esquivas [...]. Ambas comparten un sentimiento de devoción frente a la realidad, de la que descifran los símbolos y las huellas reconocibles de la belleza espiritual y de la poesía».

Sobre la que había sido su compañera, escribiría Elémire Zolla unas palabras a la muerte de Cristina que totalmente se le podían aplicar también en aquellos días a su amiga María Zambrano:

> Su concepción del cristianismo fue ortodoxa [...]. Su amor por la liturgia la acercó primero a la abadía benedictina de Sant'Anselmo sull'Aventino, en Roma, en la que todavía se canta el gregoriano, y más tarde al Colegio Russicum. En su forma de entender la espiritualidad cristiana veía en el rito bizantino una mayor fidelidad a los principios.

Muy importante, y digna también de estudiarse en profundidad, fue la amistad de María en aquel tiempo con el gran Elémire

Zolla, torinés, profesor en la universidad romana de La Sapienza como catedrático de Literatura Angloamericana, pero sobre todo, gran especialista en la mística universal. Creador del grupo de intelectuales de *La Voce,* de él adquirí durante mis años en Italia su valiosa obra en varios volúmenes *I mistici del'Occidente*, obra de la que ahora poseemos traducción española en cuatro volúmenes (2000).

El nombre de Zolla es fundamental para valorar la conexión de las lecturas y del pensamiento zambranianos con una serie de autores y de ideas de lo que podríamos considerar como el pensamiento *iniciado* o *inspirado*; visión de la realidad sincrética y trascendente, siempre en la órbita de otros grandes del siglo XX, como Jung, Eliade, Guénon, Corbin o Massignon, tan cercanos a su vez a la psicología profunda, al orientalismo, al arabismo y a la espiritualidad.

A algunos de estos influyentes autores también los recordará especialmente María Zambrano durante la entrevista que grabamos. Son libros de autores que ella va conservando en su biblioteca después de los sucesivos traslados, en particular los de René Guénon, un autor en el que la había iniciado Zolla; en concreto, con la lectura de un volumen que mucho le influiría a la pensadora española: *Symboles fondamentaux de la science sacrée* (París, 1962). La poeta y ensayista mexicana Mariana Bernárdez, en su valioso libro *María Zambrano, acercamiento a una poética de la aurora,* nos proporciona un significativo dato: el interés, ya en 1935, de María Zambrano por la obra de Carl G. Jung, que debió de ser recíproco, pues parece que en algún momento el psiquiatra suizo invitó a María a colaborar con él por medio de su equipo de trabajo. Ya vimos que la conexión con la obra de Jung le llegó también a través de la amistad con un discípulo de este, Ernst Bernhard.

Juan Carlos Marset, temprano estudioso de Zambrano, nos recordará en una ponencia —«Retrato de Agustín Andreu»— el nacimiento de la amistad con María, en 1955, de este filósofo y teólogo valenciano, estudiante en Roma en aquellos años, fruto de la cual sería la intensa correspondencia posteriormente mantenida entre ambos y publicada en *Cartas de La Pièce. Correspondencia con Agustín Andreu* (2002). También entre sus amistades españolas de los años romanos ya hemos destacado la de otro sacerdote, Alfons Roig Izquierdo, que había acudido a Roma a estudiar Arqueología Cristiana. Especialista en la pintura impresionista y abstracta, fue igualmente un gran amigo de la poesía y de los poetas, especialmente de algunos de la Generación del 27. Valenciano también como Andreu, acabó en su tierra residiendo en la ermita de Luchente —uno de los posibles refugios que se barajaron para el regreso a España de María Zambrano—, donde vivió sus últimos años. Fruto muy vivo de esta amistad fue el *Epistolario* mantenido entre él y Zambrano, que Rosa Mascarell recogería años más tarde.

La amistad entre María Zambrano y Ramón Gaya fue muy especial y venía de muy lejos, al menos de 1932, de las intensas jornadas de las Misiones Pedagógicas, en las que ella ponía la palabra, la «metafísica», y él las imágenes en las reproducciones que hizo para el itinerante Museo del Pueblo. También de los encuentros con escritores en casa de María, a los que sabemos que llega junto a Concha Albornoz y José Bergamín. Pero esta amistad se va a reafirmar sobre todo en los días en que ambos vuelven a coincidir en Italia. Gaya llega a Roma en 1956, tres años después de María, y uno de sus lugares de encuentro fue precisamente el Caffè Greco, según nos recuerda escuetamente en su *Diario* el 17 de enero de 1957: «Encuentro a María Zambrano en el café Greco». Aquel día se celebraba en el café una exposición, como años después se celebraría otra en dicho café del mismo Gaya, que tantas huellas nos dejaría en su pintura de la ciudad romana, de sus pinos, muros con sol y rincones arqueológicos secretos.

Ramón Gaya escribió de aquellos días una semblanza de la autora, «He pintado ese momento», y en ella no recuerda en vano otro lugar común de cita, la Via Appia. Gaya hizo para su texto dos viñetas. En una se ven las figuras de un hombre y de una mujer frente a un gran pino y la lápida romana del joven de la antorcha, lo que nos lleva a pensar que bien pudieron acudir juntos en alguna ocasión a dicho lugar. La otra viñeta representa a Zambrano dándoles de comer a sus gatos, estampa que él pudo ver con frecuencia en el centro de Roma. Gaya escribió: «Junto a esa tumba hay un pino —un pino romano— que también parece una escultura. Casi podría pintar ese momento». Y así lo hizo.

María Zambrano fue, como dijimos, muy sensible hacia la pintura en general y hacia la de Gaya en particular. Su ensayo «La pintura de Ramón Gaya» apunta en este sentido, no solo por aportar ella una teoría muy general del Arte, sino por centrarla en aspectos muy concretos de este pintor. La presencia, la calma, la delicadeza del color, la finura, el silencio, pero sobre todo la contemplación, son según ella factores primordiales para el que observa; pero lo que Zambrano también destaca en Gaya es «esa misteriosa vida de la pintura: se desprende de los cuadros, se derrama en lo que estos tienen de llanto: de llanto sin tristeza, de llanto entre cielo y tierra, de llanto de los cuerpos creados que vierten su alma prisionera».

Para ejemplificar cuanto dice, se detendrá en el análisis de una serie muy concreta de la obra del pintor, la titulada «Homenajes», dedicada a escenas evangélicas de la vida de Cristo. La desnudez de los cuerpos, el agua y la sangre, la consunción, la atmósfera de soledad y de desposesión, los amarillos «ardientes» («un amarillo de España») nos conducen a una pintura que no solo, más que sentir, nos hace pensar, sino que a la vez refleja muy profundos aspectos de la psique de Zambrano, explicados ya desde la carga simbólica que contienen los títulos: «Bautismo», «Crucifixión», «Martirio».

El Museo Ramón Gaya recordó en una de sus muestras y publicaciones —*María Zambrano y Ramón Gaya* (2004)— esa fusión de palabra y obra a través, precisamente, de esta serie concreta de cuadros. Muy tierna y hondamente significativa —un poderoso símbolo— será para Zambrano la interpretación que dará de la niña que aparece sentada en la escalera del cuadro *En la puerta del Templo*. ¿Se reconocía ella en esa niña de rostro moreno que lleva las manos a sus labios para callar ante el misterio del Hombre al que los seres humanos acuden en busca de piedad y salvación?

María Zambrano conoció, durante sus días en Roma, algunos de estos cuadros en el estudio de Gaya. Así me lo parece, cuando cierra una carta a él aludiendo a este tipo de pintura: «Adiós, no te quiero hablar de tu Magdalena, ni de tu Cristo hundido en el Perdón».

En otra carta a Gaya de 1960 le había confirmado ese afán de seguir fundiendo la mirada del que escribe con la del que pinta: «Cuando recobre el habla, escribiré largo. De las emociones fuertes me salva un poco todo lo que tengo que hacer». Todavía treinta años después, en 1990 y con su letra ya muy temblorosa, Zambrano celebrará otra muestra del pintor que se expuso en su tierra murciana: «Ramón, me alegro de veras porque aparezcas en tu tierra, en la finura del mundo, como te dije una vez hace siglos. Y así nos entendimos. Hoy te escribo como puedo». No hay que olvidar tampoco el interés que Zambrano sintió hacia el Ramón Gaya escritor y en concreto hacia sus deliciosos libros *Velázquez, pájaro solitario* y *El sentimiento de la pintura*.

En 1980, en el setenta cumpleaños de Gaya, el museo que lleva su nombre en Murcia también publicó el libro *Poemas para Ramón Gaya*, que pone de relieve la proximidad que el pintor tuvo con la poesía y los poetas. El libro se abre con poemas a él dedicados de Luis Cernuda, Gil-Albert o Jorge Guillén. En él colaboré con mi poema «En el Museo (Ramón Gaya)». Unos años después, el 22 de noviembre de 1994, un grupo de poetas homenajeamos al pintor, con el que nos fotografiamos a la salida de la Residencia de Estudiantes de Madrid. Posteriormente publiqué mi artículo «Signos de infinitud en Ramón Gaya» en la revista *Arrecife* (2008-2009).

En el momento en el que este libro va a la imprenta tengo noticia de la inminente aparición de la correspondencia entre María Zambrano y Ramón Gaya (*Y así nos entendimos. Correspondencia 1949-1990*, edición a cargo de Isabel Verdejo y Pedro Chacón). Sin duda esta obra nos ofrecerá muchas de las claves más valiosas de esa amistad. Como ya hemos venido señalando, nada mejor que su correspondencia nos ofrece a la María Zambrano esencial. En sus cartas encontramos siempre la fuente de su verdad sin máscaras.

A veces, la relación entre Gaya y Zambrano asoma en los *Diarios* de este y referida especialmente a los días que ambos residen en Roma. A veces de manera muy escueta: «Almuerzo con María». Otras, en las que se transparenta cierta ironía o humor, que los que lo conocimos sabemos que Gaya solía acompañar con una sonrisa. Así en el siguiente caso: «Misa en San Carlo. Las religiones no expresan ni manifiestan a Dios sino que más bien lo ocultan. Dios no es que no *esté* en las religiones sino que se oculta en ellas. Eso es lo que tienen las religiones de su Dios, el *esconderse*». O también aquí: «Veo a unos cuantos seres mendicantes: Pepe Bergamín, Soledad Martínez, María Zambrano, yo mismo. Casi nadie más. […] Yo no sé, acaso sea yo no el más mendicante, sino el más pobre y el más soberbio».

Gaya trabajando entre los mármoles y las plantas de Via Margutta. Otras veces quedan o se preguntan uno por el otro en los cafés, se buscan, en el Rosati, bajo la casa de María, o en el Greco: «Fui varias veces a buscarte al Greco: te había llamado varias veces […]. No me engañé, solo que te habías ido más lejos». En ocasiones Gaya visita a las dos hermanas, porque Araceli ya está enferma en cama («hace dos meses que la hermana de María Zambrano está en cama, y voy a su casa a la hora en que podía ir al teatro; pero salgo con María a cenar por allí cerca. Es lo único que puedo hacer por ellas, las veo tan agobiadas…»). Días angustiosos en los que María se lamenta de continuo por la ausencia de España, recordando lugares de Andalucía o, siempre, Segovia y Madrid.

Hacia 1958 los problemas entre las dos hermanas y los lamentos se agudizan. Estuvieron diez días en un balneario de Chianciano, rodeadas de pinos, pero Araceli empeoró y la angustia parecía ir en aumento: «No sé qué será de mí, de nosotras. Pues si no obtengo algo que estoy pidiendo, en diciembre tendremos que irnos. ¿Adónde?». Algo de alivio encontraron al año siguiente, cuando pasan el verano en una casa que les había alquilado su primo Rafael en Trélex-sur-Nyon, cerca de Ginebra. Pero aún su estancia en Roma, lejos del Jura francés y de Suiza, se prolongaría unos años. Los encuentros amistosos en algunos cafés, las comidas en casa de Elena Croce, los paseos hasta al joven marmóreo de la Via Appia o las visitas «a las 3 de la tarde a alguna iglesia desolada, fría y fea», eran como símbolos a los que aferrarse en esos momentos de dificultades extremas.

Regresando a Via dei Condotti 87, al Caffè Greco y a una de mis visitas a Roma, Javier Ruiz —amigo temprano y hasta sus últimas horas de María y a la sazón director del Instituto Cervantes de Roma, al que yo debía haber sustituido en su cargo— me presentó al poeta Enrique de Rivas (Madrid, 1931), hijo del dramaturgo Cipriano Rivas Cherif y sobrino político de Azaña. Durante nuestro encuentro surgió ineludiblemente el nombre de María Zambrano y el de Leopardi, visitantes habituales del café en el que nos encontrábamos.

Enrique, gran amigo de María, fue el que le comunicó a esta la muerte de su común y gran amiga Cristina Campo, en enero de 1977: «Ahora todos los amigos sentimos el vacío de estos dos últimos años en que era difícil verla, tan metida como estaba en su enfermedad y en su idea religiosa». Casi al mismo tiempo, el compañero de Cristina, Elémire Zolla, le escribe también a Zambrano para darle la funesta noticia y decirle que Cristina no pudo llegar a leer la última carta, «leve y amorosa», que la pensadora andaluza le había enviado.

Aquel día pasado en Roma con Javier y Enrique, a la salida de nuestra cena y paseando ya a medianoche, los tres fuimos testigos de un curioso hecho, propio de esa ciudad de bruscos contrastes entre paganismo y catolicismo, la de «la loba y los gatos», como decía Zambrano: vimos como a aquella hora salía de una iglesia una gran masa de público. Nos preguntamos qué podía haberse celebrado a aquella hora inusual. ¿Alguna ceremonia o rito religioso? Tras salir el público, entramos al templo y nos enteramos del acto que se acaba de celebrar a medianoche: ¡la presentación de una edición bilingüe, latín-italiano, de las *Confesiones* de san Agustín! Curioso aquel acto cultural, más allá del mero clericalismo, en una ciudad que a veces nos ofrece estas sorpresas. Las puertas seguían abiertas y el público saliendo. Aprovechamos la ocasión, de que el templo se vació, para ver algunos valiosos cuadros que había dentro.

Sin embargo, visitando algunos de los lugares zambranianos, tampoco esta vez tuve la suerte de encontrar abierta la basílica neopitagórica de la que María Zambrano me había hablado en nuestra entrevista, cuando se refirió a los orígenes de la «iniciación», uno de los lugares más primigenios de Roma, y que también nos recordaría en su libro *El hombre y lo divino*. Luego supe que la basílica llevaba una veintena de años cerrada y que su acceso era dificilísimo, incluso contando con la influencia de alguna autoridad oficial.

La basílica neopitagórica —en su interior, las tres naves subterráneas y el mito de Safo arrojándose al mar por amor desde la roca de Léucade, que varios pintores han inmortalizado al borde del abismo, entre ellos, extraordinariamente, Moureau— también la tendrá ella presente en una de las páginas de sus anotaciones romanas. Sobre este hipogeo neopitagórico, sepultado durante siglos y encontrado casualmente, como tantos monumentos romanos, al realizarse unas obras, Enrique de Rivas nos ha dejado una valiosa pista precisamente de la persona que estudió el lugar a fondo, Jérôme Carcopino, *La basilique pythagoricienne de la Porte Majeure* (h. 1942).

Los personajes del misterioso lugar salido de la sombra a la luz: Safo, Faetón, las Náyades, Apolo. «Nada menos que Apolo llamando a Safo, como el tránsito ineludible de un amante terrestre a uno divino. Era una liberación del alma misma, nos atrevemos a decir, según *avant la lettre*, Plotino», nos dice Zambrano mientras visita la capilla. De repente le viene a la cabeza la idea de escribir un libro sobre los pitagóricos, aquellos que «para desvelar el alma se expresaban a veces por símbolos». Pero también hay en sus palabras ese verismo que nace de la vivencia romana y de sus visitas a ese lugar tan emblemático para ella; palabras, además, traspasadas por la angustia de la necesidad económica, siempre aguda en aquellos años:

> Mientras cenaba yo sola en la *trattoria*, pensaba ir el domingo a la basílica pitagórica. Quería llevarles un clavel blanco, por España.

Con Javier Ruiz y Enrique de Rivas en el Caffè Greco de Roma (2004)

Les pediré [a los Dioses] que me den lo que ellos, si me ven, saben que me falta. ¿Hasta cuándo me durará esta pobreza, esta soledad, esta dependencia? Quisiera, si no es mucho pedir, ser su hermana, su hermana de verdad, y para mi hermana también, y para las dos una vida armónica, pura y libre, también alegre. Y… con qué vivir en paz y sin tormentos económicos.

De la presencia de María Zambrano en el Caffè Greco, nos transmitió ella misma la siguiente semblanza en su artículo «Una prosa sacra»:

> […] debió de ser en el café Greco, a donde yo entraba cuando volvía de dar de comer a los gatos, porque yo era «Gatalla». Estando sentada en una de las mesas, me vino el camarero a decir que me cambiara de sitio, porque él era leopardiano, porque Leopardi había vivido en un piso cerca de aquella casa. Se acercó a mí y me dijo, invitándome a cambiar de mesa: *Ma qui si sedeva Leopardi.* Y yo le contesté: *Ma qui me siedo io, che sto facendo lo stesso che Leopardi,* porque yo me encontraba haciendo algunas cuentas. Mi hermana tenía una enfermedad que no solo era grave, sino además muy cara. Había que ponerle inyecciones carísimas y yo tenía que hacer los cálculos para ver si nos llegaba el dinero. Le enseñé el cuaderno lleno de números al camarero, como si yo fuera Leopardi. Especialmente en su prosa es donde se ve que este era un gran poeta.

Así que en este café se detenía en ocasiones, «entraba extenuada», sin sentarse cuando iba de paso, aunque lo normal era que se sentara a escribir en una de sus mesas («a veces sacaba un cuadernito y, con el brazo dolido y la mano temblante, me ponía a anotar»). En momentos como estos trabajará, por ejemplo, con la ayuda de Reyna Rivas, en la traducción de la ponencia que leería en los Coloquios de Royaumont, en Francia. Fruto también de sus estancias en el café, fue uno de los dos poemas recogidos en esas mismas anotaciones romanas que se hallan en el archivo de su Fundación.

De su poesía y sobre su pensamiento

Con frecuencia he pensado en la posibilidad de que María Zambrano hubiese escrito poesía; su amor a este género y a los poetas nos hace ensoñar con esta posibilidad, pero pocas huellas teníamos de ello hasta hace poco. Los especialistas deberán seguir indagando en sus archivos, pero cuando estoy terminando este libro me llega la grata noticia de la aparición de los *Poemas* de Zambrano en edición de Javier Sánchez Menéndez, uno de los zambranianos de primerísima hora, ya desde sus días de estudiante, y miembro del Aula María Zambrano de la Universidad de Sevilla.

Esta edición, que recoge 51 textos de la autora, nos saca de muchas dudas en torno a la poesía que esta escribiera. La obra poética de Zambrano parece ser breve, pero muy significativa por cuanto nos deja entrever, por lo que revela no solo de su amor a la poesía y a los poetas, sino porque nos proporciona ricas claves de su obra en general. El contenido de esta edición recoge poemas líricos, algunos muy breves, lo que la autora reconocía como *delirios* (recordemos ante este término su sintonía con los *dislates* que para Juan de la Cruz eran sus poemas), y un anexo poemático basado en textos de *Claros del bosque* que la autora ofreciera —mediante una audición grabada— en el colegio mayor San Juan Evangelista de Madrid. El incluir estos fragmentos en un volumen global de *Poemas* refrenda cuanto hemos venido señalando: que María Zambrano es autora de libros en los que el pensamiento y lo poemático se funden, hasta el punto de que el resultado de esta fusión no son sino verdaderos poemas en prosa.

Sánchez Menéndez dilucida y explica muy bien en el extenso estudio previo las claves de estos textos en los que se fundamenta esa relación que hemos venido estableciendo entre poesía y pensamiento en su obras, así como la aportación que la poesía de los demás ha proporcionado a las suyas. Teníamos ya este capítulo en marcha, por eso nos ceñimos a decir a continuación, de manera somera, cuanto pensamos modestamente del tema a través de algunos pocos de los poemas de María Zambrano de primera hora, dispersos, variados, acaso inacabados, pero que son indicativos de esa necesidad de acercarse a la poesía y en concreto a esa secreta creación que ella ejerció en sus soledades.

En ocasiones nos habíamos encontrado con alguna leve pista o alusiones al respecto, pero ella más parece situar esta labor creativa suya dentro del ámbito de la ironía que de la pura creación. Así, cuando en una ocasión nos dice: «Voy a escribir un poemilla que me ha venido solo, y cuando suelen venirme no los escribo». Esta frase prueba cierto interés por la creación, pero enseguida parece cerrarse a tal posibilidad.

Aun así, disponemos de algunos poemas, dos de ellos de raíz italiana, en los que tanto pesa el símbolo en el primero y el puro razonar en el segundo. En ambos casos, la María pensadora rebasa a la emocional, aunque, en el segundo de los poemas, la leve presencia de la hermana en esa *A.* inicial nos remite de nuevo a la fuerza influyente de lo vivencial. Hay también en ambos textos un halo propio del pensamiento primitivo oriental, o de la aniquilación y del callar del misticismo cristiano. De manera muy clara en el que fecha en Florencia.

Por un lado, la invocación abstracta a «la Blanca» abre el texto a la indeterminación, es decir, a lo Absoluto, a lo que se ruega; por otro, esa exigencia del «silencio» remite a otro remedio absoluto, el que sella, concretamente, el pensamiento. De nuevo, ante este radical mensaje pensamos en el lema sanjuanista «Obrar y callar», aunque

Zambrano fije el obrar más en el segundo de los poemas («actuar», «sin detenerse»); pero también en este texto los símbolos poderosos son varios («sin casi hablar», «recogerse», «alga de amor no más»). Sin embargo, en este segundo poema hay un verso vivificador que unifica los contrarios y que nos entrega el mensaje último, esencial: «respirar en el silencio». (Mantenemos la no puntuación y la grafía de los mismos, lo que nos hace pensar que, sobre todo el segundo poema, se trataba de un apresurado esbozo no pulido):

31 de octubre de 1957
Firenze
(Escribiendo la realidad en los sueños) El (yo?)

Tú, la Blanca, la
blanca casi visible
en este instante.

Tú, la Blanca,
la del Silencio. Dame
silencio.

Silencio del callar
que sella labios y
pensamientos.

21 de junio [1959]
Café Greco (situación de A.)

Pensar y no preocuparse
actuar sin decidir.
Seguir y no perseguir
reposar sin detenerse.

Ofrecer sin calcular.
No aferrarse a la esperanza
no detenerse en la espera.
Escuchar sin casi hablar.

Respirar en el silencio
dejarse quieto flotar
perderse yendo hacia el
centro.
Hundirse sin respirar.

Cruzar sin mirar fronteras
dejar límites atrás.
Recogerse. Abandonarse
solo, dejarse guiar.
Ser criatura tan solo
no haber de sacrificar.

Más allá del sacrificio
cumplida la voluntad
sin designio ni proyecto
sin sombra, espejo ni
imagen.

Alga en la corriente lenta.
Alga de vida no más.
Hijo. Criatura. Amante.
Alga de amor y no más.

Lejos de toda ribera.
Por (¿en?)
el corazón del
agua, ya.

Tenemos también constancia de otro poema —de leve atmósfera machadiana en esa agua que «sueña» y también cercano a los símbolos—, que ella le dedica a otro gran amigo, el panameño Edison Simons y que sorprendentemente aparece fechado en dos momentos y lugares: El Albergo d'Inghilterra en 1950 y en La Pièce el 2 de enero de 1978, lo que prueba que la autora lo sometió a correcciones posteriores. Agua, mármol, oro, lo matérico se transforma ante la mirada del contemplativo. Hay un mensaje también concorde con el fluir heraclitiano en el fluir del agua, que no es otro que el fluir de la vida, y hasta la misma contemplación está sometida a ese fluir que conduce a lo intemporal, al vacío, pues «¿qué queda?» tras ese contemplar:

El agua ensimismada

El agua ensimismada
¿piensa o sueña?
El árbol que se inclina buscando sus raíces,
el horizonte,
ese fuego intocado,
¿se piensan o se sueñan?
El mármol fue ave alguna vez;
el oro llama;
el cristal aire o lágrima.
¿Lloran su perdido aliento?
¿Acaso son memoria de sí mismos
y detenidos se contemplan ya para siempre?
Si tú te miras ¿qué queda?

En estos ejemplos concretos y parciales, no quiero olvidarme del que la poeta y ensayista mexicana Mariana Bernández comenta de manera pormenorizada y profunda en su libro *María Zambrano: acercamiento a una poética de la aurora.* El texto, por su datación, 1950, debió de ser escrito poco antes de su primer viaje a Roma. Poema de arranque albertiano —del Alberti de *Marinero en tierra*, libro que María admiró desde su juventud—, pareciera, escribe Bernández, que en este poema Zambrano hace «uso de la metáfora para decir lo indecible» y que en él resume algunas de «sus grandes preocupaciones». Mas allá de esa influencia, lo que cuenta en este texto es esa presencia de la nada/Nada fértil, conceptos en los que ya hemos reparado por su honda significación en la tradición iniciática:

Delirio del incrédulo

Bajo la flor, la rama
sobre la flor, la estrella
bajo la estrella, el viento.
¿Y más allá?
Más allá ¿no recuerdas?, solo la nada.
La nada, óyelo bien, mi alma
duérmete, aduérmete en la nada
si pudiera, pero hundirme.

Ceniza de aquel fuego, oquedad
agua espesa y amarga
el llanto hecho sudor
la sangre que en su huida se lleva la palabra.
Y la carga vacía de un corazón en marcha.
De verdad, ¿es que no hay nada o hay la nada?
Y que no lo recuerdes. Era tu gloria.

Más allá del recuerdo, en el olvido, escucha
en el soplo de tu aliento.
Mira en tu pupila misma dentro,
en ese fuego que te abrasa, luz y agua.

Más no puedo.
Ojos y oídos son ventanas.
Perdido entre mí mismo no puedo buscar nada,
no llego hasta la Nada.

(Roma, enero de 1950, Hotel Inglaterra)

Los dos poemas anteriores fueron publicados en un raro y selecto cuadernillo, *Dos poemas,* una edición de «menos de diez ejemplares», debida a la malagueña Torre de las Palomas. A veces María escribe en sus poemas algunas palabras en francés, como en los que recogió María Victoria Atencia en su libro *El agua ensimismada* (Universidad de Málaga, 2001), pequeña colección recibida de la pensadora y con un primer texto dedicado a la poeta malagueña con temblor fraterno e identificación con la común tierra de origen:

¡Cuánta hermosura!

¡Cuánta hermosura en tierra nuestra!
Y que hace de todos, por obra de tu palabra
Y, de la música.
Dios os bendiga.

De l'Etoile des Alpes

De l'Etoile des Alpes
à
l'Etoile Polaire,
invisible y presente,
íntima de
tan inmediata.

Mucho más sorprendente por recio y sintético, por su tono y su fuerte simbolismo, es el poema siguiente, ¿inacabado?, que fue escrito a finales de 1949, que más tarde sería editado por Jesús Moreno en 1996 y que definitivamente fue fijado en su sorprendente disposición formal por Javier Sánchez Menéndez en la recientísima edición de la *Poesía* (2018) de la autora. Poema-microcosmo, texto lleno de anotaciones al margen, que prueban su provisionalidad, pero que sin embargo recogemos por su sorprendente y rico irracionalismo, por su carga *atmosférica*. Nos encontramos ante un texto que más parece el listado o el resultado del test de un análisis psicológico —brotado del rico subconsciente de la autora— que del poema que no pudo llegar a ser en su completud.

No ignoramos tampoco en él cierto paralelismo con el poema que Miguel Hernández le dedicó a ella. Los fuertes símbolos castellanos parecen desbordarse en la memoria de ambos autores. En el poema de Hernández, las alusiones a Castilla son palmarias; en el caso de Zambrano, debemos pensar en una Castilla sutilmente conservada en la memoria desde los días de su infancia y adolescencia, la de las tierras segovianas, quizá las de los parajes del pueblo en el que la familia pasaba las vacaciones de verano. Palabras como «eras», «navas» o «barbecho» remiten directamente a la geografía de ese territorio.

Poema-microcosmo en el que cada palabra abre un *mundo* muy profundo. Así, ecos de la posible relación con Gregorio del Campo o la muerte del hijo («muerto y yerto», «mortaja», «dejarme», la insistencia en el «pero no vuelvas» o «humillada»). Por otro lado, en esta relación fuertemente telúrica y emocional el término «extranjería» brota súbitamente del subconsciente de la exiliada; o, al final, «mar» y «madre», o «Señor», aluden al retorno al origen y a la solución sagrada para tanta «víbora» y «penar».

Si como hemos dicho, esta enumeración inconsciente y torrencial de nombres remite a esos tiempos concretos, ello nos probaría una vez más la importancia estética y vital que para María Zambrano tuvieron sus años segovianos, tanto en la ciudad como en el campo. De hecho, ya hemos dicho que el tiempo de la adolescencia supone para el creador el fértil proceso de *re-nacer*, y al evocarlo muchos años después, ella renace en esos símbolos primeros, que son los que salvan, los que avivan la escritura, porque, según sus propias palabras, «los símbolos revelan el lenguaje de los misterios». En este caso, misterios de su vida, «encendidos misterios».

Pámpano, rosas, las eras

Pámpano, rosas, las eras,
las navas

Altura, carrascal,
cántaro, hombre, las eras,
ladera, azul, la quebrada
cabrerizo, gris, las breñas
la enramada y el molino
y a mí qué, de qué te quejas
taciturno, horadado, un hombre, madre,
siempre, jamás, nunca
amor, ausencia

Silencio. Ya no más
¡qué lejos!
Pan: cántaro, hogaza
no vuelvas.
Muerto y yerto. Calcinado
ardiente y feliz, las arenas,
yuntas, secano,
huida   *barbecho, quietud, hastío*
ensimismado, suprimido,
cuita, faenar, goce, siesta,
llanto, amor, serranía,
aire. Amanecida.
No vuelvas

soledad, angustia, calma,
sonrisa, ¿por qué no?
Reja
colibrí y mes de mayo,
siempreviva, candela   Víbora
gemido   enlucida, cal, claveles   moral
espantajo   rosa y tomillo, azalea,   huraña
dejarme[¿]   acacias entre dos luces,   Parte [¿]
muerta   enterrarme nacida, vega,   greña
          cantueso, morada, verde   Las fundas
           oloroso, humilde, brega,   mortaja
          di que sí y ven.   Alondra, paloma
          No vuelvas   rosa, ¿qué esperas?
          Ensimismado y amargo.
          España, amarilla, yerba,
          desconocido y errante,
tártagos   turbio, pelea
          humillada [¿] sin ventura,
somormujos   ya acabó. Desvístete.
          No te mueras.
          Resucita y agoniza.
          No te detengas. Sierpe. Sirena.
          ¿Para qué? ¿No ves?
          No quiero. Quería. Quisiera
La sombra   Hubiera querido. Sueño.
de la
corneja   Ancestral. Fiera,
          fiera.
          No vuelvas.
          Ojos, manos, atropello,
entrega   helada, acecho, qué pena
          A mí mismo y extranjería.

extranjería
embeleso   Madrugada. Embelesado. Pecado.
          Culpa. No vuelvas

No vuelvas. No. Convivencia, Cuita
         las candelas   Amor
                                   Nada
Antes de

morir

quisiera   *La Virgen! Luna*   *Alba*

transverberar   *Paraíso, Entrañas, Madre.*   *El Mar*

y Ángel

sustancia   *La Alba*

herida   *Pero no vuelvas*

esencia   *taciturno, ensimismado*

huesos   *protestante. Rienda*

médula   *suelta*

desechos   *caridad*

al cabo de tantas penas   *locura viviente*

qué vida   *obediencia.*

Virgen Paloma. Pureza   *Libertad, no, adoración.*

                                                   ¿Por qué no me

                                                   entiendes?, Señor

Pasemos de la poesía de la autora —breve, pero sorprendente, especialmente en este último poema-río— al pensamiento de sus estudiosos. Volvamos a cómo han reflexionado algunos críticos sobre la obra de María Zambrano, a cómo los demás han pensado su creatividad, aunque solo sea a través de unas pocas referencias. Los estudios sobre María Zambrano ya son muchos y el lector podrá hallarlos recogidos en la bibliografía general sobre nuestra autora. Quisiera, sin embargo, detenerme, de forma muy especial, en *Sobre el pensamiento filosófico-místico de María Zambrano*, de Ana Bundgård (2000). En las distintas secciones de esta obra, la autora desvela enfoques muy importantes, como «el hecho diferencial zambraniano» o la diferencia entre el exilio «histórico» y el «metafísico». Otras veces su análisis se detiene en nombres propios que ya son verdaderos símbolos (Antígona, Séneca, Cervantes, Galdós, Antonio Machado), pero, sobre todo, poseen un gran relieve dos secciones: «La escritura como espacio de revelación. El ser y la palabra» y «Palabras y signos, el decir del ser». Destaca también Bundgård —ya desde el título del libro— el carácter sagrado, «místico», de nuestra autora.

Cuando la calidad de una obra está probada y decantada por el paso del tiempo, no es posible hacer referencia a ella sin aludir, aunque solo sea someramente, al contexto editorial en el que dicha obra aparece. En este sentido, el libro sobre María Zambrano de Ana Bundgård que ahora comentamos viene a reforzar el carácter, la seriedad consolidada de las publicaciones de la editorial Trotta, de sus diversas colecciones, y especialmente de aquellas de pensamiento, entendido este en su sentido *iniciático* por universalizado. No puedo, por ello, dejar de recordar, al menos, otra obra que esta editorial publica casi al mismo tiempo que este gran ensayo sobre María Zambrano. Me refiero a *El taoísmo y las religiones chinas*, de Henri Maspero, un nuevo orientalista y gran intelectual francés sin complejos espirituales que debemos unir a los ya citados.

En este sentido abarcador y profundo se hacía necesario y se esperaba un libro sobre María Zambrano con la amplitud y seriedad del que nos ha entregado Ana Bundgård. En primer lugar, para deshacer esa otra dicotomía que la autora subraya ya desde las páginas iniciales y que acabo de señalar. La atención hacia la obra de María Zambrano se ha ido extendiendo tanto en el extranjero, donde ha sido objeto de varias traducciones, como entre nosotros con interés notable; pero parece como si dicha obra se hubiera visto sometida, a veces, a una visión exclusivamente «filosófica», o sociopolítica, sin reparar en esa sugestiva unidad de vida y obra que en ella se da, en cuanto hay de *autoconocimiento*, de viaje a través de las pruebas hacia la esencia del ser.

Se hacía necesaria una aproximación (y una interpretación) rigurosa y objetiva, pero sin que, en ningún caso, se soslayase el que es el mensaje inconfundible, último, de la autora; ese que puede estar a veces *más allá*, por abstracto o reconcentrado, por huidizo y sublime, levemente hermético siempre. Mensaje originario mal comprendido y aceptado, paradójicamente, por estar sincera y excesivamente comprometido con la Historia, por ser crítico con los aspectos bárbaros y temporales de esta, pero expresado siempre con una delicadeza armónica y una ausencia absoluta de sectarismo.

Esta necesidad parece estar ampliamente resuelta con la publicación del libro de Ana Bungård. En él, sistema y comprensión, preguntas y respuestas, análisis y dudas, parecen estar expuestos por igual en su lúcido análisis, y siempre sometido a una visión global y fundamentada, en la que no caben las interpretaciones sesgadas.

Es justo y valioso, por tanto, el análisis de Bundgård, no solo cuando viene a iluminar el conjunto de lo que en Zambrano es literatura y filosofía, sino cuando no rehúye los que, hasta ahora, han sido temas de discrepancia, o con tendencia a ser delicados: sobre todos ellos, el de la «razón poética», que la pensadora dejó fijada de manera muy precisa en entrevistas y en alguno de sus libros más iluminadores. Es más, Bundgård no duda en reforzar su análisis desde el rigor subrayando, al comienzo y al final de su obra, aspectos que se tienden a soslayar, por difíciles o por apasionados, pero que es imposible no hacerlo: la fusión entre pensamiento y poesía, la existencia de un pensamiento filosófico-religioso, la ya mentada comunicación con la negación de la Historia (por más que, en sus inicios, vida y obra sean en ella un testimonio comprometido y heridor).

Por eso Bundgård destaca muy directamente su «pensamiento netamente místico, que nos pone frente a lo indecible» o al «más allá del lenguaje», y que reafirma con estas palabras finales: «Todo aboca en el pensamiento de madurez de María Zambrano hacia la no-dualidad, hacia la reconciliación armónica entre pensar y ser. La des-simbolización llevada hasta el límite termina en mística». (Reparando en la riqueza de la expresión *no-dualidad*, he recordado el libro de Mónica Cavallé *La sabiduría de la no-dualidad* (2000), valioso por exhaustivo y fundamentado, en el que el lector puede encontrar muchas claves de este concepto propio de la tradición oriental y, particularmente, de su relación con las filosofías de Oriente y Occidente. Concretamente, Cavallé trata el paralelismo entre dos pensadores extremos, pero unidos por lazos conceptuales sutiles: Nisargadatta y Heidegger).

«Transmitir estética y filosóficamente la presencia de lo sagrado como experiencia mística —sigue escribiendo Bundgård— es una aporía que solo un verdadero alquimista del lenguaje logra atravesar con éxito». Un músico o un poeta, un artista consciente de serlo, un creador añadiríamos nosotros, por señalar ese asomarse a los abismos del Arte y, más en concreto, a lo mejor del pensamiento poético-existencial español (Cervantes, Miguel de Molinos, Antonio Machado, Miguel de Unamuno), con el que la autora de *El hombre y lo divino* tanto sintonizó. Y «voz paternal», sobre todo, la de Machado, porque ella llegó a fundir su presencia con la de su padre. La carta —en días angustiosos— de Antonio Machado a María, de diciembre de 1937, sellaba, antes de las muertes que llegaban, esta triple amistad o sintonía entre seres de una sensibilidad afín.

Hemos destacado algunas de estas frases conclusivas de Ana Bundgård no para rehuir su visión primordialmente original y siempre (inspiradamente) sistemática, que ya hemos señalado y que se da en todas las páginas de su libro, sino para evitar que el futuro lector piense que todo en él se fía al seco rigor o a una erudición ciega. Hay siempre esperanza en la obra de Zambrano (sobre todo en su etapa final); fidelidad a una idea fértil, sin esos complejos en torno a España y a los valores de lo español, lamentablemente todavía tan de hoy.

Hay también mucha flexibilidad en este libro que, por encima de sus propósitos previos, busca la aproximación respetuosa a los contenidos, la fijación de teorías muy positivas y útiles para futuros estudiosos; o también para el lector normal, o para los jóvenes, de los que tan frecuentemente nos olvidamos. Ese lector, por ejemplo, que nos habla del descubrimiento emocionado de un libro como *Claros del bosque* sin haber abordado antes la lectura de los otros volúmenes de la autora. Y por supuesto sin haber pasado bajo la amenazadora espada de Damocles de «las dos Españas», del ciego y parece que nunca cerrado conflicto ideológico. Una situación, todavía hoy, anclada en los rencores y en la ausencia de piedad.

Las tres partes del libro y sus trece capítulos tienen, a la vez, una gran unidad e independencia, algunos de los cuales adquieren, por su extensión, el carácter de verdaderas monografías. Así, los estudios comparativos con Ortega, Machado, el senequismo, Cervantes o Galdós, por aludir a los de carácter más filosófico-literario. Pero sin olvidar esa tercera parte final —«La escritura como espacio de revelación. El ser y la palabra»— en la que Ana Bundgård entra con valentía y lucidez en temas más hondos y sublimes, como el análisis de *Claros del bosque*, o de temas hondos, como el ya mentado de la *nada*, el vacío, el amor, las palabras y los signos, pero sobre todo la existencia de María Zambrano concebida como «experiencia mística vivencial». Este concepto es prioritario, por esencial y profundo, antes de cualquier otra valoración de la autora.

Estamos, en definitiva, ante una completa, objetiva y, a la vez, profunda interpretación de la obra de María Zambrano. Desde ella, podrán partir estudiosos y lectores futuros para abordar sus propias interpretaciones y dejar siempre abiertas las revelaciones últimas de la autora, ese «umbral» ante el que, según ella, no se puede retroceder, y tras el que puede estar el sentido último del fenómeno de la poesía. O el «misterio» de ser o el del «más allá», si es que no queremos o no podemos llegar a explicar cuanto la razón no puede explicar. Esa misma «orientación» hacia el «misterio» que es consustancial al poeta, como nos recordara Antonio Machado.

Ana Bundgård es profesora en el Departamento de Estudios Hispánicos de la Universidad de Aarhus (Dinamarca) y esta obra que ahora se publica fue en sus inicios una tesis de doctorado en filosofía, defendida en la Universidad Complutense de Madrid. Personalidades tan afines con el tema tratado como José Luis Abellán o Pedro Cerezo Galán se dejan sentir tras la rigurosa metodología y la fecunda aventura final de la publicación de este libro.

Sobrevolaré también algunos otros libros que, ayer y hoy, he tenido cerca. Así, la recopilación de ensayos de Teresa Rocha Barco, *María Zambrano, la razón poética o la filosofía* (1997), significativa porque es volumen que se abre a nuevos colaboradores, o *Claves de la razón poética. Un pensamiento en el orden del tiempo* (1998), de Carmen Revilla. Muy útil por su tema es el ensayo que Manuel Pecellín Lancharro dedicó a la figura de don Blas Zambrano, el padre de la escritora, «El concepto de paternidad en María Zambrano». Al mismo tiempo, en este estudio se desvelan los orígenes de don Blas y de su profesión de maestro. Pecellín señala muy bien la importancia que el padre tuvo para la escritora, desarrollando cuatro campos temáticos: las manifestaciones de María sobre él, los datos de la personalidad del pedagogo extremeño, la vinculaciones de Zambrano con Extremadura y la importancia que esta pensadora atribuye a la paternidad.

En ocasiones, la figura de María Zambrano ha sido contemplada a través de estudios críticos en los que se da la vanguardia y el compromiso, lo temporal y lo intemporal. De ello se ha ocupado Goretti Ramírez en *María Zambrano, crítica literaria* (2004). Especialmente, por su extensión y apertura —sin discriminación con colaboradores y temas—, debemos recordar un gran volumen de estudios de una treintena de autores, *María Zambrano. La visión transparente*, coordinado por José María Beneyto y Juan Antonio González Fuentes (2004). En esta obra se encontrará la base suficiente para una visión, de conjunto y justa, de la obra de María Zambrano. La riqueza y la variedad de los temas tratados ofrecen un panorama tan abarcador como valioso. En este libro «suenan» a la perfección el mundo de los zambranianos y el espíritu libre de la pensadora, en una sinfonía que confluye armónicamente con sus variados tiempos. Pensando en las antologías de sus textos, fue adelantada en la promoción de la autora *La razón en la sombra*, una recopilación del pensamiento zambraniano preparada por Jesús Moreno (Ediciones Siruela, 1993).

De 2004 es el libro *María Zambrano: La aurora del pensamiento*, rico en testimonios fotográficos inéditos, del que fue editor Juan

Fernando Ortega Muñoz. Ortega es un señalado estudioso de la autora. Antes y después de esa fecha, desde la universidad malagueña y la Fundación María Zambrano, abordó en sus estudios temas afines muy variados, que van de lo metafísico a lo religioso, de la «superación del racionalismo» y de la esperanza al compromiso, de la «filosofía de la aurora» al sugestivo tema —clave, a mi modesto entender— del «encuadramiento órfico-pitagórico» en la filosofía zambraniana.

Por tratar en profundidad otro tema clave —acaso el más profundo por su sentido trascendente—, recordaré el trabajo de Sebastián Molina Aragüez, *María Zambrano: el carácter mediático de la piedad y el amor en la realización de la persona* (2007). En el último capítulo de mi libro subrayaré la importancia final, sin mistificaciones, de estos dos valiosos conceptos: piedad y amor. Muy cercano estuvo también a la autora, tras su retorno a España, Rogelio Blanco, quien ha testimoniado sobre ella en su libro *María Zambrano, la dama peregrina* (2009).

Otra obra valiosa es *El canto de la alondra. Estudios sobre María Zambrano* (2013), del profesor Armando López Castro, estudioso a veces secreto, pero siempre sorprendente en los libros que ha escrito y que precedieron a este, sobre Gil Vicente, Juan de la Cruz, Antonio Machado, Juan Ramón Jiménez, Luis Cernuda o José Ángel Valente. A veces, en lo secreto de la provincia se ocultan las mejores gemas del análisis literario español. A López Castro no se le escapa, en los doce capítulos de su libro, el tratamiento de algunos de los temas emblemáticos de la autora: su «ánima hispánica», la «razón poética», el exilio, lo sagrado, la música, la pintura, el sueño, la tradición mística o el amor. No es raro que este análisis haya sido considerado, junto al de Bundgård, como «obra límite» entre las que se han escrito sobre la actitud de *abrirse al ser* de la autora.

Mención aparte merece la edición de las *Obras completas* de María Zambrano, coordinadas por Jesús Moreno Sanz (2011-2018). Se han publicado hasta el momento cinco (I, II, III, IV y VI) de los ocho volúmenes proyectados, que definitivamente pondrán a disposición de los lectores la totalidad de la obra zambraniana, acompañada de un gran aparato crítico anexo. Reparando por su actualidad en el último de los volúmenes publicados, y en concreto en el libro *De la aurora*, pienso que mucho me hubiera gustado aludir en estas modestas páginas mías a algo que en esas páginas se explica, que me parece incuestionable y que ya atrás quedó levemente señalado: la conexión de la vida de María Zambrano (de muchos de sus comportamientos y de algunos aspectos de su obra) con el pensamiento primitivo oriental, con autores como Lao Zi y Chuang Tzu, con el zen y con el sufismo.

Pero junto al ya citado estudio de Chantal Maillard, en el anexo a la edición de *De la aurora*, Moreno Sanz nos proporciona muchas de estas claves originarias en la sección «Mística, esperanza, abandono y religión no sacrificial» (págs. 777 y ss.). Añadiremos que no es óbice esta meritoria edición para que, culminada esta tarea, los lectores no especializados de la obra de Zambrano estén también a la espera de una edición exenta e individualizada de cada uno de sus libros, acaso publicados en una colección que llevara el nombre de Biblioteca de María Zambrano. Me consta, porque lo escuché de sus labios, que ella amaba la pulcritud y la pureza en la edición de sus textos y sin duda la celebraría.

Al tiempo de esta progresiva y magna edición global de su obra, han ido apareciendo libros aislados de y sobre Zambrano con la traducción en el extranjero de algunas de sus obras. Esa progresiva sintonía con lectores lejanos prueba el atractivo sentido de universalidad de la misma, en el que pesa mucho su lúcido diálogo con la poesía como fenómeno anímico. Sintonía muy evidente vivida en amistad con los intelectuales en sus etapas en Francia y sobre todo de Italia. La obra de María Zambrano siempre acaba encontrando *sus* lectores y sorprende allá donde esta se descubre. En este sentido, y volviendo a Extremo Oriente, recordaré una curiosidad: el primer ensayo que apareció en Japón sobre nuestra autora fue debido al hispanista Norio Shimizu, «Retorno de una mujer filósofo» (1985).

Muy de última hora, centrado en el tema que plantea, es el libro de María Fogler, *Lo otro persistente. Lo femenino en la obra de*

María Zambrano (2017). Temas concretos, como los de Diótima y Antígona, o más abstractos, como los «delirios», proporcionan coherencia a esta obra que busca en Zambrano más su filosofía que su vida, como se nos recuerda en la muy clarificadora entrevista que le hacen a su autora en la revista digital *Cazarabet*. Esta obra, por específica, es también complemento del análisis, ya señalado, que Manuel Pecellín hace sobre la «paternidad» en María Zambrano y, en concreto, sobre algunos hombres que influyeron poderosamente en su vida.

Insisto en recordar que solamente he aludido a algunas de las obras que he leído o he tenido a mi alcance. Hoy la bibliografía de y sobre María Zambrano es mucho más amplia, pero en este capítulo solo me he detenido en aquellos textos que he conocido o que he tenido cerca por razones también de sintonía con el mensaje esencial zambraniano; o porque por amistad los he ido recibiendo de sus autores.

Son libros que nos ponen de relieve algo que a veces premeditadamente se ignora : que no existe un único enfoque y/o interpretación de la obra y de la vida de María Zambrano, sino múltiples; a la vez, ella dejó muy clara, con palabras y obras, la *unidad de su ser* hasta los últimos años de su vida; sobre todo viva su *voz* en los testimonios epistolares o más íntimos, que para mí poseen, por su sinceridad, un valor especial. Este libro, como queda dicho, solo pretende ser una semblanza de la autora desde una perspectiva muy personal, pero en ella no podían faltar estas referencias bibliográficas básicas para futuros lectores interesados.

El *Unamuno* de María Zambrano

La cercanía de la familia Zambrano a la obra de Miguel de Unamuno, y en concreto la de Blas Zambrano, padre de María, fue muy temprana. Nos basta con tener conocimiento de un detalle para probarlo: en el archivo de la casa-museo del poeta en Salamanca, se conserva una postal dirigida por don Blas a Unamuno el 11 de mayo ¡¡de 1900!!, es decir, cuando ni siquiera María Zambrano había nacido. La temprana pasión por la cultura de este inquieto maestro, residente por entonces en Granada, avala este hecho.

Blas Zambrano, en dicha postal —el tema era una vista de la carrera del Darro granadino—, le agradece a Unamuno el envío de un libro, *Tres ensayos. Adentro. La ideología. La fe* (Rodríguez Serra Editor, 1900). La dirección que el destinatario pone en la postal no puede ser más sencilla: «Al señor D. Miguel de Unamuno, catedrático de la Universidad, Salamanca». No es raro por eso que la devoción de don Blas hacia el escritor vasco fuera muy temprana y que continuara a lo largo de los años, al ser luego el promotor de la conferencia que Unamuno dará en Segovia y porque traspasará a su hija una gran admiración hacia él y su obra: «Aún no puedo olvidar, ni lo podría en siglos, cuando se me dio, siendo casi una niña, ver en Segovia a don Miguel».

Por tanto, el nombre de Unamuno no era extraño para Blas Zambrano en esta tempranísima etapa granadina, pues era colaborador en aquel tiempo en tres periódicos de la ciudad: *La Publicidad, El Heraldo* granadino y el fundado por él mismo con el enigmático nombre de *X*. Don Blas solicita en concreto colaboradores para este último: «Pedimos luces a quien las tenga y posea; además, buena voluntad de prestarlas». ¿Fue para este periódico, fundado precisamente en 1900, para el que solicita colaboración a Unamuno y este le envía su libro, *Tres ensayos,* aparecido en ese mismo año? En cualquier caso, la clave de estos contactos es el mutuo interés que ambos sienten por la pedagogía. (De solo dos años después —Barcelona, 1902— será la publicación de *Amor y pedagogía,* el libro unamuniano).

Blas Zambrano, siempre apasionado como maestro por los temas relacionados con la enseñanza, evolucionará desde posiciones ideológicas anarquistas hacia las socialistas. El libro de Unamuno nace poco después de la crisis nerviosa y religiosa que padece el escritor vasco (1897), cuando tenía treinta y tres años, y no sabemos por qué aspectos de este pudo sentirse atraído Blas Zambrano, sobre todo a la vista de uno de los ensayos, «Adentro», en el que Unamuno clama por «la búsqueda interior frente a tradición y europeización».

Mas no debemos olvidarnos del probable momento del encuentro entre ambos. Unamuno hizo una visita a Granada, movido por su amistad con Ángel Ganivet, antes de esa fecha de 1900. En Granada se encuentra con este en 1891, y de nuevo en 1903, cuando ya era rector y va a dar varias conferencias sobre pedagogía en la ciudad andaluza. Zambrano padre y Unamuno pudieron conocerse en Granada en esta etapa. Por otro lado, cuando pocos años después, ya en Segovia, el padre inicia a la hija en sus primeras lecturas, no faltarán muy señaladamente las que le recomienda de Unamuno y de Ganivet, junto a las de Azorín, Baroja o Maeztu.

Cuando me pongo a escribir este capítulo llegan a mis manos dos libros valiosos sobre la figura del rector de Salamanca. Me refiero al primer tomo de los ocho de que constará su *Epistolario (1880-1899),* edición debida al cuidado de los hispanistas franceses Colette y Jean-Claude Rabaté, y a cuya presentación hemos asistido estos días en la casa-museo del poeta en Salamanca. Del otro libro, *En el torbellino: Unamuno en la Guerra Civil*, también son autores los dos anteriores. No muchos días después, en un semanario, me encuentro con una entrevista que se le hace a estos dos hispanistas, y en ella surge, entre otros temas, una versión razonable del incidente vivido entre Unamuno y Millán Astray que, a raíz de una película que se está rodando, ha vuelto a la actualidad.

Así, las dudas sobre las palabras exactas que se dijeron aquel día en el paraninfo de la Universidad y sobre las que Unamuno llevaba sintéticamente escritas en un sobre para desarrollar en su intervención en el paraninfo: «guerra incivil», «catalanes y vascos» o «vencer y convencer». El matrimonio Rabaté también nos ha dejado en la entrevista citada unas palabras a propósito de Unamuno y de sus días finales que se podían haber aplicado al mismo Ortega. Estas son, en buena medida, prueba del espíritu conciliador, superador de la contienda, que yo he intentando fijar en este libro, en cuanto se refiere al dramático tiempo social que tanto a Miguel de Unamuno como a María Zambrano les tocó vivir:

> Cuando avanza la Guerra Civil, él se desilusiona y cambia de postura al ver que la intolerancia ha sustituido a la convivencia, y reconoce que bolchevismo y fascismo son las dos formas —cóncavo y convexo— de una misma y sola enfermedad mental: no son unos españoles contra otros. No hay una anti-España, sino una sola España contra ella misma. Es un suicidio colectivo [...]. Unamuno era un intelectual liberal que nunca entendió la política de masas ni a los que desfilaban con el puño cerrado, pero tampoco a los que lo hacían con el brazo en alto y con la mano abierta [...]. Él quería una tercera España que no pudo ser. [*XL Semanal*, 8 de julio de 2018].

Me llega esta información cuando he regresado a la edición que Mercedes Gómez Blesa había preparado del libro inédito de María Zambrano *Unamuno* y que produjo en mí algunas ideas y contradicciones que afortunadamente la autora me ayudó a deshacer cuando releí su prólogo, «Unamuno-Zambrano: un pensamiento poético». Porque ¿fue posible o es posible encontrar sintonía entre dos personalidades tan ricas por fuertes y tan fuertes por sensibles, en las que tan radicalmente actuó el pensar como el sentir, su compromiso cívico en años extremados para personalidades a contracorriente como las suyas, su amor a la poesía y a España nombrándolas sin complejos, encontrar sintonía entre dos obras y dos vidas tan variadas?

El actor José Luis Gómez vuelve a encarnar, precisamente en estos días en que escribo, la figura de Miguel de Unamuno, y abre de nuevo las venas de los terribles días de la guerra incivil. Es significativa esta mirada del actor, aprendiendo del pasado, sí, pero reparando muy bien en la mayor crisis desde que se reconstituyó, y muy bien, la democracia en España. Vuelve pues los ojos hacia el tiempo de concordia y superación de los enfrentamientos que suponen los días de la Transición, los que nacen con la Constitución de 1978.

Nos producía, pues, de entrada, una especie de turbación el ver juntos, en un solo volumen los dos nombres —Unamuno, Zambrano— y sin embargo ahí está el libro de esta sobre aquel y su obra para aceptar el magisterio y la identificación en tantos temas de la segunda sobre el primero, para deshacer cualquier distancia y poner entre ellos en evidencia la grandeza de estos dos intelectuales del siglo XX. Se puede creer ilusoriamente que entre sus caracteres pudo haber diferencias notables, pero a la vez debemos tener muy presente que María Zambrano conoce a Miguel de Unamuno muy pronto, en Segovia, durante la conferencia que dio don Miguel en el Teatro Juan Bravo. Parece que esta conferencia, como la que también dio un joven León Felipe, estuvo organizada por Blas Zambrano, padre de la escritora. Así se lo recuerda ella, muchos años después, al pintor Jesús de la Torre:

Con ocasión de una conferencia que dio en el Teatro Juan Bravo, conocí a Unamuno; llegó de la mano de su amigo, el gobernador de la provincia Juan Díaz Caneja, notable escritor y padre de uno de los pintores más importantes del siglo, Juan Manuel Díaz Caneja, que es hoy la paleta más honda y profunda de Castilla.

Ahora nos encontramos con los textos del *Unamuno* zambraniano reunidos, con ese pensar la poesía o poetizar el pensamiento, común a ambos, que nos apacigua y que nos lleva de golpe a una admiración y hermandad que los textos unamunianos de María Zambrano reconfirman de manera tan inspirada. Porque fue precisamente Unamuno, en un temprano verso de su poema «Credo poético» (1909), quien deshizo, en solo seis palabras, ese sinsentido que supone oponer la poesía al pensamiento, o el pensamiento a la poesía:

Piensa el sentimiento, siente el pensamiento.

Los originales zambranianos sobre Unamuno se encontraban mecanoescritos en las carpetas de inéditos de la Fundación María Zambrano, y Mercedes Gómez Blesa ha ido proporcionando a los textos su unidad y sus perfiles correctos, terminando por completar el conjunto del original con una serie de siete artículos de la autora en torno al escritor vasco, a modo de anexos a la obra primordial.

Los textos de este libro zambraniano fueron escritos hacia 1940, en Cuba. Tienen por base las conferencias que Zambrano dio sobre el tema y precisamente en los días en que, como ya hemos visto atrás, ella también trabajaba en *El hombre y lo divino*. Mercedes Gómez Blesa habla de «empatía intelectual y estética» entre ambos autores y vuelve así a deshacer nuestras dudas en torno a estas dos personalidades tan distintas. Blesa ha completado, más allá de los originales, no solo las coordenadas del libro, sino también las del pensar y sentir de Unamuno y Zambrano, teniendo siempre al fondo ese concreto «ser de España» —inevitable en ambos—, la presencia de la Historia no solo a través de los valores del pasado (Cervantes), sino de la «tragedia de la existencia». Sorprende también que, entre los anexos —artículos publicados antes en revistas—, aparezcan temas tan sensibles como la religión, la fe o el Cristo tan poéticamente unamuniano («el Cristo, Luna, mediador de la luz de Dios»).

Una vez más nos encontramos con que la ineludible y evidente preocupación espiritual de ambos autores sale a la luz más allá de la gravedad de la Historia, de aquel último día del año 1936 en el que la cabeza de Miguel de Unamuno cayó derrotada, debido quizá a la tensa atmósfera social de Salamanca y de España, sobre la mesa camilla de su cuarto y de la partida hacia la frontera con Francia de María Zambrano, en enero de 1939. Ambos —Unamuno, Zambrano— atraviesan interior y exteriormente —en la soledad de un cuarto de Salamanca en uno y en una carretera invernal, de frontera, en la otra, esos límites de la muerte, el vacío— con las mismas y extremadas dudas en sus cabezas, con aquellas contradicciones tremendas, rotas por la violencia, entre las que estaba la de las ilusiones primeras fundamentadas en una base de justicia, pero también humanística y espiritual, muy fuertes. ¿Qué había sido de aquella ilusionada Segunda República de los primeros meses? ¿Qué esperanza podía haber para un tiempo brotado de la guerra?

En la posterior decepción de Unamuno hacia el Alzamiento militar, en los días inmediatamente posteriores a este, habían sucedido hechos muy duros para él, en especial los fusilamientos de tres de sus amigos. El primero había sido el alcalde republicano de Salamanca, Casto Prieto Carrasco, que es detenido y trasladado a Valladolid, pero que no llegó a su destino, pues fue fusilado en un paraje del camino. El segundo había sido Salvador Vila, discípulo suyo, arabista y posteriormente catedrático y rector en la Universidad de Granada. En octubre del 1936 Vila se encontraba en Salamanca y se le vio dar algunos paseos por la ciudad con su maestro, pero es detenido y trasladado a Granada, donde acabó sus días, como García Lorca, en el barranco de Víznar. El tercero fue su amigo el pastor evangélico Atilano Coco. Miguel de Unamuno pide clemencia para las vidas de estas personas ante Franco, pero con poco éxito, como puede apreciarse. Estos hechos marcarían profundamente la vida de Unamuno, que iba viendo —como Ortega en Madrid— cómo en aquellos días persecución y muerte le rondaban, especialmente durante los meses que van de octubre a su repentina muerte en diciembre de 1936.

La visión que María Zambrano tiene de Miguel de Unamuno, especialmente en el libro en el que posteriormente se reunieron sus textos sobre él, nació sin duda de la devoción de la autora hacia el rector salmantino; fervor que se debió ante todo a no pocas confluencias entre ambos, pero también a algunas diferencias: la más notable de ellas es la que existió entre el «instinto de perpetuación» y el «sentimiento trágico de la existencia unamuniana» y la piedad, la misericordia, la «nostalgia por la Totalidad y el afán de regreso al *origen*» de Zambrano.

Siempre retorna Unamuno con su personalidad polifónica a la memoria de los españoles, sobre todo si uno habita en la ciudad en la que él vivió casi toda su vida y en la que murió; presencia siempre llena de contrastes, pero exacerbados estos en sus últimos días, en su variada obra y cuando se acrecienta entre nosotros el interés por la de Zambrano, a la que su afán de desposesión, su rico mundo interior y el exilio la mantuvieron más tarde aislada en buena medida, de las polémicas y controversias periodísticas y sociales. En ocasiones, como en la etapa de Roma, integrándose amistosamente en grupos netamente intelectuales y no políticos; en otras, buscando la soledad radical, como en la etapa de La Pièce.

Tres son las características más destacables de esta edición: la plena originalidad de lo inédito, el que el libro de Zambrano sea uno de los primeros escritos sobre Unamuno y el trabajo de Blesa para preparar la edición. Obra escrita antes de los que habían sido los libros primeros sobre el autor vasco: los de Julián Marías, Abellán, Aguinaga, Ferrater; o los posteriores de Juaristi, Remesal o la muy completa obra de Pedro Cerezo Galán *Las máscaras de lo trágico*. Pionera entre las biografías fue también la *Vida de don Miguel* (1964) de Emilio Salcedo.

Escribiendo de Unamuno y desde Salamanca no quiero olvidar los libros sobre él que debemos a un valioso escritor salmantino, Luciano González Egido: *Salamanca, la gran metáfora de Unamuno* (1983), *Agonizar en Salamanca* (1986) o *Miguel de Unamuno* (1997). Salamanca y su universidad, sobre todo a través de su servicio de publicaciones y de la casa-museo del escritor, han sido un vivero de libros en torno al autor de *Niebla*. En unos casos, con la reciente edición de su *Epistolario*, pero antes con obras como *El tiempo de Miguel de Unamuno y Salamanca* (1988), editado con ocasión de la exposición del mismo título, la edición del *Diario íntimo* a cargo de Etelvino González, las *Cartas del destierro. Entre el odio y el amor: 1924-1930*, debida también al matrimonio Rabaté, o *Miguel de Unamuno y la fotografía*, con ocasión de una exposición en la que se nos recordó, de manera muy completa, que Unamuno, además de escritor, viajero y curioso dibujante ocasional, fue un valioso fotógrafo.

No olvidamos la amplia labor unamuniana de Francisco Blanco Prieto, no solo desde la dirección de la actual Asociación de Amigos de Unamuno y la revista, *Nivola*, sino por sus varios libros sobre el autor vasco, entre los que destacamos los más recientes, *Unamuno en la política local* (2014) y *Unamuno en las Cortes republicanas* (2017).

Volvamos al *Unamuno* de María Zambrano, que nos ha suscitado estas ideas previas. El hecho de que el libro naciera tempranamente, al hilo de unos cursos universitarios en Cuba, no debe confundir al lector y pensar en el sentido de que pudiera encontrarse ante un esbozo, ante unas páginas meramente analíticas o circunstanciales, sino que, por el contrario, nos hallamos ante una obra que pone una vez más de relieve el *tono*, la originalidad de la *voz* de Zambrano; *voz* que atiende a reflexiones de sincera subjetividad, a su propio mundo interior, que busca confluencias con el sentir y el pensar unamunianos, sobre todo en cuanto se refiere a lo que supone repensar y ensoñar España.

¡Qué vivo resulta recordar hoy que el tema de España fue tratado por los escritores de aquel tiempo —republicanos o no— sin complejos, que no fue, en concreto para Unamuno y Zambrano, un sentimiento simulado, retórico, exaltado, sino entrañable! Pero siempre, en la escritora malagueña, se dará ese interés a través del prisma del maestro y del tiempo que les tocó vivir, si bien a cierta distancia: el de la Generación del 98, Europa, la unidad y la variedad de una obra escrita en varios géneros o aquel punto en el que lo trágico y lo espiritual se funden gracias a la filosofía, pero sobre todo a la poesía. Y aquí es donde aparece el cristianismo inusual —a contracorriente, personalísimo, seguido por vías distintas— de ambos.

El lector, más allá de la exposición siempre cristalina que nos ofrece Zambrano, avanza en la lectura de su libro sin dejar de perder la huella del *mundo* de esta autora. Blesa reconoce esa huella o sintonía —el posible paralelismo entre ambas obras de dos pensadores españoles de excepción y, a la vez, tan distintos— con expresiones como «autoconciencia» o «filosofía estética». Ahondamos en la lectura y reconocemos levemente una huella concreta: la de la «razón poética», tan nítidamente avanzada por Unamuno en el verso arriba citado y que, en ambos casos, se contrapone a la «razón histórica» de Ortega. De ahí, quizá, las reservas de este hacia ambos en un segundo momento. La prioridad «intrahistórica» —la fidelidad a las raíces de lo popular, sus vivencias de y en la naturaleza o la tensa espiritualidad en el pensamiento unamuniano, más allá de su rebelde ir «contra esto y aquello»— encuentra en ese paralelismo un evidente engarce.

Ello también nos llevaría a otro punto clave del pensamiento contemporáneo, y no solo del español, sino del europeo, que tampoco se le escapa a Mercedes Gómez Blesa: el de la «exigencia de una reforma de la filosofía y del concepto de razón»; superación de una razón sistemática, ciega y reduccionista, que esteriliza la interrelación creativa entre los géneros literarios y el afán de ir siempre *más allá*, sin sometimientos ideológicos o políticos, sino siempre con la libertad de creador. (En este sentido, ya he recomendado el prólogo a la edición de *Claros del bosque* preparado por Blesa, donde esa interrelación o contraste entre una filosofía sistemática y la necesaria poesía están muy clarificados). Unamuno y Zambrano contemplados con la intocable libertad del pensar y del sentir de cada cual; es decir, sin imposiciones ajenas, fieles a dos caracteres, a sus *llamadas interiores*. Y aquí, otra vez, de nuestra memoria, brota la lección de Antonio Machado en su Proverbio LXXXVI:

> *¿Tu verdad? No, la Verdad,*
> *y ven conmigo a buscarla.*
> *La tuya, guárdatela.*

Ciertas reservas muy sutiles del maestro Ortega hacia la poesía o hacia determinados poetas —Antonio Machado en el momento de sus oposiciones , en cuyo tribunal estaba Ortega, o el ver cómo despertaba osada, sin límites, la personalidad de su discípula— apuntan en ese sentido. Queda así puesta de relieve la presencia de un sentir y de un vivir —«antirracional», dice Unamuno con su habitual radicalismo— que aproxima su pensamiento más a fuentes poéticas, y por poéticas, vitales: a la experiencia de *ser*; a esos límites sabios expresados por medio de ensayos o de textos poemáticos en Zambrano y de ensayos y poemas en Unamuno, que acaban hermanándose más allá del temperamento de cada cual. El sentir y el amar España fue, sin duda, una de las más poderosas coincidencias en ambos. Otra, la del ineludible enfoque espiritual de sus existencias por encima de los conflictos sociales, fruto a su vez de un desencanto que en uno tiene su desenlace en la muerte, y en la otra, en el largo exilio.

Aquí radica, a mi entender, el sentido último de la objetiva y afectuosa mirada de María Zambrano sobre la vida y la obra de Unamuno, nacida para ser transmitida antes de viva voz en la cátedra, sin reservas y en los días iniciales de su exilio; trasmitida con aquella dulzura de voz que el escritor cubano Cintio Vitier, testigo presencial de aquellas lecciones, nos recordó. Explicándonos Zambrano el *ser* unamuniano nos revela sutilmente el suyo, el pensar y el sentir de ambos autores siguiendo caminos paralelos hacia una posible-imposible confluencia final. Aventura del sentir y del pensar, en cualquier caso, en la vía de lo *esencial-trascendente*.

A la vez, junto al vuelo común hacia lo inaprensible, se da en ellos la cercanía, la inmersión en el compromiso con lo más real. Así, en un tema como «La envidia española y su raíz religiosa», tratado por Zambrano en el capítulo final de su libro sobre Unamuno, nos hace descender a las raíces (menos ejemplares) del ser español: al secular cainismo. Pero el contrapeso de la realidad-realidad —la envidia, la barbarie de las ideologías, extremadas, las guerras civiles— está en el análisis de lo que ella llama la «religión poética» de Unamuno. Unos versos de este nos lo explican por medio de la sempiterna dualidad que afecta a los humanos, que hay que asumir y superar con la idea de Unidad, y en la que resuenan no solo los remotos maestros de Extremo Oriente y de Plotino, sino de los místicos españoles:

> *una sola pena,*
> *una sola, infinita, soberana,*
> *la pena del vivir llevando al Todo,*
> *temblando ante la Nada.*

En las mayúsculas de esas dos palabras, en su poderosa simbología, Unamuno, su pensamiento y su poesía —más allá de los avatares sangrientos de la Historia y de sus desgarradoras dudas existenciales—, prueban que se hallaba cerca de verdades absolutas. Ese dilema, esa Nada y ese Todo con los que quizá aquella Nochevieja de 1936, en la soledad de su cuarto en Salamanca, encontró desgarradas sus últimas horas entre los comportamientos extremados de los que él reconoció tan vivamente como «los hunos y los hotros».

Las ideas de Unamuno en esos días últimos y perturbadores las encontramos también en algunas de las entrevistas que concedió a periodistas extranjeros. Así, a Jérôme Tharaund (salvar «la civilización occidental cristiana y con ella la independencia nacional»), a Nikos Kazantzakis («no soy fascista ni bolchevique, solo un solitario»), o a Lorenzo Giusso («La barbarie es unánime. Es el régimen de terror por las dos partes. España está asustada de sí misma, horrorizada. Ha brotado la lepra católica y anticatólica. Aúllan y piden sangre los hunos y los hotros»). Todo ello había sido el resultado de cuanto también George Orwell, testigo directísimo de la contienda, afirmó después: «Lo que había ocurrido en España no era solo una guerra sino el inicio de una revolución».

Unamuno había sido para Zambrano «el primer destello de luz en una España en tinieblas». Quizá ella se enfrentaría a ese dilema de que Todo es Nada y Nada es Todo por otros caminos, a través del angustioso itinerario-meditación de un largo exilio, de la metamorfosis que implica el autoconocimiento. Murió sintiendo, sí, que la luz de Madrid «dolía», pero sumida en una paz que nacía de la piedad y, sobre todo, de la reconciliación. Los actos públicos de reconocimiento y de homenaje que María Zambrano recibió en Oviedo inmediatamente antes de su regreso a España y en Alcalá de Henares poco después así lo prueban. Van unidos también a la profunda y ejemplar Transición concorde.

Cuatro poemas y una ópera, con su comentario

Partenón

Confirmación de que algo divino hay en nosotros
fue el verte y comprobar que no eras el osario
de la Historia, como una lección de arquitectura,
sino la geometría del alma, o un soberbio
torbellino de mármol en el centro del mundo.
Por ti renunció el hombre a vagar por el ponto
y abandonó las islas de Calipso y sus ninfas,
dirigiendo las naves a tu faro de nieve,
arrastró a la locura a su mente, que luego
vagaba extraviada entre los sacros pórticos
de Epidauro, locura sombreada por laureles.
De ti brota armonía, que genera la música.
En ti nacen los números, que desvelan los símbolos.
Fue como ir ascendiendo de un mar de culpa y miedo
hasta el sol que abrasaba el dolor de mi noche.
Y allá arriba iba ardiendo como en luz de oro el mundo,
los siglos que ya han sido y aquellos que serán.
Yo cerraba los ojos en busca de lo negro
que siempre ha habido en mí, pero yo era lo blanco
recibido de ti, hoguera entre tus piedras.
Y perdí la noción de cuanto había sido.

Y el sentido perdí asomado a la cima
del límite y asido a ese conocimiento
que, como tú, quemaba, astro caído, sed
del tiempo en esa hora inmortal de mis horas.
Yo cerraba y abría mis ojos comprendiendo
la cristalización de los dioses: el templo,
la ruina de la luz, la tumba de la luz.

La voz

En el centro del jardín yo me había cerrado al mundo. Yo había cerrado mis ojos, y mis oídos, y mis labios al mundo. Pero me llegó tu voz. Estaba seguro de que era tu voz. Tu voz que negaba mi muerte para el mundo. ¿Era tu voz el hilo que todavía me unía al mundo o acaso me encontraba más allá de este mundo? Si yo estaba más allá, significaba que tu voz me había conducido a otra vida. Porque tú ya no vivías nuestra vida, tú ya no eras de este mundo. Tú ni siquiera sabías de la vida blanca, vacía en la nada, del humano que, en un jardín ardoroso, deseó anularse cerrando sus ojos, y sus oídos, y sus labios al mundo. Tu voz de luto cristalino, tu voz de musgo nocturno, situaba mi vida en otro espacio. Tu voz, anunciadora de la noche, cerraba, quemando como un rayo, mis sentidos. Tu voz, como un relámpago violeta, quebraba el muro negro de la más negra noche, de la noche que estaba más allá de la noche, para entreabrir en él una nueva aurora, la Aurora. Ya estaba más allá, ya estaba en otro Día. Y, sin embargo, ¿no era el mismo espacio, no era el mismo jardín, el jardín con su muro de fuego ardiendo, ardiendo siempre, el jardín cercado por el fuego de mi obstinada negación? Todo era igual y todo era distinto. Ya nada tenía que temer del mundo, del mundo de otros días, pues tu voz me llamaba. De nuevo, mis sentidos —que ya no eran los míos— quedaron en libertad. Y alcé mis ojos a la luz de tus ojos, y respiré en tus manos flores mojadas de estrellas perfumadas, y volví a oír con nitidez tu voz como una campana que resonara en cada fibra de mi cuerpo. Y abrí mis labios para musitar con piedad: «No insistas más con tu voz, no insistas más con tu música; aparta de mí ese cáliz de dulzura, pues podría enloquecer, que es peor que morir. Déjame que olfatee el paso de tu túnica. Déjame que solo sienta y vea y bese en este nuevo espacio al que tu voz me ha conducido, desde el que tu voz me llama».

En la luz
(El Parral, Segovia)

¿Hacia dónde, si no es hacia la luz,
nos conduce esta senda que enlosaron,
esta senda, ignorante de la Historia,
que serpentea por los pedregales
y asciende con sus cardos tan humanos?

Sentimos en la espalda cómo quema
esa hoguera de la ciudad antigua.
(Campanarios de oro, nombres santos
o salvajes, tantas palabras dichas
con sangre, o las escritas con cuchillos).

Cambiar el laberinto por la luz,
por esa pura luz que nos acoge
en el silencio del monte piadoso.
La luz, que es como un viento enmudecido,
como música blanca que arrancase
todo humano dolor, como un reflejo
de aquello que, intuyendo, aún no somos.
Quiero decir: de aquello que soñamos.

Graznidos hay por las peñas grajeras,
voces sublimes en los claustros fríos,
aromas de cipreses moribundos,
armonía en el templo circular,
cuevas con ratas y con ruiseñores,
estanques de agua oscura y piedra oscura.
Pero nosotros solo atenderemos
al límite del aire, a extraviarnos
por sendero enlosado, hacia la luz.

La luz que no desea que veamos,
ni que escuchemos, ni que nada oigamos.
La luz que asciende, con tus manos blancas,
hacia otra luz que huye. Y que nos ciega.

Los tres primeros poemas aquí recogidos en torno a la figura de María Zambrano —o mejor sería decir «en torno al *espíritu* de la obra de María Zambrano»— pertenecen a tres etapas muy concretas de mi poesía: la cultural, la metafísica y la humanista. El primero de los poemas, incluido en *Noche más allá de la noche*, apareció expresamente dedicado a ella en la primera edición de este libro. Luego, volvimos a comentarlo durante las lecturas periódicas que yo le había hecho, durante mis viajes a Madrid, de algunos de los cantos de este libro y también del nuevo que yo estaba escribiendo, *Jardín de Orfeo*.

Ella, de manera especial, había mostrado su predilección por el poema del templo pagano, el Partenón ateniense, aunque luego, cuando ya se publicó el libro, al ver el canto que yo le dedicaba a Juan Gil-Albert —el XXI, el que comienza «Ya me va despertando una sombra de pájaros...»— pareció preferir este, y así me lo hizo saber. Acaso porque en él yo aludía al doble sentido del *sueño* creador; pero ya era demasiado tarde para hacer cambios en las dedicatorias. En principio, ella se había fijado en el primero de los cantos porque el tema del templo clásico sintonizaba con aspectos muy vivos de su pensamiento y, de manera especial, era un tema tratado en *El hombre y lo divino*. Y es que el templo —concretamente el del Partenón— tampoco era para mí, tras mi visita a Grecia, «una lección de arquitectura» o «el osario de la historia», como yo decía; tampoco el lugar de la mera ruina, sino una especie de «geometría del alma».

El templo estaba también lleno de resonancias órfico-pitagóricas, en la medida en que aludía al número y a la medida, al orden del mundo. Hay por eso en mi poema una sutil crítica de la Historia —la de las fechas, los nombres y las sangres—, en contraposición a la intrahistoria de la *luz* como símbolo de símbolos, algo tan cercano también a la Poética zambraniana. ¿La definiremos así, con mayúscula, en virtud de su hallazgo de «la razón poética»?

El poema en prosa «La voz» es uno de los nueve cantos del poema de poemas «Jardín de Orfeo», recogido en mi libro del mismo título. Esa *voz* no es otra que la de la *llamada*, que comentamos páginas atrás, el fruto de las impresiones sentidas después de escuchar por vez primera la voz de María Zambrano por teléfono y a través de las ondas radiofónicas. Esta serie de poemas nacieron durante cuatro días que estuve recluido en el Parador de la Alhambra y en el Generalife de Granada. A veces me han preguntado por el origen de ese jardín «abierto para pocos», tal el de Pedro Soto de Rojas. No es difícil saber de qué jardín inspirador se trata cuando aludo a los muros que ciñen el Generalife, a su intensa vegetación aromada en primavera, al rumor de sus fuentes o de su Escalera de Agua, a la serenidad de sus estanques o a la sierra lejana nevada. Este poema se lo envié a María Zambrano cuando ella me pidió uno destinado al homenaje que se le iba a hacer en la galería Editart de Ginebra. Pero también apareció en el primer número de *Claros del bosque*, la revista de los jóvenes zambranianos de Sevilla.

Sí, detrás de ese muro concreto de los jardines, pero también de los del cercano monasterio sanjuanista de Los Mártires y del de las carmelitas descalzas, del que era priora Ana de Jesús, la «capitana» de sus prioras, según Teresa de Ávila; aquella mujer (acaso) a la que el poeta encontró un día «debaxo del manzano/ aquel» y a la que Juan le dedicó su comentario al *Cántico*; la que huyera de la persecución con los poemas sanjuanistas y favoreciera su primera edición, a Francia y luego a Flandes.

En los días granadinos, Juan de la Cruz termina su *Cántico*, iniciado en la prisión de Toledo. Pasó unos días en Beas de Segura, llevando ya consigo, según los testigos, un «cuadernillo» con sus poemas, y siguió viaje a Granada. Se dice que aquí llevaba colgada siempre de su cinturón la llave del huerto para abrir la puerta, adentrarse en el campo y sentarse y contemplar con mayor libertad la cima de Sierra Nevada. Así que «La voz» pretende ser un poema que desea renacer a muchas otras voces iniciadas, y a través de la palabra, a lo interior absoluto. Recuperación en este texto de las *nadas* fértiles, del *vacío* lleno, del *no-ser* que es el *ser* esencial. Renacer que se da en la Aurora —tema tan de Zambrano—, término expresado también con mayúscula.

«La voz», transmitida con medida y música, alude, sí, a la de la autora, que una vez más llama a la armonía del ser y del mundo desde la armonía del «paraíso abierto para muchos, jardines abiertos para pocos». El poema en prosa anterior de esta serie («Las dos Gracias») —representativas de los «ideales de Verdad y Belleza»— y el posterior («La Unión») —término vinculado a la simbología mística por medio de imágenes alegóricas, nacido junto a la «Escalera de agua» y su fresco rumor en el silencio del Generalife— completan la significación del poema que he comentado. Y es ese rumor del agua en el silencio el que unifica los contrarios, incluso los más agresivos y belicosos.

El tercero de los poemas aquí recogidos pertenece a un libro mío muy querido, *Los silencios de fuego*, que abre la trilogía que completan *Libro de la mansedumbre* y *Tiempo y abismo*. En el poema titulado «En la luz», los espacios son claramente los de Segovia, y los de la orilla de uno de sus dos ríos, el Eresma, así como los de la cercanía de otro monasterio, el de El Parral; espacios muy especiales, tan de María Zambrano, pues no en vano la escritora pasó en ellos, como acabamos de ver, los decisivos años de su infancia y de su adolescencia. Espacios que conoció bien, que paseó y vivió junto a familiares y personas amadas.

Este poema lo escribí en unos momentos y por unas razones que nada tenían que ver —¿o sí?— con Zambrano. Pero ¿cómo rehuir entonces la *atmósfera* de aquella vivencia, lugares que responden a nombres muy concretos, que también son geometría y geografía del alma, y en donde, por encima de ellos, aletea de nuevo san Juan de la Cruz, la senda por la que él ascendía a la ciudad alta? Y al lado del río y bajo el altivo Alcázar, su monasterio y la tumba barroca y desproporcionada. Antes, sus restos habían reposado en un austero y reducido hueco en el suelo del templo. Detrás del monasterio, las cuevas y las «peñas grajeras», esas grutas en las que ya he dicho que yo siempre imaginé las «subidas/ cavernas de la roca» del *Cántico* sanjuanista. Aunque también podían ser las cavernas de los días que pasó en Pastrana, cerca del palomarcillo cuyas paredes había decorado con sus pinturas fray Juan de la Miseria, el mismo carmelita al que le debemos el primer retrato de Teresa de Ávila.

Aquí, de nuevo, en estas laderas que descienden hacia el monasterio de Santa María del Parral, la luz ya es todas las luces, esa *luz* que es el símbolo central de mi poema. Y de nuevo el tema del ascenso y del descenso por la ladera rocosa, aromada por plantas silvestres, que no es cualquier ladera; abajo, el río que fluye, y arriba, la ciudad con sus callejas, el Alcázar y su mirador, también de profundas resonancias amorosas zambranianas y machadianas. María Zambrano describiría mucho mejor, y con una hermosa prosa, ese paraje donde nació mi poema:

> Hay una tierra amarilla abrasada por un fuego, que no es el sol, que parece nacer de ella misma, y sobre ella una ciudad pequeña que también tiembla. Por una ladera, desde la más alta roca, baja un camino zigzagueante bordeando la antigua muralla intacta […]. Desciende el camino luego entre altos olmos y pasa sobre el río —un río verde y sosegado hecho a espejar tiempos memorables— hasta parar en una alameda apacible coronada por rocas

que se alzan repentinamente; entre ellas mana, gota a gota, una fuente clara que forma el manto de una virgen renegrida por el tiempo: Fuencisla. Allá en la roca más alta, más pelada, más difícil, cuatro paredes y un tejadillo, con un ciprés plantado sin duda con posterioridad, en los dos metros de tierra que lo defienden de no despeñarse: es la casa de san Juan de la Cruz.

El poema «En la luz» lo escribí muy cerca también de los días en que se celebraron las jornadas zambranianas coordinadas por las profesoras Marifé Santiago Bolaños y Mercedes Gómez Blesa. Los textos de aquellas intervenciones fueron recogidos luego en el volumen *María Zambrano: el canto del laberinto* (1992). Ya desde el título, la palabra parece hecha canto. ¿Y el laberinto? Acaso el de la vida del que se desvive, para el que a veces no siempre hay salida; o hay salida con extremadas dificultades, como acaeció en el caso de Zambrano. Dos años después, Marifé Santiago nos entregaría, con dieciséis láminas a color del pintor Ramón Pérez Carrió, los textos de *La llama sobre el agua* (1994).

El libro sobre el canto y el laberinto fue un avanzado entre los dedicados monográficamente a la pensadora y hay en él valiosas curiosidades, como la de que se abre con un texto inédito de nuestra autora, «De la derrota y del fracaso» (1945). Se trata de un breve ensayo cercano a la Historia, pero no a la cercana y cruenta, sino a la que el tiempo ya ha decantado: la de la romanización. En este doble proceso de un mundo que influye y que también se deja influir, afloran conceptos que ella posteriormente desarrollaría, como el del estoicismo, el temple senequista y, por supuesto, la piedad:

De España le llegaron a Roma algunos de sus mejores emperadores: Trajano, Adriano, Teodosio el Grande. Escritores como Lucano, Marcial, Quintiliano… Y el filósofo de estampa más imperecedera, Séneca el de Córdoba. […] Y estos emperadores y filósofos llegados del país vencido fueron portadores de algo que, en la derrota, se aprende mejor que de modo alguno: una cierta moderación, un límite puesto voluntariamente; el sentir en suma de que nada humano es absoluto. El sentido de la relatividad de todo lo que el hombre hace o goza. Y hasta la ironía, esa ironía senequista [...], pues esta sonrisa piadosa e irónica, nacida de la mirada que ve el conjunto de los asuntos humanos, es el tesoro que aportaron los largamente vencidos.

Un texto para ser leído cerca de los muros de la ciudad del Acueducto, en el que María Zambrano vuelve a su vez a leer, en el envés de la Historia, para ver cuanto en ella hubo de fecundo, hasta el punto de que los «largamente vencidos» fueron civilizados, pero también civilizaron. Sutil alusión a su propia vida en esa «derrota» y en esos «asuntos humanos» que la piedad armonizará. Doble sentido también del texto en la fijación de lo más concreto, la preciada lista de los hispanorromanos, pero también en esa «relatividad de todo», en la «sonrisa piadosa».

El canto del laberinto es libro que, además de los valiosos ensayos que contiene —Ramón Gaya, Leyra Soriano, Ana Lucas, Chantal Maillard, Luis Moliner, Jesús Moreno, Miguel Morey y Ortega Muñoz, junto a los de las coordinadoras—, contiene también una parte gráfica, la aportada por cuatro pintores que, de una u otra forma, estuvieron o han estado posteriormente muy cerca de María Zambrano y de su obra: Jesús G. de la Torre, Eugenio Concepción, Ramón Pérez Carrió y Ramón Gaya. Pérez Carrió presentó una exposición zambraniana de homenaje solo un par de meses antes de la aparición del libro. De la pintura de Jesús de la Torre —tan unido a la ciudad de Segovia y por amistad familiar, antigua, cercano a María Zambrano— había escrito ella en su texto «Cielos pintados» que era una «aventura ganada en la luz». Para mí supuso también un temprano don colaborar en ese libro nacido de la luz auroral de Segovia y de mi paseo a mediodía por la ladera rocosa, aromada de plantas silvestres y conducido por no sé qué mano invisible.

Sí, la *luz* de nuevo, la que había dado título a mi poema como símbolo perenne en la pintura y en ese poema, también en Segovia nacido, ladera arriba, recitando aquel día en mi interior los versos del Amado y de la Amada, soñando que esa mano invisible me guiaba por la ladera desde la luz hacia otra *luz*. Sí, fue allí, en aquel punto de la ladera, entre la ermita de planta dodecagonal de la Vera Cruz y el monasterio de El Parral. Dodecágono que es círculo para la mirada de la filósofa. Círculo que, a su vez, representa un poderoso símbolo de Unidad, pues es *centro* orientador para quien lo contempla —dudando o sufriendo, enamorada— desde los altos del mirador del Alcázar: «El templo y el espacio circular que su presencia traza es como un pensamiento [...]. Mas el Templo está allí, centro que alude a un misterioso centro y así queda rescatado». ¿Pudo María Zambrano, en los días enamorados, encendidos, de su primera juventud, padeciendo la angustia de la ausencia, pronunciar en este mirador el arranque del *Cántico* sanjuanista: «¿Adónde te escondiste,/ Amado, y me dejaste con gemido?». Sin duda.

El tercero de mis poemas, «En la luz», y los parajes que acabo de nombrar me remiten a ese otro texto tan especial de Zambrano sobre la ciudad: *Un lugar de la palabra. Segovia*. Ahora, con el cambio de las horas, el amarillo abrasador parece haberse mutado en un blanco cristalino, en una esfera que contiene a la ciudad y a sus campos, incluso con la llegada de la noche:

Una esfera cristalina contiene la ciudad sin aprisionarla, ni sustraerla a su destino humano. Un cristal que se siente formarse por la luz y por la pureza del aire. Y cuando es de noche, aun oscura, se siente el cristal, como si a esa altura comenzara la región del universo en el que la tierra termina y el cristal comienza, frontera entre dos materias.

Hay en fin un cuarto poema mío —en él dialogan directamente protagonistas y contenidos zambranianos— que acaso sea el más contundente y claro en este sentido. Es un texto extenso, un poema de poemas y editorialmente autónomo, hasta el punto de que yo en mi interior así lo considero. Fue escrito en 1990 —un año antes de la muerte de María Zambrano— y apareció en Visor cerrando la tercera de las ediciones de mi poesía reunida, *El río de sombra* (1993). Desafortunadamente, ella ya no lo pudo conocer, ni siquiera esbozado, de habérselo podido yo mostrar. Eran ya los días de su aislamiento. Es, sin duda, el más zambraniano de los míos, porque la escritora es la protagonista central del texto. Me refiero a *La muerte de Armonía (Homenaje a María Zambrano)*. En este poema —en el que ha basado su ópera el compositor, organista y clavecinista inglés David Hoyland—, María Zambrano aparece netamente personificada en la figura de Armonía.

Esta figura unifica los contrarios, la eterna dualidad, a su vez representados por las figuras de Serena (la Razón) y Fulgor (el Corazón), entre cuyos extremos se debatió su vida y su obra. Hay en el poema dialogado otros cuatro personajes: la Doncella (nacido quizá pensando en Iovanna, su cuidadora), Nador (La «calle» inconsciente, lo que difama), Oscuro (un conmovedor familiar cercano, acaso Mariano Tomero; «oscuro» por estar en posesión del misterio de las situaciones) y el Poeta (Antonio Machado). El Coro completa, en texto y música, el conjunto, unifica a todos los personajes, cierra el poema y la ópera de Hoyland revelando mensajes absolutos:

La muerte de Armonia

De la ópera de David Hoyland, *La muerte de Armonía*
(*Homenaje a María Zambrano*), sobre texto de Antonio Colinas

La muerte de Armonía

(Homenaje a María Zambrano)

Armonía
Serena (la Razón)
Fulgor (el Corazón)
La Doncella
Oscuro (la Sangre)
Nador (la Calle)
El Poeta
Coro

La doncella

Hay frío fuera, pero aquí el sol
llena de oro la casa de Armonía.
Ya no se alza del lecho, ya no puede
hablar apenas. Mas es Armonía
aún y su memoria está despierta.
Ella hablaba despacio con Serena
cuando ha entrado Fulgor hasta su lecho.

Fulgor

Armonía, Armonía, ¿me conoces
aún? Ya he regresado. Soy Fulgor.

Armonía

Fulgor, Fulgor, contigo palpité
de niña en esa luz del limonero.
Yo subía y bajaba con los brazos

346

de mi padre y sentía el perfume
dulce y amargo de los frutos plenos,
discurrir por mi sangre la poesía.
Fulgor, también tú acudes a esta hora
de dolor con la luz. Mira, Serena,
es Fulgor, con quien tanto he gozado
y sufrido. Su nombre es Serena.
¿La conoces, verdad? Ella estuvo
y ya está en la otra orilla de mi vida.
¿Y tú, Serena, sabes de Fulgor?

Serena

Le he visto y le he amado y he huido
toda la vida de él, pero qué bello
este encuentro de ahora en el dolor
de ti, Armonía, en la luz cansada
del tiempo, de tu tiempo detenido.

Fulgor

¡Qué bien te he conocido! ¿O te he soñado?
Serena, eres tan bella y fugitiva,
me turba tanto tu alma en equilibrio,
tu contención, que nunca poseí.
Sin ti no somos nada, pero ahora
aquí estás con belleza y con verdad.
Mas temo que este sueño de tenerte
tan cerca y tan hermosa se me escape.

Serena

También yo a ti te amé y fui fugitiva
de tu verdad esquiva, apasionada.
Sin ti no fui completa y en tu ausencia
soy estéril, soy mármol duro y puro.
Fulgor, Fulgor, si mi razón pudiese
dormir sobre tu pecho, si mi mármol
palpitase en tus hojas y en tu fuego;
si lo que supe y sé alma tuviese
de ti, Fulgor, o poesía en llamas.
Mas el dolor con ella nos convoca.
Esta madre tan nuestra está cansada
como la luz que filtran las acacias.
¿Nuestra madre? ¿Acaso no será
ella hija nuestra, ser vivo y sintiente,
y pensante, agobiada por mi mármol,
ardida por tu fuego. ¿Madre e hija?
¿Dónde está la verdad en esta hora
en que hoguera es la sed, llama la muerte?

Armonía

Bien sé que os conocéis. ¡Os he hablado
a los dos tantas veces; tantos años
con vosotros sentí y he razonado,
tantas veces luché para fundiros,
razón y corazón, razón-poesía,
para ser vuestra madre, para ser
vuestra hija y sentirme yo armonía!
Armonía, armonía, la palabra
turbadora, Serena, la palabra
clave para el vivir, Fulgor amigo.
Huérfana siempre de aquella armonía

de luz y limonero en el aroma
de mi sangre de niña. Armonía,
¿dónde estás?, ¿dónde estoy? Aún me llamo
a mí misma y no puedo conocerme.
Siempre pesaron mucho estos huesos,
esta cárcel del cuerpo, esta lágrima
de gozo o de pesar que nunca cae.
Sangre y guerra han pesado en estos huesos.
¡Qué dolor tan agudo el cuerpo-piedra!
Como mole de piedra hoy mis huesos.
¿Y el alma? ¿Acaso va a escapar mi alma
con la luz a la Noche que es la Luz?
Oscuro, Oscuro, ¿otra vez ausente?
Acaso tú —durmiendo— sabes todo.
Hoy no hablaremos más, razón, Serena,
pues Fulgor, sentimiento, ha venido.
Tengo sed, siempre tuve una sed
que no es tal sed. Oscuro, Oscuro, busca
aquella carta en que tembló la sangre
de este país, el dardo de la ausencia.

Oscuro

¿La carta del amigo de tu padre?
¿La carta del poeta? Yo no sé
si podré dar con ella. Estaba, estaba
por aquí. Voy a ver. Ana, no hay luz
en esta casa. Alumbra y buscaré.

Armonía

Oscuro duerme y vela, es como un niño.
Fluye, va y se detiene: es mi sangre

349

y mis ojos, y un poco mi memoria.
Oscuro, como niño, poco sabe.
Y, como niño que no sabe, sabe.
¿Soy Armonía aún?, ¿acaso está
el secreto más hondo en el silencio
o en fundir la razón y el corazón?
¿O quizá solo basta esa inocencia
de Oscuro, ese ausentarse y no saber?
¡Dormir y no saber sabiendo todo!
¡Quién pudiera, otra vez, ser solo niño,
manantial renaciendo en lo secreto,
rumor de un agua bajo ruiseñores,
leve rumor en soledad de ruinas!
Pero ¿cómo ser niño aún? La guerra
y estos huesos me pesan, y esta sed
que no calmo, y la calle, esa calle:
los otros que me hablan y confunden.

Nador

Nada eres tú sin mí en esta hora.
Vivieras o soñaras, ¿qué es tu sangre
sin mi eco en esta tarde moribunda?
Tú lo has dicho: eres huesos que se duelen,
eres sangre cansada y eres piedra.
Otros gozan por ti la plena fama
mientras sientes la sed de esos dos seres.
Serena y Fulgor: pensar, sentir.
Por eso ¿para qué?, ¿para qué vale
esa eterna ansiedad en la que ardiste?,
¿para qué tanta hoguera en tu escritura?
Y más tarde esa especie de locura
de estar fuera del mundo, fuego vano.

Armonía

¿Dónde está el mundo y dónde está su centro
y su afuera? Yo nunca lo he sabido.
Hermosa es la locura de los justos.
Locura es ser en lo que debo ser,
abrir cielos en sangres condenadas,
abrir luz en la noche del dolor.
El loco vio la luz y paga un precio,
abrió cielos en sangres sentenciadas.
Locura es ser en lo que debo ser.
Vi la luz bajo un árbol y el aroma
me turbó siendo niña, y los sueños
trastornaron mi vida para siempre.
Soy algo más que sangre y que dolor,
aunque la calle no lo quiera así.
Por mi herida respira el limonero
de los sueños, mi carne no es mi carne.
Sé bien que hay otra luz, la veo arder
detrás de la agonía de los límites.
Siempre hablando, Nador, siempre tu voz
en mi ser como llaga; tengo sed
de silencio y olvido en esta hora,
mas tú hablas demasiado, y qué exaltado,
qué agresiva es razón sin corazón,
cuantas palabras llueves en mi muerte.

Serena

No escuches, Armonía, no le hables.
Calla en paz y no pienses en Nador.

Fulgor

Regresa al limonero de tu infancia.
Siente la fuente del jardín umbroso.

Serena

Tu palabra fue savia y fue una luz.
Las palabras airadas de Nador
no te turben, pues son como las llagas
que se entreabren: cristales que nos llueven.

Fulgor

Tu palabra ha encontrado ya su centro.
Ruiseñor la palabra en ti, Armonía.
Ruiseñor tu silencio frente al muro
que, fuera, cerca tu jardín, tu voz.
Cierra el muro tu muerte con la muerte.

Serena

Decantará este tiempo su verdad.
Lo has dicho todo y todo nos lo has dado
con verdad y belleza, que no caiga
una lágrima más de tus dos ojos.

Fulgor

Respira y calla, pues todo es silencio.
Que la palabra-piedra en brava roca

se estrelle; que en tu lago, tras la piedra,
las ondas se remansen, sea cielo
tu vida de otros cielos más distantes.

Nador

Qué inútil enterrar ira que sale
de las bocas ajenas, siempre habrá
esa voz de los otros corroyendo
la voz de los poetas, los guijarros
de los que siempre niegan arrojándose
contra las lunas, contra ruiseñores.
Por eso, ¿para qué buscar la carta
del poeta, la carta que naciera
del dolor y la guerra, del delirio?

Armonía

En ella aquel poeta siembra sueño.
Otra vez el poeta me despierta
la memoria infantil, la buena sangre
de mi padre en mis manos, noches frías
y bellas de Castilla en otras horas.
El poeta ha aliviado mis heridas.
El verso es la palabra que redime.

Coro

El verso es la palabra redimida.
Respirar la palabra como el pecho
respiró aquel aroma de la infancia,
como suena en oído manantial,

como mano de padre va y se posa
en la mano de la hija que se abisma.
Respirar la palabra como aroma.
El verso dicho es verso respirado.
Inflamación la música del verso
en pecho y sangre que nos diviniza.

Oscuro

Aquí la carta, la palabra herida,
la sangre resecada de la Historia,
la guerra solo como un ramo seco
de palabras, la sangre cainita
se olvida y se enciende en estas líneas.

El poeta

Qué duro es comprender en la frontera
del exilio y la muerte que la vida
solo es aquel aroma de la infancia
—¡también de limonero, como el tuyo!—,
un paseo de noche hasta el Alcázar
de Segovia de mano de la amada,
«en secreto, que nadie nos veía».
Todo cuanto fue bello y verdadero
nubla el sol de la sangre fratricida.
¡Cómo vence el amor toda la guerra!

Serena

Si imperase razón en este mundo.
Si el hombre solo fuera una estación

más del año que en otras aprendiese.
Si imitara el hombre ciclos, signos,
de la naturaleza, si flexible
fuera como los juncos bajo el viento,
blando como las aguas que penetran
el más cruel y tenaz de los peñascos.

Fulgor

Si amor temblase en labios y en palabras.
Si amor se irguiese recto como tú,
Serena, si en tus ojos y en tu paz
de pozo se arrojaran odios, iras.

Armonía

Ya regresa el dolor, siento la ola
del dolor ascendiendo por mi espalda.
Esa luz es dolor, me dolerían
también esas palabras. Deja, Oscuro,
la carta donde estaba, donde tú
sabes bien que murmura mi memoria.

Nador

Nada es palabra cuando el dolor hiere.
Y, sin embargo, fuera, las palabras
llenan el mundo, siembran oro y gloria.
La palabra se merca y se transforma,
se cambia, y vende, y brilla, y hay sonrisas.
Hoy la fama no sabe del dolor.
Hoy la fama no sabe de tu luz.

Coro

La palabra, el dolor, son dos cuchillos.
Cuando brillamos, hiere la palabra,
mas es ella divina musitada
en soledad: nos da la paz sublime.

Armonía

Palabra es una sombra y una luz.
Me dio sed la palabra y me sacié.
En bosque de palabras me he perdido.
Como olas, las palabras me han salvado
del naufragio infinito en esta playa.
Las palabras de quienes me enseñaron
son lágrimas que aún lloro, pues que siendo
distintas revelaban mi verdad.
Mis palabras herían, siempre hiere
la palabra que es nueva en nuevos labios.

Serena

Descansa, duerme como niña. Mira:
Oscuro ha ido bebiendo de la luz
del ocaso y ha vuelto a adormecerse.
Yo estaré aquí sentada ya a tu lado,
solo con mi silencio. Calla, duerme.

Fulgor

Quien ama mucho siente sed de amor.
¿El amor es por muerte consumido?
Sangran de amor tus venas, no retorna
a ti todo el amor que de ti mana.
Amor total ya no es de nuestro mundo.

Armonía

Amor no-ser, amor como extravío.
En mis labios ya siento las palabras
también extraviadas; todo es
sonámbulo en mi pecho, todo es noche.
Adiós, Serena, agua de mi infancia.
Adiós, Fulgor, jardín encadenado.
Reverbera la luz en mi cerebro.
Reverbera la luz en mi honda noche.
Por ser noche, ya soy flecha de luz.

A propósito de una entrevista

Como ya he afirmado, en algunas ocasiones personas interesadas en la obra de María Zambrano me han escrito para solicitarme copia de la entrevista que grabé con ella en el verano de 1986, cinco años antes de su muerte. La entrevista no está inédita. Fue aprobada y celebrada por ella a su aparición en la revista *Los Cuadernos del Norte* (n.º 38) y luego la recogí en mi libro *El sentido primero de la palabra poética* (Ediciones Siruela, 2008).

Ahora la vuelvo a recoger aquí ampliada en algunos puntos y acompañada de notas que pueden ayudar a comprender mejor esta visión global que he dado de la autora, siempre desde el conocimiento y de la amistad que con ella mantuve. Sus palabras —significativas por ser pronunciadas y recogidas muy poco antes de su muerte— serán complemento de cuanto por extenso he procurado exponer en este libro: hacer la semblanza de mi relación con ella y proporcionar algunas de las claves de su obra, sobre todo las de su fidelidad a lo sagrado, lo espiritual y lo trascendente, siempre desde su actitud tan heterodoxa como innegable.

Sin embargo, esta entrevista, con haber tenido su resonancia previa, no siempre aparece en las bibliografías generales sobre esta autora, y de ahí las dudas en torno a ella y al interés que sigue despertando. También a veces se citan fragmentos, pero sin señalar la fuente, o haciéndolo de manera equivocada. Fue esta una de las tres o cuatro entrevistas que concedió María Zambrano en sus últimos años, siempre tan reacia; pero acaso su carácter monográfico —centrada en el tema de la *Iniciación*— hace de ella un texto extremadamente significativo para el conocimiento de su pensamiento *esencial*, de su forma de ser y de sus claras e irrenunciables creencias en sus días finales. Y para ver, sobre todo, de qué manera ella conduce sus declaraciones hacia las raíces grecolatinas y cristianas de su pensamiento, hacia los autores que amó. Nada hay en ellas de un pensar unido a la razón sistemática, sino que resultan inspiradas por libres y libres por inspiradas.

Esta entrevista es también significativa porque fue recogida en unos momentos claves, los de la madurez plena de la autora, poco antes de morir. No le eran ya necesarias las razones ni los condicionantes históricos e ideológicos del pasado, o la ansiedad por el regreso a España, o su estancia ya en Madrid. Es una entrevista sincera y valiente, *en los límites,* porque muy pronto, enfermedad y muerte vendrían para cortar radicalmente esa lucidez y esa plenitud que de manera tan maravillosa se transparentan en sus palabras sencillas. (Su salud ya estaba amenazada de muerte desde sus días en Ginebra, como le habían dicho los médicos a su primo Rafael Tomero, al darle ya entonces solo un año de vida. Sus problemas de salud se habían centrado en su ceguera y en la posterior operación en Ginebra, pero padecía males físicos más agudos).

Fue también el nuestro un diálogo significativo porque, satisfechos los dos con la primera parte del mismo, en ella se dio el deseo de continuarlo con una segunda entrevista, y así me lo hizo saber. María Zambrano, tras leer la trascripción, revisarla y verla publicada, se había mostrado feliz y, en un nuevo encuentro, me expresó su deseo de que la entrevista tuviera una continuación. De hecho, la primera de las entrevistas, la habíamos tenido que suspender debido a la fatiga que ella ya mostraba, pero hay que reconocer que, aunque bruscamente, se cerró con un idea tremenda: el *iniciado* se veía forzado a no hablar porque, tarde o temprano, se veía «crucificado» (puntualizó ella) por la Historia. «Es el Ecce

Homo». El *silencio* estaba destinado, pues, a ser —debía ser— el tema de nuestra segunda e imposible conversación.

Mi alejamiento de Madrid, cierto «cerco» (se ha dicho) al que la autora fue sometida en los últimos días de su vida y, sobre todo, su avanzada enfermedad no hicieron posible la grabación de esa segunda parte de nuestro diálogo. Aun así, nos volvimos a ver por última vez para intentar grabar esa segunda entrevista imposible. María Zambrano estaba ya del otro lado de la «ladera». Progresivamente, enfermedad y muerte fueron llevando a la autora de *El hombre y lo divino* lejos de su mejores amigos. Se iba, se fue ella, pero nos ha quedado su memoria imperecedera en numerosos signos: los recuerdos imborrables de los sucesivos encuentros, las cartas, esos amigos comunes, sus gestos de generosidad y de atención, la imparcialidad de su pensamiento, su afán de trascendencia y, sobre todo, su obra; una obra abierta y fértil a la que ahora lectores y estudiosos se aproximan con libertad, sin que ya quepan ocultaciones o interferencias.

He creído conveniente seguir avivando con este libro la llama de su memoria fiel y para ello nada mejor que volver a rescatar esta entrevista de la que he venido hablando. La obra de María Zambrano se irisa y nos enriquece en muchos sentidos; creo que, de entrada, sintoniza muy bien con la estética de lo *bello verdadero*, pero también con esa cadena iniciática en el tiempo de tantos y tan queridos autores que la precedieron y que ella me recordó. En un artículo que publiqué en *Revista de Occidente* (septiembre de 1986, n.º 64), me atrevía a considerarla el último «eslabón» de una «cadena», a lo largo del tiempo, de iniciados:

Como los neoplatónicos, como los místicos, como los románticos primordiales, María Zambrano ha sabido encontrar el extraviado hilo conductor de un conocimiento pleno, de una verdad que comparte por igual los hallazgos del sueño poético y los de la reflexión meditativa [...]. Su mensaje aspira a ser la síntesis iluminada de un sentir y de un razonar y, a su vez, la actualización de cuanto tantos y tan valiosos autores habían dicho antes a lo largo del tiempo.

Por eso, deseo volver a recoger esas palabras últimas suyas; unas palabras con radical afán trascendente y escépticas ante la mera y ciega razón; es decir, una palabra amante de la libertad de sentir y de conocer y de reconocerse, también como cristiana. Hoy, en su obra, solo nos recreamos y en ella reencontramos nuestra propia libertad, pero no por ello renunciamos a las raíces de la memoria. En mi caso concreto, debo volver a remontarme a aquel mes de mayo de 1983, cuando nos encontramos por vez primera en Ginebra. Antes, había habido ese otro conocimiento en la distancia, desprovisto incluso de palabras directas, pero que ella me había subrayado muy bien en una de sus llamadas telefónicas: a veces, las personas se podían haber conocido previamente sin haberse visto, por simple *sintonía*. ¿O, si no, por qué otras misteriosas razones?

Así que miento al decir que todo partió de mayo de 1983, cuando en realidad todo había brotado de aquella frase suya, ya recordada, de 1981, cuando ella inició una de nuestras conversaciones telefónicas con la frase, para mí todavía estremecedora: «Usted y yo hace ya mucho tiempo que nos conocemos». Y si existía ese conocimiento previo, secreto, inaprensible, ¿no partiría en realidad todo de mucho antes? ¿De cuándo? ¿De dónde? Solo se me ocurre pensar ante estas preguntas en la afirmación de Pascal: «El corazón tiene razones que la razón no entiende».

Ahí en mi memoria descansa vivo, real, como referencia primera, el viaje a Ginebra, aquel primer encuentro nuestro. Luego, la amistad se fue intensificando, precisamente con su presencia más cercana, con nuestros encuentros en Madrid, tras su regreso en noviembre de 1984 y con la facilidad de las llamadas telefónicas, aunque siempre teníamos por medio la mar; esa mar, ya lo he dicho, que ella siempre me recordaba en cada llamada como una obsesión, como límite o frontera de infinitud, acaso como presencia de lo tenebroso que se aproximaba.

Ella ya estaba entonces lejos de su bosque y me preguntaba por mi bosque de la isla; estaba ya en los límites de otro bosque en el que ya no había *claros* y del que no se regresa. Fue en esos momentos de encuentros en Madrid, de despedidas que se sospechaban definitivas, cuando surgió *Sobre la iniciación*, la entrevista que —ampliada en algunos puntos y revisada respecto a ediciones anteriores— rescato a continuación. El lector que ya la conociera puede apreciar que aparecen en ella nuevas opiniones sobre las estatuas de la isla de Pascua o sobre personajes como Louis Massignon o Mircea Eliade.

Al aludir a este último recuerda en nuestra conversación su encuentro con él «en París». ¿Se vieron también en esta ciudad? Lo digo porque solo tengo constancia de su encuentro con Eliade en la antigua abadía cisterciense de Royaumont, a unos treinta kilómetros al norte de París, durante el encuentro, al que ya hemos aludido, en torno al tema «Los sueños en las sociedades humanas». Como en el caso de Cioran, el encuentro con este nuevo exiliado de la Rumanía comunista denota ese antisectarismo zambraniano que hemos venido señalando y que, en la etapa inmediatamente posterior al fin de la guerra civil, la llevó muy conscientemente en ella a dar prioridad a la amistad y a la sintonía intelectuales frente a la política.

Sobre la iniciación
(Una conversación con María Zambrano)
1986

María Zambrano ve la última luz del ocaso madrileño como una cicatriz sobre los tejados de la gran ciudad. Una cicatriz verdosa y dorada a un tiempo que es como el resumen de toda la luz, de toda su vida. «Esa luz, esa luz...», repiten sus labios mientras la contempla. En esta tarde ardorosa de primeros de mayo la vida de María Zambrano se mantiene —como la cuerda de un arco— tensa y lúcida entre dos extremos: el de esa luz última del ocaso y el de unas fotografías de su primera edad, que descansan a su lado, sobre una mesa, junto a la habitual taza de té, que se le ha enfriado. Me espera con esa media docena de fotos que desea que yo vea y que han sido claves en su vida. Para mostrármelas, ella las remueve y selecciona, de vez en cuando, con las yemas de sus dedos, delicadamente, sonriendo levemente.

—*¿Qué edad tenías aquí, María?*

—Seis meses. Quizá ya por entonces hacía yo un *viaje* en brazos de mi padre; un viaje que iba desde el suelo hasta la frente de mi padre. Eso ha sido decisivo para mí. Yo no podía ir ni más arriba ni más abajo. Era *mi* viaje, *mi* ir y venir.

—*Hay un testigo de esos viajes, un limonero. ¿Qué importancia tiene ese árbol?*

—El limonero no es el de la fotografía, que está hecha en un estudio. El limonero estaba en el patio de mi casa natal, en Vélez-Málaga. Mi padre me subía hasta sus ramas y yo recuerdo la sensación de los frutos rugosos y del perfume en mis mejillas.

—*El limonero podía ser, en cierta medida, «axis mundi», un eje sagrado.*

—Tal vez, tal vez. Es algo muy importante en mi vida. Mira, esta también soy yo, a los dos años, vestida de gitanilla.

—*La persona de tu padre supone mucho en tu vida.*

—Sí. Él va también unido a mi nacimiento. Si en nuestras vidas cuenta la muerte, es porque es como un último nacimiento visible, un nacimiento a medias. A medias, porque, en esos instantes, de un lado todavía está la vida; del otro, la muerte.

—*Tú has hablado, en concreto, en alguna otra ocasión, de que estuviste «muerta» y de que sufriste luego una especie de renacimiento.*

—Sí, sí. Tenía cuatro años y lo recuerdo muy bien. Me desperté…, me despertaron después de unas horas. Estábamos en un pueblo de Andalucía y el médico no pudo acudir de inmediato. Me acompañaban mi padre y una tía mía, María, que era muy beata. Ella dejó una gran huella en mi niñez, porque yo me sentía muy feliz en la iglesia; me sentía feliz rezando. Por tanto, yo me sentía dichosa yéndome de este mundo. Porque este mundo no lo he aceptado del todo. Y si lo he aceptado (y con ello la Historia) es pensando en aquellas gentes que, como Juan de la Cruz, lo aceptaron. Por tanto, si en este planeta ha vivido Juan de la Cruz, también yo tendré que vivir. Hasta que Dios quiera. Ahora bien, yo nunca creí que fuera a vivir tanto; yo no creí que iba a vivir tanto…

—*Podríamos decir que esta vida larga que se te ha concedido es signo de algo, síntoma de que has vivido dentro de un cauce, en equilibrio. De que has vivido en armonía con algo o con la totalidad…*

—Así lo he procurado.

—*Crees, por tanto, que esta larga vida es un don que debes al equilibrio interior y no solo a tu naturaleza física.*

—Mi naturaleza física ha sido muy débil. Yo nací medio muerta. Por eso tengo —no sé si lo sabes— dos fechas de nacimiento. Nací, en realidad, el 22 de abril de 1904 y mi padre estuvo más atento ese día a que su hija viviera o muriese que a inscribirla en el juzgado. Por eso, cuando él, tres días después, fue al juzgado, dijo la verdad sobre mi nacimiento. Y esperaba que le multaran, porque ya había pasado el tiempo de la inscripción. Entonces le dijeron —esto era en Vélez-Málaga—: «Firme usted aquí». Y él firmó sin saber que registraba la fecha del 25. «¿Pero la multa?», dijo él. «Ya se la mandaremos a casa», le respondieron. Y como la multa no llegaba, mi padre fue al juzgado otra vez. Entonces le dijeron: «¿Pero a un caballero como usted le vamos a poner nosotros multas?». Entonces, la niña había nacido el día 25 y la cosa ya no tenía arreglo. Y a mi padre, que por aquellos días era anarquista —anarquista de «guante blanco», inútil es decirlo—, le resultó insufrible esa injusticia; una injusticia que no dañaba a nadie.

—¿*Declarar que la fecha de nacimiento de su hija era otra?*

—¡Claro! Le hicieron declarar la fecha del 25, la que suele publicarse. Pero la real es la del 22. Por eso, algunos amigos íntimos, que lo saben, me felicitan en esta última fecha.

—*Volviendo a esa armonía que te ha ayudado a vivir. En buena parte, te la ha proporcionado el bosque.*

—Bueno, si me la ha dado el bosque es porque yo ya la tenía.

—¿*El bosque era solo un espejo?*

—Era el encuentro con mi lugar. Yo me he sentido mal en todas las partes. Y la primera de todas, en mi cuerpo. A mi cuerpo lo he tratado con muy poca atención.

—¿*Crees que el cuerpo es una cárcel para el ánimo, como ya ha dicho más de un filósofo?*

—Sí. Y como cárcel lo he aceptado. De esa manera, con resignación. Y, al mismo tiempo, con ternura. He aprendido a mirarlo con ternura, a mirarlo con amor. Pero más a través del cuerpo del mundo, como si el alma del mundo tuviera como cuerpo el universo.

—¿*Cómo se da la iniciación en ese cuerpo universal?*

—La iniciación se hizo hace ya tres mil años. Yo he dicho, en mis discusiones con mis amigos taurófilos, que yo no necesitaba ir a los toros, porque lo que tiene esa fiesta de ritual y de iniciático no es nuevo. En los orígenes, era una especie de bautismo. En Roma se conservan aún recintos destinados a ese fin. La sangre del toro caía sobre la cabeza humana. Esa era la iniciación, aunque las cosas vienen de muy atrás, como he dicho. Esa era la verdadera *comunión*. Porque toda verdadera iniciación es *comunión*. Y si no hay *comunión*, no hay iniciación.

—*El toro está en los orígenes de no pocas mitologías. En Grecia, por ejemplo...*

—Sí, el Minotauro. Y Ariadna, la verdadera protagonista. Ariadna, que es la memoria iniciática. Quizá la misma que conducía a mi hermana por ese otro laberinto que es Venecia y del que ella tanto gustaba. La versión moderna de los toros no la quiero nombrar. Me quema los labios.

—*Pero también había sangre en los orígenes...*

—Sí, pero debía de servir para algo. Porque la iniciación da sus frutos. La iniciación era algo ligado a los misterios de Mitra, del Sol. En la Via Appia de Roma hay una maravillosa estela que a mi hermana y a mí nos gustaba contemplar. La estela representa a un joven adolescente desnudo. Solo lleva una especie de capa sobre sus hombros. En una mano tiene algo parecido a una antorcha. Y parece como si la tendiera para dar o recibir luz del sol. Ningún desnudo me ha parecido tan alejado de la exhibición como aquel. También aquel desnudo era iniciático y misterioso. A nosotras nos gustaba detenernos al lado de aquella estela, e incluso un día nos sorprendió la policía. Teníamos por costumbre recoger los restos de los paquetes de cigarrillos y de colillas que había por allí y hacer con ellos una hoguera. Era como una ofrenda. Ese día, el pequeño fuego se extendió y yo tuve que aplastarlo apresuradamente para que no afectara a los árboles que aún estaban vivos.

—*¿Y de Eleusis?*

—De Eleusis y de sus misterios apenas se sabe nada. Ese pueblo, el griego, tan parlanchín habitualmente, supo guardar silencio durante siete siglos. Claro que de ellos nos hablaron Clemente y Orígenes, los que se hicieron cristianos, dos cristianos heterodoxos.

—*Quizá ese silencio que se guarda sea una de las claves, un aspecto primordial de la iniciación.*

—Sí, pero algunos disidentes supieron transmitirlos, e incluso los injertaron en la misa, o en los oficios de los monjes. Recuerda ese cordón que antes llevaban algunas órdenes religiosas, en vez de la correa. Sin duda representaba el cordón umbilical que unía a la madre. Es decir, es la salvación del incesto, totalmente transformado en filiación. El cordón señala la filiación, la filiación que salva de cualquier forma de incesto. Y de cualquier forma de barbarie.

—*La madre que, al mismo tiempo, representaba a la tierra, al cosmos.*

—La madre representaba, sobre todo, el alma del mundo. Hay que ir a Plotino para comprender este tema. A Plotino, otro iniciado. Hay, en todo caso, cosas que, más que comprenderse, se sienten.

—*¿No sucede esto con el orfismo?*

—En efecto. Yo la figura de Orfeo, más que verla, la siento. Orfeo es el mediador con los ínferos. Y eso sí que ha sido un gozoso y penoso descubrimiento mío: la mediación con los ínferos. Yo no creo que se pueda ascender sin dejar algo abajo. Por eso he aceptado el escribir, y el hablar, y el vivir la historia. Y la oración.

—*¿Acaso la oración es otra forma de música, de monodia?*

—La oración va más allá de todo. Puede atravesar las mismísimas esferas.

—*Pero en aquellos tiempos míticos hay otros viajes trascendentales, como el que nos describe Homero...*

—El viaje de Ulises es decisivo. Sin él no habría cultura en Occidente. Según la tradición, se dice que pudo estar inspirado por una doncella, Manto, que fue hija de Tiresias el adivino. Al parecer, ella también fue adivina. Virgilio la recuerda en alguna ocasión. Se dice, pues, que Manto inspiraba a Homero por las noches. De su nombre proviene, según la leyenda, el nombre de Mantua, la ciudad italiana. Todos los iniciados tienen necesidad de una ciudad, de un lugar. A veces les es más necesario este lugar que la palabra. Y mi padre era de esas gentes, de los que van buscando una ciudad. Y yo —su hija— también he ido buscando ese espacio ideal. Por momentos creí haberlo encontrado en un lugar del Jura, en La Pièce, donde viví más de diez años, pero lo destruyó el progreso. Siempre el ciego progreso. Mi hermana murió allí.

—*Perdiste, pues, ese espacio ideal...*

—Sí, ideal; pero, al mismo tiempo, un espacio habitable, habitado. Un espacio que quizá se puede hallar en tantos otros lugares. La ciudad, o el lugar de los dioses.

—*¿La Pasión cristiana fue el fin de la iniciación?*

—Yo he escrito sobre este asunto. Ahora no te lo podría explicar mejor. Una cosa sí sé: que ya desde niña me horrorizaban las procesiones de Semana Santa. Solamente había una imagen en Segovia que no me impresionaba. Y allí seguirá aún. Creo que era de Gregorio Hernández, un escultor maravilloso. Es el Cristo del Sepulcro. Blanco, blanco; el cristo blanco como una luna, como aquel del que habló Unamuno en *El Cristo de Velázquez*. No siempre estos cristos maravillosos de Gregorio Hernández se parecen a la persona de un condenado a muerte. Más bien representan a la Divinidad sacrificada. Esa Divinidad o Verdad superior que bastaría con que descendiera para convencernos. ¡Si hubiera sido la cristiana la religión del descendimiento...! Pero no. Tenía que ser la del sacrificio. Ahí tenemos a «los tres al pie de la Cruz», de Massignon. Él es cristiano, pero no español, aunque en España encontrara muchas de sus fuentes. España ha sido fuente de muchas cosas, pero que luego se logran fuera. El no discute nunca con Roma. Para nada. Al hablar de lo cristiano, lo hace de los tres al pie de la Cruz: María, san Juan, la Magdalena. El cristo realista de Montañés, con las heridas, los moretones, la sangre. España ha creído demasiado en verter sangre, en la necesidad de derramar sangre. Eso es terrible.

—*Y en España, ¿dónde podemos ver lo fértil, que no sea en la sangre que se derrama inútilmente en la Historia, en la rabia? ¿Dónde está el sueño de España?*

—El sueño de España siempre interrumpido... ¿Qué quieres que te diga?

—*Pero en España hay otras semanas santas que tienen otro sentido. Como la de Andalucía. Tiene algo de...*

—De todo, de todo.

—*Tiene un aire como más terrestre. En ella está menos presente el dolor.*

—Yo diría que tiene un aire primaveral. En cierto sentido, es la fiesta de la primavera. Fiesta iniciática por excelencia.

—*Sin embargo, suele decirse que España no es un país de iniciaciones.*

—No, no es país de iniciaciones; ni de iniciados. Yo diría, más bien, que es un país de místicos, y menos de lo que se suele creer.

—*De la misma manera, España es también menos romántica de lo que se cree.*

—No es romántica en absoluto.

—*Es realista.*

—Más bien. En España todo lo que es iniciático es de origen sufí, una herencia que se ha conservado a duras penas, como se ha podido.

—*Pero una parte de la mística cristiana ha bebido en el sufismo, aunque, en muchos casos, haya sido indirectamente.*

—Bueno, por lo menos la de san Juan de la Cruz, aunque quizá él mismo no llegó a ser consciente de ello. Y Molinos, también Miguel de Molinos.

—*¿Debemos tener presente la España de las tres culturas?*

—Por supuesto. La más iniciática es la árabe. Allá donde hay agua hay iniciación.

—*Y jardín.*

—Claro. La misma Alhambra es un monumento iniciático. Hay que saberlo recorrer. Y el Generalife, sus jardines. Pero, luego, también tenemos el *jardín interior*, como los que encontramos a veces en Castilla. Es, en cualquier caso, «el paraíso cerrado para muchos».

—*Estamos hablando de los místicos, pero nos hemos dejado atrás a Dante Alighieri.*

—¡Ah, Dante...! La *Vita Nuova* es el gran texto inspirado, iniciado. Mucho más que la *Commedia*. La *Commedia* está —yo no diría «manchada», es muy fuerte decirlo— habitada por la Historia.

Ahora bien, el espacio de la *Commedia* es como un cono en cuyo centro, abajo, se halla la criatura inmunda, Satán, el que descendió por la luz. Y ahí está la relación entre la luz y la gravedad. Por haber robado la luz cayó en el centro de gravedad. Para mí, esas vueltas que se dan en el poema de Dante, en las que se van examinando pecados y pecadores, son como un sacacorchos. Es como si, a medida que los seres van desprendiéndose de sus culpas, tuvieran que «mondarse» el corazón. Por eso, cuando llegan al centro, donde se encuentra la criatura inmunda, lo que le dice a Virgilio —¿o se lo dice Virgilio a él?— es que se dé la vuelta. Van a pasar del infierno al purgatorio. Y esa vuelta necesaria —la simple voltereta que dan los niños— es la iniciación. En ese momento se invierte el centro de gravedad. En vez de tenerlo hacia abajo, se tiene hacia arriba.

—*Pero ¿cómo dar en realidad, lejos de simbologías, esa vuelta?*

—¡Ah, si yo lo supiera…, la habría dado! Porque yo no creo haberla dado. Quizá lo primero que haya que hacer es estar exento, no hallarse atado. Porque el que está atado —como, por ejemplo, una estatua, un ser adosado o sujeto a una base— no puede darse la vuelta. Para darse la vuelta hay que estar exento, hay que haberse librado de todo cuanto encarcela.

—*Hablabas de la «Vita Nuova». Es curiosa la fusión que en este libro se da entre prosa y verso.*

—Es una maravilla, es el ideal. Ya he dicho que para mí es una obra que está por encima de la *Divina Comedia*. ¿Y qué decir de la figura de Beatriz en esas páginas? Ese *halo* del libro se sabe que proviene del islam.

—*Hay escritos sobre esa influencia.*

—Sí, de Asín Palacios, por ejemplo, el arabista español. Personalmente él era una persona muy cerrada, pero hizo grandes descubrimientos en este terreno. Él escribió *La escatología musulmana en la Divina Comedia*. Pero ya digo que la esencia de Dante resplandece más en la *Vita Nuova*.

—*Se puede hablar, en cierto sentido, de una forma de misticismo.*

—Bueno, en realidad el místico no sabe, ni quiere saber, ni puede saber. La máxima claridad de la mística está en san Juan, no en Santa Teresa. También está en Molinos, como ya hemos dicho, pero él no siguió el camino de la poesía. Aunque también escribió, y habló.

—*Él ha pasado a la historia como el gran heterodoxo.*

—Sí, pero lo mismo podría haberse dicho de san Juan. Hay páginas de Molinos y de san Juan —por ejemplo, hablando de las *nadas*— que son idénticas, y es probable que tuvieran un mismo origen. San Juan de la Cruz fue tan discreto que se murió a tiempo. Si llega a vivir dos años más, le hubieran quitado el hábito. Tuvo una gran discreción externa: la de saber morir. Además, como se sabe, su poema se publicó gracias a Ana de Jesús —primero en Burdeos y luego en París—, a quien está dedicado el comentario y a quien regaló dos ejemplares. En la primera edición de las *Obras completas* no aparece el *Cántico*. La edición francesa tuvo, por cierto, un prodigioso traductor.

—*También en el* Cántico *aparecen fundidas poesía y prosa, como en la* Vita Nuova.

—Claro, es otra vez la obra perfecta.

—*El comentario a los poemas, ¿coarta el texto o lo complementa?*

—Yo creo que lo complementa. Y que, a veces, hasta dice otra cosa.

—*Es, en cualquier caso, un deseo de fundir los géneros.*

—Y un ejemplo de unidad de pensamiento, que se da como rescate. Y de música, y de número, y de figura. Él lo expresó de manera sublime: «mira que la dolencia/ de amor, que no se cura/ sino con la presencia y la figura».

—*El caso es que ese tipo de «ansias» a veces se paga con la vida.*

—Ahí está Giordano Bruno. Porque, además, esta clase de saber produce una grande inocencia. Y, a veces, una grande imprudencia. El alquimista, el que encuentra la piedra filosofal (o está a punto de encontrarla), debe callar. Y llegar a tener una naturaleza rescatada. La finalidad no es el oro, sino el rescate de la aurora primordial en el hombre, de la naturaleza primordial.

—*Tú tienes un libro todavía inédito,* La Aurora. *¿En qué medida has ido en busca de esa naturaleza?*

—Yo siempre he ido al rescate de la pasividad, de la receptividad. Yo no lo sabía, pero desde hacía muchos años yo también andaba haciendo alquimia. La cosa comenzó hace ya muchos años. Mi razón vital de hoy es la misma que ya aparece en mi ensayo *Hacia un saber sobre el alma*, libro que se va a reeditar. Creía, entonces, estar haciendo *razón vital* y lo que estaba haciendo era *razón poética*. Y tardé en encontrar su nombre. Lo encontré precisamente en *Hacia un saber sobre el alma*, pero sin tener todavía mucha conciencia de ello. Yo le llevé este ensayo, que da título al libro, al propio don José Ortega, a la *Revista de Occidente*. Él, tras leerlo, me dijo: «Estamos todavía aquí y usted ha querido dar el salto al más allá». Esto lo cuento por primera vez, es inédito.

—*¿Podemos decir que esta anécdota tiene su raíz que hayas sido considerada no solo alumna predilecta de Ortega, sino también su alumna más heterodoxa?*

—Exactamente. Desde ese mismo momento. Yo salí llorando por la Gran Vía de la redacción de la *Revista de Occidente*, al ver la acogida que encontró en don José lo que yo creía que era la razón vital. Y de ahí parten algunos de los malentendidos con Ortega, que me estimaba, que me quería. No lo puedo negar. Y yo a él. Pero había… como una imposibilidad. Es obvio que él dirigió su razón hacia la razón histórica. Yo dirigí la mía hacia la razón poética. Y esa razón poética —aunque yo no tuviera conciencia de ella— aleteaba en mí, germinaba en mí. No podía evitarla, aunque quisiera. Era la razón que germina; una razón que no era nueva, pues ya aparece antes de Heráclito. No ya como medida, sino como fuego, como nacimiento: la razón naciente, la *aurora*. Es curioso, Ortega tenía también un libro que no llegó a publicar, *La aurora de la razón vital*. Luego puede decirse que no faltaban las coincidencias. Los dos seguimos el rastro de la aurora, pero cada uno de una aurora distinta. (O de la misma, pero vista de otra manera). Sí, Ortega era también un hombre de la aurora.

—*Volvamos un poco atrás para seguir nuestro repaso en el tiempo. Tú antes hablabas de que no se debía comunicar cierto tipo de conocimiento…*

—Es precepto que el iniciado, que sabe que lo es, ha de hacer un uso totalmente desinteresado de los bienes que le produce esa iniciación.

—*¿Y tiene algo que ver ese silencio con las «nadas» de los místicos?*

—Tiene que ver. A Molinos en realidad no lo condenaron porque hubiera sido escándalo para determinadas órdenes religiosas. Pero no dudaron en condenarle a varios años de silencio. Yo he escrito detalladamente sobre Molinos, y su *Guía espiritual* ha sido uno de mis libros, sin yo saberlo; es decir, por ser, no por conocer.

—*¿Por sintonía?*

—Eso es, por sintonía. Y entonces, para el iniciado que lo sabe ser, la vida puede durar indefinidamente. Me refiero a que rescata la naturaleza originaria. Luego, es lógico, se tiene que ir. Se tiene que ir, aunque no muere, transita como la luz.

—*Pero es curioso que más o menos en la misma época, e incluso antes, en Italia haya otro tipo de iniciados que acceden a la verdad por otros caminos.*

—Sí, te refieres al Renacimiento. El lirio de Florencia también es iniciático. Florencia fue cristianizada por unos monjes llegados de Irlanda. O sea que religión e iniciación tampoco están reñidas en este caso. Pero ahí está ese sentido diferente de la ciudad, de la ciudad-flor. Su nombre tiene un doble sentido, como el de Roma. (Roma, para la gente normal; Amor —la lectura de la palabra al revés— para los medio iniciados; Floralia para los iniciados). Fue prodigioso que en la misma ciudad coincidieran personajes como Pico della Mirandola, Lorenzo de Medici y su hermano, Ficino. Ellos traducen a Platón, que acabaría teniendo muy presentes los números, las matemáticas. También la iniciación está cerca del número. Ahí están Pitágoras y Leibniz, quien nos dijo que «Dios, calculando, hizo el mundo». Lo cual ha sido interpretado en distintos sentidos, olvidando que él era un rosacruz, que el emblema de Leibniz era la rosa y la cruz. Pero, volviendo a Florencia, diremos que es una ciudad fundada por iniciados. Porque el iniciado necesita fundar para que, además de la ciudad vulgar, de la ciudad hecha por interés y para el interés, haya la ciudad copia de la ciudad celeste.

—*Para ti, el arte desempeña en Florencia una función primordial.*
[María Zambrano guardará precisamente un vivo afecto hacia una de las fotografías que le hicieron en Florencia, «en la que estoy asomada al Arno en el lugar donde Dante vio a Beatriz por vez primera»].

—Las artes (y mucho más en esta ciudad) son medios preferidos de la iniciación. De todos los artistas de aquel periodo, yo me quedaría con Piero della Francesca. A mí me parece el más iniciado. Incluso más que Fra Angélico. Como antes Platón, como Leonardo, son seres que siempre acaban en la matemática. Y no hay que olvidar tampoco a Botticelli, aunque, más que un iniciado, era un enamorado. Por eso fue vencido. El enamoramiento busca, obedece, pero puede ser vencido. La iniciación, no. Porque la iniciación es entrega total, obediencia también, pero profunda.

—*Lo mismo podríamos decir de la arquitectura.*

—Sí, también en Florencia ella es algo especial. Yo conservo un recuerdo imborrable de mi visita al Palazzo Vecchio. Gracias a la Unesco, en 1950, tuve ocasión de representar a España en un encuentro que se celebró en Florencia. Representé a España (que allí, en realidad, no estaba representada) porque sustituí al embajador de Guatemala, que no pudo acudir y que era el verdadero representante de los países de habla española. (Entre otras cuestiones, en aquel congreso se intentaba que el español fuese declarado lengua oficial de la Unesco). El caso es que yo acudí a algunos de los actos y también a alguna de las fiestas que me interesaban. Recuerdo que asistí a un baile que se celebró en el Palazzo. Fue una maravilla la subida por aquella escalinata bordeada con los pajes vestidos de lirio y con un candelabro encendido en las manos.

—*Venecia, por el contrario, es otro mundo.*

—Venecia fue para mí una grandísima revelación. Yo me sentía florentina. Por eso, cuando llegué a Italia, mi hermana, que había estado allí, me dijo: «Espera a ver Venecia». Cuando llegué allí —nunca lo podré olvidar—, mi hermana y yo fuimos enseguida a la plaza de San Marcos, en el preciso momento en que sonaban en el *campanile* las doce de la noche, que por cierto también es una hora iniciática. Y volaron las palomas en la noche. Y, al día siguiente, volví sola allí mismo, a las doce del mediodía. Me senté en el Caffè Florian y tuve algunas de las experiencias más maravillosas de mi vida.

—*¿De qué crees que es símbolo Venecia?*

—Era. Ahora la están destruyendo. Mi hermana conocía la ciudad de memoria. Con ella se podía ir a cualquier parte. Yo le decía: «Deseo ir a tal sitio». Y ella me decía: «Por aquí». Nunca teníamos que retroceder, algo que es tan frecuente entre los viandantes en Venecia. Porque esa ciudad tiene algo de laberinto. Y ella siempre sabía encontrar la salida del laberinto.

—*Un laberinto frente al mar, que no deja de ser otro laberinto.*

—Laberinto del mar. Porque hay que tener en cuenta que Venecia es también su archipiélago, tan influido por lo bizantino, por lo griego. De ser de alguna parte, Venecia es griega. Pero griega iniciática, no filosófica. Porque lo que más se ha opuesto a la iniciación es la religión oficial y la razón oficial. Y en ella no se dan estos imperativos. La basílica es de inspiración griega, como los caballos de bronce que hay arriba, traídos de Constantinopla por uno de los dogos.

—*Los románticos europeos se encontraban bien en ella, en la ciudad.*

—Sí, Goethe, Byron… Pero a mí, por ejemplo, el romanticismo de lord Byron me parece un poco de latón.

—*Era un poco como el nuestro, como el español.*

—Digamos que un poco más fino que el de Espronceda. Toda la vida de Byron está llena como de imitaciones. Hacía cosas absurdas, falsas, como aquella de encerrarse en una especie de habitación o celda de condenado que tenía una salida o trampa que daba al canal. No parece complicado encerrarse voluntariamente allí cuando se sabe que hay una salida, que basta dar un golpe en la puerta y salir. El Romanticismo esencial no es el de Byron, sino el alemán, el de Schlegel, el de Schelling, y quizá el del primer Goethe.

—*Goethe sufre en Italia una especie de transformación.*

—Goethe se salvó en Roma. Quiero decir que si no es acogido por Roma, si no encuentra su iniciación en Roma, hubiera acabado como Werther, su personaje; se hubiera suicidado. Para algunos seres, la alternativa es o encontrar algún tipo de iniciación o el suicidio. Algún tipo de iniciación, aunque no se sea muy consciente de ella.

—*A veces la iniciación está, digamos, «teñida» de razón.*

—Claro, de razón vital, verdaderamente vital, *viviente*.

—*Y ¿qué es lo que pudo encontrar Goethe en Roma?*

—Eso está relatado en sus *Memorias*. Encontró, entre otras cosas, a una ramera; una ramera a la que él no dejaba de mirar. Ella le dio una cita escribiendo su dirección sobre la mesa. Y él acudió, y conoció el amor carnal, que le salvó del amor abstracto.

—*¿Qué dirías, esencialmente, del Romanticismo como movimiento?*

—Es el descubrimiento de la raíz de la poesía, pero sin exasperación.

—*¿Descubrimiento o redescubrimiento de la poesía?*

—Descubrimiento en ese preciso momento. El romántico auténtico se salva siempre. Se salva del suicidio, aunque no de la locura, como le sucedió a Hölderlin. Y en ese proceso interviene mucho la mujer.

—*Es decir, que en el Romanticismo rasgos como los del suicidio o la locura aparecen superados.*

—Eso es; es todo un proceso de superación. A veces en el tiempo. Se paga con el paso del tiempo haber conocido ciertas verdades, haber encontrado a Diotima, haber hallado la *llama*.

—*Tú has escrito sobre Diotima, y muy bien.*

—Sí, tengo un ensayo sobre ella que te envié a ti, cuando aún estaba inédito.

[Estoy muy fatigada. Nos tomamos el té. Seguimos luego.]

—*Hablabas antes del poder de la plegaria. ¿Cabe quizá entender también el poema como oración?*

—¡Claro! Y esto no es ningún descubrimiento mío. En Francia,

Henri Bremond escribió tratados sobre ese tema concreto: *La poesía pura* o *Poesía y oración*... Pero esta cuestión no tiene nada que ver con España, en donde *poesía* y *oración* tienen otros sentidos. Ya hemos dicho que España es un país antiiniciático.

—*Ha muerto hace muy poco Mircea Eliade, otro gran iniciado. Pero acaso su iniciación nació lejos, en sus años de juventud en la India. ¿Lo conociste?*

—Lo conocí en uno de los pocos coloquios a los que he ido y en el que traté el tema «Los sueños y las sociedades humanas». Fue en París. Fui invitada y mi intervención se basaba en *El sueño creador*. Cuando me llamaron, me ofrecieron dos temas: hablar de los sueños que van hacia la historia —tu has leído *El sueño creador*— o hablar de los sueños que van hacia la poesía. Y el presidente del coloquio —que era un alemán, profesor de lenguas orientales en la Universidad de Los Ángeles—, con una gran sagacidad y a la vez cortesía, me dijo que a él le parecía mejor que me ocupara de «Los sueños y la tradición literaria». Y así lo hice. Allí estaban, además de Eliade, los grandes especialistas en sueños. Había freudianos y seguidores de Jung; también especialistas en el islam.

—*La obra de Eliade como erudito, sobre todo en el campo de la historia de las religiones, es enorme, pero también fue novelista. Era en el fondo un pensador, un filósofo, pero no sistemático. Había en su obra un afán de ir más allá, que acaso le venía de su iniciación oriental.*

—Claro, su obra responde a su propia vida.

—*Él es escéptico a veces, incluso hacia la erudición seca.*

—Está en el ámbito de la iniciación, aunque no sé si enteramente. Sí, él es para mí un iniciado. Y la mujer que tenía a su lado era una verdadera maravilla. Era resplandeciente como el sol. Sí, una maravilla. Yo he sido muy tímida en los coloquios a los que he ido, muy tímida. Precisamente en aquel encuentro me encontré con un gran psicólogo que me dijo: «Yo esa timidez se la quitaría en dos sesiones de tratamiento». Y le respondí: «Muchas gracias, pero la timidez es mía; es parte de mi alma».

—*Debiéramos decir algo de Hölderlin, de un saber que en él viene de muy atrás, de su amor a Grecia y que fijó en ese gran poema que es «El*

Archipiélago». También de los presocráticos, de Heráclito. Siempre de una sabiduría original.

—Sí, de una Tradición que hay que escribir con mayúscula, que tiene múltiples ramas, también en el pitagorismo.

—En el ensayo sobre la condenación de los pitagóricos, que tú le dedicaste.

—Sí, aludo a eso, sí, sí.

—Y hablas, por ejemplo, de la monodia primitiva griega, que es una práctica que también tiene su subterránea y misteriosa relación con las prácticas orientales. También en ese sincretismo, en ese buscar esa conexión, fue un maestro Eliade.

—Sí, estamos refiriéndonos a un lenguaje sagrado, que desea ser número y música, a la vez que palabra. Recuerda que en los vasos y esculturas griegas, el maestro aparece siempre con una lira en la mano. Es decir, que se ejercía un canto que era un poco como la tabla de multiplicar cuando éramos niños. ¿En tu infancia se cantaba?

—Sí. Me parece oír aún aquella cantinela de los colegios que contenía una sintonía, algo más que un conocimiento meramente matemático.

—Entonces se aprendía cantando. Y, como con la memorización positiva, en nuestro tiempo se ha prescindido de ello. En algún lado leí que con las estatuas, tan indescifrables, de la isla de Pascua, al lado del océano, no se sabe qué querían decir. Entonces se situó delante de ellas un anciano, que empezó a cantar. Y cantándoles, las iba como descifrando. Es el predominio de la música, del son, sin humillar a la palabra. Es la música que nace del pensamiento, que es a la vez palabra, melodía, poesía, himno. Así también los *Himnos* homéricos. Y eso sí que queda de permanente. Es también lo que en los tiempos modernos —llamo moderno al Renacimiento— les costó la vida a algunos, como a Giordano Bruno.

—Y dando otro salto en el tiempo, ¿qué dirías de Giacomo Leopardi?

—La prosa de Leopardi es maravillosa, como su poesía. Mi padre y mi hermana eran leopardianos. Mucho más que yo. Porque yo me daba cuenta de que por el camino de Leopardi se daba completamente la espalda a la Historia. Y, para mí, la Historia ha sido mi cruz; la cruz que todo hombre debe llevar. ¿Tú sabes que me ofrecieron La Ginestra, la casa en las laderas de Vesubio en la que Leopardi pasó parte de sus últimos días?

—*Sí, lo sé. De haber aceptado vivir allí, ¿habría sido, quizá, otra tu vida?*

—Era mi hermana la que, en realidad, tenía que haber vivido en ella. La historia es complicada... Porque La Ginestra pertenecía a un comité presidido por Elena Croce, la hija de Croce; persona muy inspirada, pero que, teniendo tanto poder, no ha sabido administrar. (Esto, en mi boca, no es un reproche: es un homenaje). Ella presidía ese comité destinado al rescate de las obras de belleza, naturales e históricas. ¿Y qué pasó? Tuvo la genial idea —porque las ideas pueden ser prácticas sin dejar de ser poéticas, al contrario de lo que algunas personas piensan— de que habitara la casa con mi hermana y mis gatos. Los gatos fueron la causa de que a mi hermana y a mí nos expulsaran de Roma. ¡Figúrate, Roma, que es precisamente la ciudad de los gatos! Allí ha habido personas que han llegado a tener hasta cuarenta gatos. Y a nosotras nos perseguían porque teníamos diez, y porque les dábamos de comer, siendo este uno de los ritos de Roma. Roma es la ciudad de la loba y del gato. El gato fue llevado allí, como se sabe, por Cleopatra, y algunos pensaron que eran pequeños tigres. Fellini, que sabe mucho de Roma, mostró en una de sus películas el rugido de la loba y un gato al que se le ofrece un plato de leche. Se ve que mi hermana y yo —especialmente ella, que se sentía romana— cumplimos con el gato, pero no debimos de cumplir con la loba. Por eso abandonamos Italia. Luego, en el Jura, en La Pièce, además de gatos, teníamos perros.

—*Bueno, habiendo llegado a Leopardi y al Romanticismo, creo que ya está todo dicho, aunque no hemos hablado de Antonio Machado.*

—Sí, don Antonio. Y su *Abel Martín* y su *Juan de Mairena*, que son la ironía, el contrapeso, una grandísima burla, una estrategia. Mi padre decía: «Estos poetas son grandes estrategas», refiriéndose a Machado. Y para mí esa gran estrategia ha consistido en que, en aquella época, mi padre lo tomó muy en serio. Cuando se cita al Machado filósofo, pensador, se tiende a separarlo del poeta. Pero a este no se le puede ignorar, ¿verdad? Esta es mi visión de Machado. No hace mucho me invitaron a colaborar en lo que iba a ser un libro colectivo, pero luego resultó ser el número extraordinario de una revista, *Cuadernos para el Diálogo*. Yo titulé mi texto «Un pensador».

—*En consecuencia, la palabra iniciada va saltando caprichosamente de la poesía al pensamiento.*

—Salta sin capricho ninguno. ¿Recuerdas estos versos?:

> *Olivo solitario,*
> *lejos del olivar, junto a la fuente,*
> *olivo hospitalario,*
> *que das tu sombra a un hombre pensativo*
> *y a un agua transparente.*

En estos breves versos fundió Machado la poesía y el pensamiento.

—*Pero habías dicho que el iniciado no debe hablar.*

—Sí, el iniciado no debe hablar. En el momento en que habla, y da su palabra, viene crucificado.

—*¿Crucificado por su propia palabra o por la Historia?*

—Por la Historia. Es el *Ecce Homo*.

Buscando una sola palabra

Cierro las páginas de este libro y me parece que se cierra un círculo en mi vida, una etapa de ella; un círculo que se abrió aquella noche escuchando la voz de María Zambrano a través de las ondas, o del teléfono; o aquel día, muy poco después en su casa de Ginebra, en 1983, y que se cierra hoy, en 2018. ¿Por qué? Termino este libro y me encuentro en Salamanca —donde los dos ahora residimos— con la poeta y periodista Amalia Iglesias. Ella fue también una de aquellas personas primeras, junto a César Antonio Molina, desinteresadas, que estuvieron cerca de María Zambrano. Una testigo preferente en los últimos años de la pensadora. A veces de una manera muy especial y privilegiada, por haber ido recogiendo sus artículos ultimos para publicarlos en las páginas de Culturas del *Diario 16*. Zambrano se los dictaba de viva voz a Amalia, ella los grababa y luego de pasarlos a papel las dos volvían a revisarlos.

Una parte de estos artículos fueron recopilados posteriormente por Mercedes Gómez Blesa en un libro titulado *Las palabras del regreso* (1995). El contenido de este libro me parece significativo porque en él se recoge también el pensamiento de María Zambrano en los últimos años de su vida. En él no hay ni engaños, ni máscaras. Tampoco la angustia de cerrar su exilio o de morir en él, los condicionantes de la Historia. Precisamente por ello nos pone de relieve claves muy directas que afectan a su sentir y a su pensar sin reserva alguna. Son artículos que escribe tras su regreso a España y en consecuencia hay en ellos un afán de decir algunas cosas aún no dichas o de puntualizar otras muy sutilmente y siempre sin rencor.

En el libro aparecen algunas puntualizaciones sobre personajes de su juventud, en las que se funden una profunda admiración con leves y educadas reservas. Pero sobre todo suponen una rectificación de opiniones pasadas. Así sucede con los representantes del liberalismo (por ejemplo en los casos preclaros de Ortega y Marañón), o con Besteiro o Azaña. En ocasiones sobrevuela momentos amargos, como los referidos a los días de las reservas que tuvieron con ella en Morelia («por no haberme doblegado al grupo de Negrín»), e incluso su respuesta a una fecha tan señalada como la de «la muerte del caudillo». María Zambrano tiene noticia de la muerte de Franco en La Pièce, gracias a una vecina que ha escuchado la noticia por la radio. Pero ella se queda impertérrita y, mientras sigue su camino, le responde, y se responde: «No, no me quiero enterar. No, no me puedo alegrar» (pág. 44). Sí volverá, sin embargo, a rememorar en las páginas de este libro el 14 de abril de 1931, día lleno de promesas por la proclamación de la Segunda República.

En los momentos finales de su vida vuelve el recuerdo de sus días en Roma a través de dos símbolos que para ella fueron primordiales: la basílica neopitagórica y el mármol con el joven, el efebo de Via Appia. (Efebo que para Enrique de Rivas puede ser más bien un Hermes o un Mercurio). En ese mármol ella ve incluso algo más que un símbolo, al valorar jungianamente la piedra. Para Jung la piedra era «energía indestructible»; en la misma línea, Zambrano se pregunta: «¿Por qué ciertas piedras, que de monumental nada tienen, nos atraen? Me respondo. Porque, en cierta forma, esa piedras están vivas». Vuelve a valorar mucho en estas páginas la liturgia, que para ella tuvo tantos momentos muy especiales, en Roma y en los días de La Pièce sobre todo, haciendo de dicha práctica diaria un equilibrado *centro* de su vida en una etapa llena de dudas y carencias.

Estos artículos, dictados en los últimos días de su vida, le sirven también para replicar —siempre usando la ironía y las buenas maneras— a algunos que la han criticado a ella por temas muy vivos, cuando no dolorosos. Así, con quienes cuestionaron su retorno a España, o con los que no valoraron el tiempo pasado en su largo exilio, o con los que insinuaron ¡que había salido viva de él! Ella hará una defensa con coraje de esa etapa, alegando las hondas pruebas que el exilio supuso para ella y para su familia. Otros (José Bergamín, entre ellos) le muestran su malestar porque había aceptado el Premio Príncipe de Asturias. El reparo tiene poco valor por venir de Bergamín, un gran amigo de Zambrano, pero a la vez una persona extremadamente compleja. A él le dedica ella uno de los capítulos del libro subrayando su permanente amistad, pero a la vez criticando la complejidad de su carácter: «Conocí a Bergamín siempre desesperado, su adhesión y su entierro a la sombra de ETA, su vida y comportamiento como un péndulo».

A la vez tiene para él un recuerdo especial: la vivencia por la que los dos pasaron en la iglesia de San Etienne en París, un Sábado Santo, participando de la liturgia que allí se celebraba. Se pregunta al respecto Zambrano: «¿Qué era lo que él quería? La liturgia. Él lo quería todo […] incluso su propia crucifixión». Bergamín, según ella, estaba siempre desesperado porque «no lo crucificaban», aunque «crucificado murió». Junto a estas semblanzas entre el afecto y los reparos, hay otras claramente entrañables, como la que hace de Rafael Dieste, compañero en los días de las Misiones Pedagógicas, concretamente en una en la que coincidieron en «la espesura de Zalduendo», en Álava. María Zambrano, como en sus paseos con Miguel Hernández o con Ramón Gaya —fervorosa de los paseos, aunque no deportista, como le había reconocido en su juventud al doctor Marañón en su consulta médica, cuando enfermó—, recuerda el que dio con Rafael Dieste en Álava:

Salimos los dos a pasear como imantados por una llanura de claridad, por esa claridad que se aparece cuando se sale de un bosque, cuando su encanto se rompe. Allí se alzaba una casa tan armoniosa y acogedora y hasta dulce mansión podría ser para unos cuantos. Y los dos solos —Rafael y yo— tuvimos en un solo instante la misma apetencia [...]. Rafael Dieste ya era desde el principio un aventurado, cosa rara y aun difícil de discernir entre cristianos que piensan, sin más, en la santidad, cuando la verdad es que en el catecismo ortodoxísimo que estudié y que siempre llevo conmigo, de lo que se trata sobre todo es de las bienaventuranzas, no de la santidad [...]. No puedo dudar, pues, de que Rafael Dieste haya acabado su vida tal como la empezó: bienaventuradamente.

«El catecismo ortodoxísimo que estudié y que siempre llevo conmigo...». De nuevo declaraciones sorprendentes para algunos desde su lucidez última. No falta tampoco en ese resumen final de su vida que son *Las palabras del regreso* su eterna fidelidad a los poetas que más había amado (san Juan de la Cruz, Antonio Machado, Miguel de Unamuno). Nos muestra también ideas muy suyas por esenciales, como las que tiene sobre la creación literaria. O sobre la paz :

Entrar en el «estado de paz» significar traspasar [...] el umbral entre la historia, toda la historia habitada hasta ahora, y una nueva historia. Se trata, pues, de una verdadera «revolución». [...] Estado de paz verdadera no habrá [...] hasta que la paz no sea una vocación, una pasión, una fe que inspire e ilumine. Y, ciertamente, fundamentos religiosos y morales para todo ello no le faltan a nuestra cultura en Occidente.

¡Fundamentos religiosos y morales de la cultura de Occidente...! ¿Los mismos que los redactores de la Constitución de la Comunidad Europea silenciaron, ignoraron? También repara en el afán de «recogerse», de «resurgir», y siempre en la piedad, que es la que debe llegar «antes de que llegue el silencio, el que trae la justicia y la libertad, y acaso la libertad absoluta».

En realidad, las páginas finales de este libro son unos misteriosos fragmentos en los que se alude a un personaje, Ana de Carabantes, un doble referido quizá a la propia Zambrano y anunciador de un nuevo libro que no pudo llegar a escribir, si tenemos en cuenta lo que Enrique de Rivas nos dice en su entrevista con Mariana Bernárdez en México. Al parecer ese libro iba a ser «una especie de autobiografía novelada, que se iba a titular *La vida de Ana Carabantes*». Los fragmentos que conocemos son pocos y se mantienen en un tono narrativo oscuro y surreal. Dos de estos textos fueron adelantados en *Diario 16* (*Culturas*) los días 1 y 15 de junio de 1986.

Pero siempre encontramos en esos artículos últimos las huellas de su peculiar espiritualidad fundidas con situaciones claves de su vida; tema que en estas páginas solo hemos sobrevolado y en función de su heterodoxia y de su incuestionable fidelidad a lo sagrado, pero que el lector puede encontrar mucho más desarrollado en la tesis doctoral de Carmen Víllora Sánchez *El pensamiento religioso de María Zambrano* (2014). Esta aborda el fenómeno religioso zambraniano desde criterios muy abiertos y generales, pero basándolos sustancialmente en la propuesta de «un nuevo humanismo [...] fundado sobre la misericordia y la mística [...]. Una religiosidad de la libertad y de la solidaridad a la que ella dará el nombre de la religión de la luz y del Espíritu», pues «la persona, ser que padece su propia trascendencia», no estará entregada en el fondo a otro afán que no sea el de «proyectar la vida más allá de la muerte».

Volviendo a cuanto María Zambrano escribió en *Las palabras del regreso*, es de una gran perfección, sublime, el artículo titulado «El silencio». El silencio: «un absoluto», «la relatividad como salvadora», «la suprema sabiduría de haberse entendido con la muerte». Insisto en subrayar estos aspectos de su libro porque son los que ella dicta muy poco antes de morir.

Amalia Iglesias es la que me ha traído el recuerdo de estos artículos por ella transcritos al tiempo que hablamos y que nos han conducido a aquellos días finales de su autora. Nuestra conversación se celebra en una serena mañana de invierno, en el Café Alcaraván, en la calle Compañía de Salamanca, que fue un tiempo la ruta que Unamuno siguió entre su casa de la calle Bordadores, en la que murió, y la Universidad. Se acumulan en nuestra conversación anécdotas e identificaciones. En la mente de Amalia también está la idea de escribir sobre María Zambrano. Ella está interesada en la relación de la autora con los poetas que tuvo cerca, lo que es lo mismo que decir cerca intensamente de la poesía. Amplio y jugoso tema en verdad.

En nuestra conversación también surge el nombre de María Zambrano porque en estos días se ha representado en Salamanca una obra teatral inspirada en ella en el Teatro Juan del Enzina, *La tumba de María Zambrano*. Pocos días después Amalia publicó un artículo que es revelador porque en él nos recuerda su cercanía a la escritora en las últimas horas en el Hospital de la Princesa y a su muerte el 6 de febrero de 1991, así como su asistencia al funeral de Zambrano en su ciudad natal, Vélez-Málaga.

En su emocionada crónica hay un hecho sorprendente que sobrecoge: el de un hombre que se acercó al féretro durante la ceremonia en la iglesia y que no dejaba de acariciarlo. La misma Zambrano también lo habría reconocido como un *Inocente*. En ese personaje anónimo, en tal comportamiento, Amalia, y así lo veo yo también, recordamos a una persona amiga de semejantes gestos y afectos, el primo de María, Mariano Tomero Alarcón, su fiel y silencioso servidor durante tantos años. Pero recojamos las palabras de Iglesias, publicadas hace muy pocos días en *El Norte de Castilla*, el 9 de marzo de 2018:

Había una muchedumbre de colegiales desfilando despacio y de uno en uno se iban asomando al féretro donde yacía María con su vestido blanco de terciaria franciscana. En la iglesia, durante la misa, yo estaba en la primera fila [...] y recuerdo una imagen imborrable. Durante toda la ceremonia, un joven inocente, uno de esos ángeles custodios siempre niños, estuvo al lado del ataúd, en uno de los laterales, muy cerca, de modo que de vez en cuando estiraba la mano y acariciaba su madera triste, como si estuviera acariciando a María. Me hizo pensar en Marianito, ese primo que la acompañó toda su vida, la cuidó y la siguió como si fuera su sombra. Marianito no había podido venir, estaba en Madrid muy enfermo y moriría unos días después. Cuando acabó la ceremonia recorrimos a pie, bajo un gran silencio, las calles de Vélez detrás del féretro.

El texto es significativo porque, entre otros datos, nos confirma que María Zambrano estaba vestida «con el hábito blanco de la orden terciaria de los franciscanos», como otros testigos han recogido. Quizá, como ella nos había escrito antes, «como si amortajados fuéramos a resucitar». El detalle alude a una de las voluntades que María Zambrano había dejado expresadas en su testamento, del que no conocemos, ni ha sido publicado que sepamos, su contenido completo.

Juana Sánchez-Gey nos recuerda otro deseo de la voluntad última de la pensadora en su testamento: que «pertenece a la Iglesia Católica, Apostólica y Romana, en cuya fe y doctrina fue educada y en cuyo seno desea morir». Este detalle es significativo porque, el día de su funeral, un periódico nacional recogió en su obituario que María Zambrano había sido «cristiana, pero no católica». No entramos en cuál es la frase cierta o en su posible utilización. Dejamos que el lector saque sus propias consecuencias sobre estos aspectos a través de cuanto sobre la espiritualidad zambraniana he escrito a lo largo de este libro.

También en su testamento parece que expresó su deseo de ser enterrada en Vélez y que junto a su tumba se plantara «un naranjo y un limonero», así como que en ella figurara el verso del Cantar de los Cantares, al que ya aludimos: *Surge amica mea et veni.* Así se hizo. Los gatos, tan fieles siempre a ella (y ella a ellos), vienen todavía hoy hasta su tumba y allí la acompañan en su sueño eterno.

Termino este libro después de haber contemplado, otra noche, bajo la helada, la escultura que de Miguel de Unamuno cinceló Victorio Macho, al pie de la Torre de las Úrsulas, con ese rostro alzado y retador, lleno de osadía y de dudas, que el autor de *Niebla* dirige hacia las estrellas que esperan la nieve. Las estrellas a las que también clamaron Quevedo y Leopardi, en versos que Zambrano había memorizado en su juventud. Pero esa misma noche —continuando con mi paseo, un poco más adelante, frente a la fachada de la universidad— me encontré con otra estatua, la de fray Luis de León, el cual, con su mano tendida, parece que le dice a los humanos: «Sosegaos, sosegaos». Se trata de esa mano tendida precisamente hacia la puerta del edificio histórico de la universidad por la que un día de 1936 salió Miguel de Unamuno entre una turbamulta de brazos alzados y de gritos airados.

Otra vez el recuerdo de los inicios de la Guerra Civil, que tan gravemente marcó el final de su propia vida, en la soledad de su cuarto, aislado, entre los que él reconoció tan gráficamente como «los Hunos y los Hotros». De ese momento saliendo de la universidad hay una fotografía muy conocida que también últimamente ha sido motivo de controversia entre los estudiosos. Como el episodio del enfrentamiento con Millán Astray en el paraninfo, las interpretaciones interesadas no faltan.

El recuerdo de Unamuno reavivó en mí la memoria, esa especie de manantial que suele ser un tesoro, pues remite al origen: en el caso de María Zambrano, a sus días en Segovia, cuando conoció al rector salmantino. La memoria también le sirve al escritor, y por extensión a todos los humanos, para no olvidar el pasado en sus momentos graves, pero precisamente para no repetirlos. Mirar hacia el pasado desde la memoria sin ira permite extraer de ella cuanto hubo de lección que no se debe repetir en lo que tuvo de negativo. Porque hay momentos en los que la memoria fue una herida que sangraba. Pero esa herida cauterizó. Fue una cicatriz cerrada. A veces la cicatriz se resiente o duele, pero la herida ya está cerrada, no sangra. Pero volver a abrirla supone tornar a la pugna ideológica radical, a la «enfermedad». O a la sangre.

Esa mano tendida de fray Luis de León hacia la puerta de la universidad, hoy serena y ayer llena del griterío de los exaltados, ese sentido de su «Sosegaos, sosegaos», fue la que me llevó a pensar, acabando este libro, qué pudo haber de esencial en María Zambrano, cuál pudo ser en su vida y en su obra no ya las palabras, sino la palabra que cerró el exilio, la *herida*, en ella. He intentado rastrearla en la entrevista aquí al lado recogida de una manera muy neta, intemporal, pero sin olvidar, sin negar que existió otra María Zambrano unida, con dolor y gravedad, a lo temporal y al compromiso social de la Historia. (Ese ser que para ella es el «Ecce Homo»). Fue el destino que la vida le reservó unido a ese «delirio» del que brotaba y fluía su inspirada sensibilidad.

El cruce de los escritores con la Historia suele ser tan delicado como peligroso. Su independencia —cuando en ellos brota la autenticidad desde la *raíz*, no desde la fama— tiende a estrellarse con las imposiciones ideológicas de su tiempo. Así ha sucedido desde los destierros de Ovidio o de Dante hasta nuestros días, desde el fin de la carmelita judía Edith Stein en Auschwitz al suicidio de Marina Tsvietáieva en Rusia, desde el suicidio de Paul Celan al aislamiento de Boris Pasternak. Cruce fatal que afectó a vidas como estas, a sus sensibilidades de excepción, que padecieron el terror de la Historia. (Se dice que Tsvietáieva se suicidó con la cuerda con la que su amigo Pasternak le había ayudado a atar su maleta antes de su partida, de separarse). Sin embargo, al final es la *lección* de vida y de obra lo que cuenta; obra que supera, si no la tragedia, sí el drama de vivir en los límites del ser y de *ser*. Siempre la fragilidad del creador a la hora de enfrentarse con el sectarismo y con la barbarie de los Poderes.

Como esa paloma que venía a posarse en el balcón de la casa de María Zambrano en Madrid durante sus últimos días —el *espíritu*, decía ella—, al final no quedan los hechos, ni la utilización que de ellos se haga, sino lo que en estos pueda haber de *lección*; un pasado que, como acabamos de decir, jamás hay que olvidar, pero sí superar, porque de lo contrario se volvería a abrir la herida cerrada: el conflicto social.

Pienso por ello en lo esencial de María Zambrano entreabriendo al azar uno de sus libros en busca de ese *ser* que, como los condenados del infierno dantesco, tuvo que dar la «voltereta» para salvarse y *renacer*. Al azar pretendo buscar esa palabra clave que la salvó y que salva, la piedra angular del arco que sostuvo su vida en tensión interior y que le permitió resistir. *Piedad* es en Zambrano, a mi entender, una de las más significativas, acaso la que más. Ella nos la recordó en no pocas ocasiones, incluso para aludir a una de las «heridas» más abiertas en su vida, la de su hermana Araceli, pero también en algunos de sus textos teóricos, como ya hemos visto. Apreciamos lo esencial cuando ese comportamiento lúcido lo relaciona con otras palabras-claves como *verdad, amor* o *alma*; así lo observamos en el arranque de su *Claros del bosque*, precisamente el libro que hemos abierto al azar:

> Pues la verdad llega, viene a nuestro encuentro, como el amor [...]. Y, así, esa paz que se derrama del ser unido con su alma [...] ser y vida unidamente se orientan allí donde el alma les lleva.

Son palabras que ella no escribe en 1931, ni en 1936, ni en los años de América, sino «donde germina lenta la palabra en el silencio», en la plenitud de la madurez de su vida, en un bosque junto al Jura. Podíamos haber salido en busca de otras palabras claves, definitivas, ya señaladas, para esa visión esencial de ella (y para su resistir), como *descender* o *condescender* («vale más condescender ante la imposibilidad que andar errante, perdido, en los infiernos de la luz»), pero nos hemos detenido en las que dan nombre abrumadoramente a su sentir y pensar en *Claros del bosque*, a las preferentes ya señaladas y a otras: despertar, inspiración, el ser escondido, la fuente, la musicalidad órfica, la llama, la unidad, «la metáfora del corazón». No escribimos, ni pensamos, ni interpretamos nosotros, sino que hemos abierto al azar este libro y nos basta con no pasar de sus primeras páginas para encontrar las claves de su *ser* en ese momento de retiro, de madurez, alcanzado tras las pruebas.

A veces, escribiendo, he sido consciente de que me perdía la subjetividad: la imborrable amistad temprana, su magisterio al comentar mis poemas, sus dones, las anécdotas personales, la literatura; o ese otro logro central en ella que fue el de saber fundir en su análisis poesía y filosofía, incluso hasta el extremo de llegar a deshacer el tópico platónico. Ella, como los personajes de Dante, con la facilidad que solo facilita la piedad, da la vuelta al tema y nos dijo que, en el fondo, Platón no fue sino un poeta («era poeta por naturaleza y filósofo por derecho divino»). Cada persona que la conoció y la trató podrá ofrecernos su imagen de ella. Esta ha sido la mía desde la cercanía de nuestra amistad.

Buscando lo único-esencial también podríamos habernos centrado en la visión zambraniana de España, país en el que ella creía por el ejemplo de sus valores y de sus mejores escritores. Creencia en una España ausente tanto del patriomasoquismo cainita como de la envidia, que parecen no cesar. Fidelidad a valores implícitos —en la cultura— no solo en sus grandes escritores y en sus profesores universitarios, sino en los que representaban aquellas gentes humildes del pueblo, en las que a veces también se dan verdaderos sabios frente a la pedantería de los que por sabios se tienen y que ella encontró junto al fuego de un lar, muchas veces en los lugares más apartados de España, durante sus Misiones Pedagógicas. (Conmovedora esa foto de María junto al fuego de un humilde hogar campesino de alguna perdida aldea).

O habernos centrado más en esa dualidad engañosa de los que separan la Zambrano republicana de la Zambrano cristiana, para ahondar objetivamente en cualquiera de ellas. Pero hemos preferido salir a buscar al azar —en las páginas de uno de esos libros en los que ella se salva desde su lucidez— unas pocas palabras: condescender, alma, amor, silencio, luz, *piedad*. Ya se sabe, esa luz también dual en su significado: la luz física y blanca de la paloma y la luz lunar y unamuniana del cuerpo del Cristo, o el de la catedral de Segovia. Luego, en lo más hondo, la *luz* del conocimiento *interior*.

La piedad es además la palabra que, también al azar, he encontrado al entreabrir otro de sus libros, *Delirio y destino*; y de la manera más contundente en la catarata de definiciones que nos da de ella en su breve pero profundo tratado *Para una historia de la piedad,* el ensayo que adelantó en Torre de las Palomas en 1984. Es muy probable que con este texto, con una sencillez y una claridad maravillosas, María Zambrano haya dado con otra de las claves más altas de su pensar. Lo logró gracias al concepto fértil de *razón poética,* al que ella alude de nuevo («Antes de que la Historia aparezca, hay una prehistoria de la historia: la Poesía»), pero sobre todo al de piedad:

> Mas ¿qué es entre los sentimientos, en ese inmenso mundo delicado y enorme, la Piedad? Es, quizá, el sentimiento inicial, el más amplio y hondo; algo así como la patria de todos los demás [...]. La Piedad no puede definirse adecuadamente menos que ningún otro sentimiento, porque constituye el género supremo de una clase de sentimientos: amorosos o positivos. No es el amor propiamente dicho en ninguna de sus formas y acepciones; no es tampoco la caridad, forma determinada de la piedad descubierta por el cristianismo; no es siquiera la compasión, pasión más génerica y difusa. [...] La Piedad se nos aparece como la matriz originaria de la vida del sentir [...]. La Piedad no es la filantropía ni la compasión por animales y plantas. Piedad es saber tratar con lo diferente, con lo que es radicalmente otro que nosotros [...]. ¿El progreso humano condenará irremisiblemente a la Piedad?

¡Saber tratar con lo diferente, con lo radicalmente otro! Difícil reto y difícil prueba en tiempos de enfrentamientos sociales entonces y siempre en un país con tendencia al cainismo. Ante esta fidelidad a «lo que es radicalmente otro», qué lejos queda el enfrentamiento o la exclusión social. La piedad no solo fue para ella un lúcido medio para superar las lacras de la Historia y sus padecimientos, un hallazgo y un remedio objetivos; fue algo más: el reflejo de un símbolo poderoso y fértil de la tradición, representado para ella por figuras como las de Job y Antígona.

Sobre todo esta última respondía a un hecho profundamente vivencial, experimentado: el que supuso la vida de su hermana

Araceli. Sobre ella escribió un texto sobrecogedor en *Delirio y destino*, «La hermana». En él aludió, sí, al mito, a la hermana y compañera, pero también a un nombre que le remitía a la más dura realidad, la de los días de las visitas de ellas a la cárcel de La Santé, en París. Mas la clave de este texto se encuentra precisamente en esa palabra que Zambrano une a la salida del laberinto, de «aquel dolor»:

> Comenzó a llamarla así en su angustia, Antígona, porque inocente soportaba la Historia; porque habiendo nacido para el amor la estaba devorando la piedad. Porque no había conocido más acción que la piadosa, sin mezcla ni esperanza. Sí, ella sentía haber vivido y vivir la historia en la esperanza sin ambición; la hermana había vivido aún sin esperanza, solo por la piedad. Había mantenido con ella infinitos diálogos, le había hablado noches interminables de insomnio cuando yo no sabía su paradero, si en tierra de Francia, si en lugar ocupado o no ocupado, si en algún campo del terror. La sentía llorar abrazada a la madre, ya menor que ella, necesitada de protección.[…] Una conciencia inocente movida por la piedad.

Insisto en que si hubiera que recoger una sola de las palabras-símbolo de María Zambrano, yo elegiría la de *piedad*. Ella la destaca con mayúscula incluso cuando hace algunas relecturas, como la de Nietzsche, en sus años romanos, y así se lo recuerda en una de las cartas a Diego de Mesa: «Estoy leyendo, tras muchos años de no leerlo, el *Zaratustra* de Nietzsche y lo encuentro devorado por la Piedad. ¡Ay!, que no es posible salirse de su círculo».

Pero es sobre todo una palabra, con sentido final —cruzada con la historia más viva y en días angustiosos, traspasada de realidad— en el llamado «Mensaje de la reconciliación», aquel que Manuel Azaña pronunció en el Ayuntamiento de Barcelona el 18 de julio de 1938 y que se ha venido resumiendo en tres de sus palabras: «Paz, piedad, perdón». Fue el discurso reconocido como de «las tres pes», opuesto al que algunos han llamado luego «de las tres erres» (rencor, revancha, resentimiento), a la actitud extremadamente peligrosa, a la ciega subjetividad, a cuanto no admite la reconciliación y busca el enfrentamiento por distintas vías. Actitud tan alejada de cualquier tipo de piedad.

El discurso de Manuel Azaña había sido precedido por cuanto de manera más extensa él había escrito tres años antes en su libro *Mi rebelión en Barcelona* (1935). Lo curioso de este libro es que llevaba al frente, a modo de prólogo, un manifiesto («A la opinión pública») que la «censura republicana no permitió que se publicase en los periódicos de Madrid en 1934», según se precisa al pie de este. Última y desesperada llamada, «con mesura y ecuanimidad», a la «civilidad española», se dice en él.

Manifiesto firmado por un numeroso grupo de intelectuales españoles, de los que aquí recogemos, solo por su notoriedad, algunos nombres: Azorín, José Bergamín, Américo Castro, León Felipe, Federico García Lorca, la viuda de Giner de los Ríos, Juan Ramón Jiménez, Gregorio Marañón, Pedro Garfias, Fernando de los Ríos, Alejandro Casona o Valle-Inclán. Libro (y manifiesto-prólogo ya no censurado) sorprendente por su clarificadora lectura, pues arroja luz —precisamente en días como los de hoy— sobre aquellos años y su deriva tanto revolucionaria como bélica.

Todo en la vida es dualidad, lo que Juan de la Cruz reconoció en su comentario a su poema «La Llama» como «lucha de contrarios contra contrarios». Dualidad terrible cuando la barbarie o el dolor se desencadenan, pero que a veces algunos iniciados logran a veces fundir o deshacer en la idea de *Unidad;* o en quienes son creyentes, según Zambrano, gracias a *el Único*. Esa unidad que parece estar contenida en una sola palabra o símbolo fértil: *piedad.*

Ella nos dejó esta palabra, este mensaje último, no para herir o para abrir heridas, sino para sanar y salvar. Y parecen refrendar, de una manera prístina, esta actitud trascendente las palabras de una carta que le envía en 1973 a su amigo de los días de Roma, Agustín Andreu:

MARÍA ZAMBRANO

PARA UNA HISTORIA
DE LA
PIEDAD

TORRE DE LAS PALOMAS

MÁLAGA ▪ M.CM.LXXXIX

Para una historia de la piedad (1989)

El pueblo no es ahora la cuestión, que la cuestión es el Hombre, el · hueco dejado por su ausencia. Hay que rescatar al hombre. Inútil decirte que sin lo divino para mí no hay hombre.

Nadie ha podido enfocar mejor el término *piedad*, como medio para deshacer la contienda de las sangres: como solución. Recordemos los principios que para ella suponían ya un nuevo tiempo y una nueva visión de la realidad tras «el conflicto trágico»: «La piedad ha cumplido su oficio… Se ha apurado el conflicto trágico… Ha nacido la conciencia… Entonces comienza la verdadera historia». O cuando, en definitiva, ejerció y valoró «la piedad como un saber absoluto».

Ella también nos dejó esta misma palabra junto a otra palabra clave, *amor*: «El amor trasciende siempre, es el agente de toda trascendencia […]. La acción del amor, su carácter de agente divino en el hombre […]. La libertad sin amor es irreal, fantasmal, pura falacia». El amor, la piedad: la mejor lección que María Zambrano nos dejó contra la barbarie de las ideologías extremadas, los fanatismos y cainismos. Soluciones para el desasosiego y el dolor de *todos* sin excepción.

a la sombra servís de voz ardiente;
[…]
letras de luz, misterios encendidos;
de la tiniebla triste,
preciosas joyas, y del sueño helado
[…]

Francisco de Quevedo
Del «Himno a las estrellas»

Agradecimientos

Archivo de las Misiones Pedagógicas, Fundación María Zambrano, Rafael Tomero Alarcón, Archivo Antonio Colinas, IES María Zambrano (Leganés), herederos de Gregorio del Campo.